U0525075

云南大学"一带一路"沿线国家综合数据库建设项目
中国周边外交研究省部共建协同创新中心　　联合推出

"一带一路"沿线国家综合数据库建设丛书 | 林文勋 主编

企聚丝路
海外中国企业高质量发展调查
肯尼亚

张佳梅 等 著

Overseas Chinese Enterprise and
Employee Survey in B&R Countries
KENYA

中国社会科学出版社

图书在版编目（CIP）数据

企聚丝路：海外中国企业高质量发展调查．肯尼亚／张佳梅等著．—北京：中国社会科学出版社，2022.11

（"一带一路"沿线国家综合数据库建设丛书）

ISBN 978-7-5227-1033-4

Ⅰ.①企… Ⅱ.①张… Ⅲ.①海外企业—企业发展—研究—中国 Ⅳ.①F279.247

中国版本图书馆 CIP 数据核字（2022）第 216544 号

出 版 人	赵剑英
责任编辑	马 明 郭 鹏
责任校对	王福仓
责任印制	王 超
出　　版	中国社会科学出版社
社　　址	北京鼓楼西大街甲 158 号
邮　　编	100720
网　　址	http://www.csspw.cn
发 行 部	010-84083685
门 市 部	010-84029450
经　　销	新华书店及其他书店
印　　刷	北京明恒达印务有限公司
装　　订	廊坊市广阳区广增装订厂
版　　次	2022 年 11 月第 1 版
印　　次	2022 年 11 月第 1 次印刷
开　　本	710×1000　1/16
印　　张	18
字　　数	252 千字
定　　价	90.00 元

凡购买中国社会科学出版社图书，如有质量问题请与本社营销中心联系调换
电话：010-84083683
版权所有　侵权必究

《"一带一路"沿线国家综合数据库建设丛书》编委会

主　　　编　林文勋

副 主 编　杨泽宇　赵琦华　李晨阳

编委会成员　（按姓氏笔画顺序）

　　　　　　　孔建勋　毕世鸿　许庆红　杨　伟
　　　　　　　杨泽宇　杨绍军　李彦鸿　李晨阳
　　　　　　　吴　磊　沈　芸　张永宏　陈炳灿
　　　　　　　陈　瑛　陈善江　范　俊　林文勋
　　　　　　　罗茂斌　赵琦华　廖炼忠

总　　序

党的十八大以来，以习近平同志为核心的党中央准确把握时代发展大势和国内国际两个大局，以高瞻远瞩的视野和总揽全局的魄力，提出一系列富有中国特色、体现时代精神、引领人类社会进步的新理念新思想新战略。在全球化时代，从"人类命运共同体"的提出到"构建人类命运共同体"的理念写入联合国决议，中华民族为世界和平与发展贡献了中国智慧、中国方案和中国力量。2013年秋，习近平主席在访问哈萨克斯坦和印度尼西亚时先后提出共建"丝绸之路经济带"和"21世纪海上丝绸之路"的重大倡议。这是实现中华民族伟大复兴的重大举措，更是中国与"一带一路"沿线国家乃至世界打造政治互信、经济融合、文化包容的利益共同体、命运共同体和责任共同体的探索和实践。

大国之路，始于周边。周边国家是中国特色大国外交启航之地。党的十九大报告强调，中国要按照亲诚惠容理念和与邻为善、以邻为伴周边外交方针深化同周边国家关系，秉持正确义利观和真实亲诚理念加强同发展中国家团结合作。[①] 当前，"一带一路"倡议已从谋篇布局的"大写意"转入精耕细作的"工笔画"阶段，人类命运共同体建设开始结硕果。

---

① 习近平：《决胜全面建成小康社会　夺取新时代中国特色社会主义伟大胜利——在中国共产党第十九次全国代表大会上的报告》（2017年10月18日），人民出版社2017年版，第60页。

在推进"一带一路"建设中，云南具有肩挑"两洋"（太平洋和印度洋）、面向"三亚"（东南亚、南亚和西亚）的独特区位优势，是"一带一路"建设的重要节点。云南大学紧紧围绕"一带一路"倡议和习近平总书记对云南发展的"三个定位"，努力把学校建设成为立足于祖国西南边疆，面向南亚、东南亚的综合性、国际性、研究型一流大学。2017年9月，学校入选全国42所世界一流大学建设高校行列，校党委书记林文勋教授（时任校长）提出以"'一带一路'沿线国家综合数据库建设"作为学校哲学社会科学的重大项目之一。2018年3月，学校正式启动"'一带一路'沿线国家综合数据库建设"项目。

一是主动服务和融入国家发展战略。该项目旨在通过开展"一带一路"沿线国家中资企业与东道国员工综合调查，建成具有唯一性、创新性和实用性的"'一带一路'沿线国家综合调查数据库"和数据发布平台，形成一系列学术和决策咨询研究成果，更好地满足国家重大战略和周边外交等现实需求，全面服务于"一带一路"倡议和习近平总书记对云南发展的"三个定位"。

二是促进学校的一流大学建设。该项目的实施，有助于提升学校民族学、政治学、历史学、经济学、社会学等学科的建设和发展；调动学校非通用语（尤其是南亚、东南亚语种）的师生参与调查研究，提高非通用语人才队伍的科研能力和水平；撰写基于数据分析的决策咨询报告，推动学校新型智库建设；积极开展与对象国合作高校师生、中资企业当地员工的交流，促进学校国际合作与人文交流。

项目启动以来，学校在组织机构、项目经费、政策措施和人力资源等方面给予了全力保障。经过两年多的努力，汇聚众多师生辛勤汗水的第一波"海外中国企业与员工调查"顺利完成。该调查有如下特点。

一是群策群力，高度重视项目研究。学校成立以林文勋书记任组长，杨泽宇、张力、丁中涛、赵琦华、李晨阳副校长任副组长，各职能部门领导作为成员的项目领导小组。领导小组办公室设在社科处，由社科处处长任办公室主任，孔建勋任专职副主任，陈瑛、许庆红任技术骨干，聘请西南财经大学甘犁教授、北京大学邱泽奇教授、北京大学赵耀辉教授、北京大学翟崑教授为特聘专家，对项目筹备、调研与成果产出等各个环节做好协调和指导。

二是内外联合，汇聚各方力量推进。在国别研究综合调查数据库建设上，学校专家拥有丰富的实践经验，曾依托国别研究综合调查获得多项与"一带一路"相关的国家社科基金重大招标项目和教育部重大攻关项目，为本项目调查研究奠定了基础。国际关系研究院·南亚东南亚研究院、经济学院、民族学与社会学学院、外国语学院、政府管理学院等学院、研究院在问卷调查、非通用语人才、国内外资料搜集等方面给予大力支持。同时，北京大学、中国社会科学院、西南财经大学、广西民族大学等相关单位的专家，中国驻各国使领馆经商处、中资企业协会、企业代表处以及诸多海外中央企业、地方国有企业和民营企业都提供了无私的支持与帮助。

三是勇于探索，创新海外调研模式。调查前期，一些国内著名调查专家在接受咨询时指出，海外大型调查数据库建设在国内并不多见，而赴境外多国开展规模空前的综合调查更是一项艰巨的任务。一方面，在初期的筹备阶段，项目办面临着跨国调研质量控制、跨国数据网络回传、多语言问卷设计、多国货币度量统一以及多国教育体系和民族、宗教差异性等技术难题和现实问题；另一方面，在出国调查前后，众师生不仅面临对外联络、签证申请、实地调研等难题，还在调查期间遭遇地震、疟疾、恐怖袭击等突发事件的威胁。但是，项目组克服各种困难，创新跨国调研的管理和实践模式，参与调查的数百名师生经过两年多的踏实工作，顺利完成了这项兼具开源性、创新性和唯一性的调查任务。

四是注重质量，保障调查研究价值。项目办对各国调研组进行了多轮培训，强调调查人员对在线调查操作系统、调查问卷内容以及调查访问技巧的熟练掌握；针对回传的数据，配备熟悉东道国语言或英语的后台质控人员，形成"调查前、调查中和调查后"三位一体的质量控制体系,确保海外调查数据真实可靠。数据搜集完成之后,各国调研组立即开展数据分析与研究,形成《企聚丝路:海外中国企业高质量发展调查》报告,真实展现海外中国企业经营与发展、融资与竞争、企业形象与企业社会责任履行状况等情况,以及东道国员工工作环境、就业与收入、对中国企业与中国国家形象的认知等丰富内容。整个调查凝聚了700多名国内外师生(其中300多名为云南大学师生)的智慧与汗水。

《企聚丝路:海外中国企业高质量发展调查》是"'一带一路'沿线国家综合数据库建设"的标志性成果之一。本项目首批由20个国别调研组组成,分为4个片区由专人负责协调,其中孔建勋负责东南亚片区,毕世鸿负责南亚片区,张永宏负责非洲片区,吴磊负责中东片区。20个国别调研组负责人分别为邹春萌(泰国)、毕世鸿(越南)、方芸(老挝)、孔建勋和何林(缅甸)、陈瑛(柬埔寨)、李涛(新加坡)、刘鹏(菲律宾)、杨晓强(印度尼西亚)、许庆红(马来西亚)、柳树(印度)、叶海林(巴基斯坦)、冯立冰(尼泊尔)、胡潇文(斯里兰卡)、邹应猛(孟加拉国)、刘学军(土耳其)、朱雄关(沙特阿拉伯)、李湘云(坦桑尼亚)、林泉喜(吉布提)、赵冬(南非)和张佳梅(肯尼亚)。国别调研组负责人同时也是各国别调查报告的封面署名作者。

今后,我们将继续推动"'一带一路'沿线国家综合数据库建设"不断向深度、广度和高度拓展,竭力将其打造成为国内外综合社会调查的知名品牌。项目实施以来,尽管项目办和各国调研组竭尽全力来完成调查和撰稿任务,但由于主、客观条件限制,疏漏、错误和遗憾之处在所难免,恳请专家和读者批评指正!

《"一带一路"沿线国家综合数据库建设丛书》编委会

2020年3月

目　录

第一章　肯尼亚宏观形势分析 …………………………………… （1）
　　第一节　肯尼亚形势概述 ……………………………………… （2）
　　第二节　肯尼亚经济形势评估 ………………………………… （6）
　　第三节　肯尼亚国际经贸关系形势评估 ……………………… （9）
　　第四节　中肯经济、文化交流形势评估 ……………………… （14）

第二章　肯尼亚中资企业调查技术报告 ………………………… （21）
　　第一节　调查方案 ……………………………………………… （21）
　　第二节　企业数据描述 ………………………………………… （28）
　　第三节　员工数据描述 ………………………………………… （35）

第三章　肯尼亚中资企业生产经营状况分析 …………………… （47）
　　第一节　运营情况 ……………………………………………… （47）
　　第二节　生产经营状况 ………………………………………… （54）
　　第三节　融资状况分析 ………………………………………… （71）

第四章　肯尼亚营商环境和中国企业投资风险分析 …………… （76）
　　第一节　基础设施供给分析 …………………………………… （76）
　　第二节　公共服务供给分析 …………………………………… （82）
　　第三节　中资企业对肯尼亚公共服务治理的评价 …………… （102）

第四节　投资风险分析 ………………………………………（114）

第五章　肯尼亚中资企业雇佣行为与劳动风险分析 …………（122）
　　第一节　员工构成分析 ………………………………………（122）
　　第二节　雇佣行为分析 ………………………………………（131）
　　第三节　劳资纠纷及处理效果分析 …………………………（140）

第六章　肯尼亚中资企业本地化经营与企业国际形象分析 ……（145）
　　第一节　本地化经营情况 ……………………………………（145）
　　第二节　社会责任履行情况 …………………………………（155）
　　第三节　形象传播及认可度分析 ……………………………（163）
　　第四节　公共外交分析 ………………………………………（168）

第七章　肯尼亚中资企业员工的职业发展与工作条件 …………（177）
　　第一节　职业经历和工作环境 ………………………………（177）
　　第二节　工会组织与社会保障 ………………………………（187）
　　第三节　个人和家庭 …………………………………………（194）
　　第四节　家庭地位和耐用消费品 ……………………………（199）

第八章　肯尼亚中资企业员工的交往与态度 ……………………（210）
　　第一节　社会交往与社会距离 ………………………………（210）
　　第二节　企业评价 ……………………………………………（214）

第九章　媒体与文化消费 …………………………………………（224）
　　第一节　互联网和新媒体 ……………………………………（224）
　　第二节　文化消费 ……………………………………………（232）

第十章　国内议题与大国影响力 …………………………………（235）
　　第一节　中国品牌 ……………………………………………（235）

第二节　企业社会责任 …………………………………………（241）
第三节　大国影响力评价 ………………………………………（243）

第十一章　总结与讨论 ……………………………………………（258）

参考文献 ……………………………………………………………（271）

后　记 ………………………………………………………………（276）

第一章

肯尼亚宏观形势分析

肯尼亚位于非洲东部，东邻索马里，南接坦桑尼亚，西连乌干达，北与埃塞俄比亚、南苏丹交界，东南濒临印度洋，面积582646平方公里，人口4756.4万（2019年人口普查结果）。全国共有44个民族，主要有基库尤族（17%）、卢希亚族（14%）、卡伦金族（11%）、卢奥族（10%）和康巴族（10%）等，还有少数印巴人、阿拉伯人和欧洲人。斯瓦希里语为国语，和英语同为官方语言。全国人口中约45%信奉基督教新教，33%信奉天主教，10%信奉伊斯兰教，其余主要信奉原始宗教和印度教。[①]

作为东非最重要的经济体，肯尼亚是东非政治、经济、金融中心，是东非共同体、东南非共同市场等区域合作组织的倡导者，以其优越的地理位置、相对完善的经济基础设施，发挥着向东非、中非辐射的重要作用。作为对非洲贸易、投资、经济技术合作的主要窗口和桥梁，肯尼亚历来是美、英、日等国对非政策的重点。随着中肯关系的发展，作为中国古代海上丝绸之路的自然与历史延伸，肯尼亚已经成为中国"一带一路"倡议在非洲的重要支点，两国经贸关系深度融合，中国已成为肯尼亚的第一大贸易伙伴、第一大工程承包商来源国、第一大投资来源国以及增长最快的海外游客来源国。肯尼亚也连

---

① 《肯尼亚国家概况》，中华人民共和国外交部网站（https://www.fmprc.gov.cn/web/gjhdq_676201/gj_676203/fz_677316/1206_677946/1206x0_677948/）。

续数年成为吸引中国投资最多的非洲国家。①

第一节 肯尼亚形势概述

肯尼亚是人类发源地之一，至公元7世纪，肯尼亚东南沿海地带形成了一些商业城市，阿拉伯人开始到此经商和定居。16世纪，葡萄牙殖民者首先抵达东非，占领了肯沿海地带。近代，在西方国家殖民非洲背景下，1890年，英、德瓜分东非，肯尼亚被划归英国，英政府于1895年宣布肯为其"东非保护地"，1920年改为殖民地。1960年3月，肯尼亚非洲民族联盟（简称"肯盟"）和肯尼亚非洲民主联盟成立。1962年2月伦敦制宪会议决定由上述两党组成联合政府。1963年5月肯举行大选，肯盟获胜，并于同年6月1日成立自治政府，12月12日宣告独立。1964年12月12日，肯尼亚共和国成立，仍留在英联邦内。②

一 政治形势

根据1964年颁布的共和国宪法及2010年新宪法，肯尼亚实行总统内阁制，总统为国家元首、政府首脑兼武装部队总司令，由直接普选产生，每届任期5年，连任不得超过两届。国民议会是国家最高立法机构，实行两院制——参议院和众议院，每届任期5年。1966年，肯修订宪法，将参议院并入众议院，形成一院制。2010年新宪法又规定议会恢复设立参议院。2017年8月选举产生由国民议会和参议院两院构成的第12届议会。肯尼亚政党政治经历了从多党制到一党制再到多党制的曲折发展。1963—1969年实行多党制，1969—1991年实行一党制，

---

① 商务部国际贸易经济合作研究院、中国驻肯尼亚大使馆经济商务参赞处、商务部对外投资和经济合作司：《对外投资合作国别（地区）指南肯尼亚（2019年版）》。
② 《肯尼亚国家概况》，中华人民共和国外交部网站（https://www.fmprc.gov.cn/web/gjhdq_676201/gj_676203/fz_677316/1206_677946/1206x0_677948/）。

1991年至今，受西方民主化浪潮冲击，回复多党制。肯尼亚独立后的行政区划由中央、省、地区、分区、乡、村六级组成，并于2010年根据新宪法改为中央和郡两级，全国分为47个郡（COUNTY）。

乔莫·肯雅塔是肯尼亚独立后的首任总统，于1978年病逝。副总统莫伊于1978年继任总统，1992年、1997年连续两次赢得多党大选，蝉联总统。1991年改行多党制，肯盟长期一党执政，莫伊担任总统长达24年。2002年，反对党联盟全国彩虹联盟击败肯盟，齐贝吉当选总统。2007年12月大选后，因执政党民族团结党与反对党橙色民主运动对选举结果存在争议而引发全国性骚乱。在联合国介入下，争议双方签署《关于联合政府伙伴关系原则的协议》，组建了联合政府，齐贝吉任总统。2013年朱比利联盟候选人乌胡鲁·肯雅塔击败改革与民主联盟候选人奥廷加，当选肯尼亚第四任总统。2017年再次击败奥廷加，取得连任。

部族主义被称为非洲"政治之癌"，伴随着肯尼亚每一次总统选举，尤其是在2007年大选中发展成持续六周的暴力冲突和严重的全国性骚乱。2013年和2017年的选举虽然仍旧一波三折，风波不断，但冲突程度大大降低，为肯尼亚迎来了一个相对和平、稳定的政治环境。尽管部族政治仍是国际社会普遍担心和关注的问题，但自2013年乌胡鲁·肯雅塔就职以来统治的稳定局面使投资者充满了信心，恐怖主义、腐败、罢工等成为威胁肯尼亚社会稳定的主要因素。

二 经济形势[①]

肯尼亚气候温和，拥有较为丰富的森林、矿藏、石油、地热、风能、水利资源和丰富的动植物资源、旅游资源。肯尼亚是东非地区最大的经济体，是撒哈拉以南非洲经济基础较好的国家之一。农业、服务业和工业是肯尼亚国民经济三大支柱，茶叶等农产品以及旅游、侨汇是三大创汇来源。

---

① 《肯尼亚国家概况》，中华人民共和国外交部网站（https：//www.fmprc.gov.cn/web/gjhdq_676201/gj_676203/fz_677316/1206_677946/1206x0_677948/）。

2008年肯政府启动"2030年远景规划",提出优先发展旅游业、农业、制造业、批发零售业、业务流程外包(BPO)、金融服务业等重点产业,争取年均经济增速达到10%,到2030年将肯发展成为具有全球竞争力、民众享有高质量生活、环境优美、社会安定的新兴工业化中等收入国家。虽因2008年初大选危机、旱灾及国际金融危机影响,肯经济增速未能达到预定目标,但也取得了令人瞩目的增速。2015年肯出台《国家工业化发展规划》和《经济特区法》,大力加强基础设施建设,重视油气资源以及地热、太阳能等新能源开发,积极推进工业化进程和经济转型。2017年肯雅塔总统将上述发展规划精简为粮食安全、住房保障、制造业发展、医疗保障"四大发展目标"。

2019年肯尼亚国内生产总值为965亿美元,人均国内生产总值1836美元,外债总额355.43亿美元,经济增长率5.3%。各部门情况如下:

农业产值约占国内生产总值的近1/3,农产品出口占肯总出口一半以上,全国约80%的人口从事农牧业。

肯尼亚独立以后经济发展较快,建立了以制造业为主,以食品加工业见长的门类比较齐全的工业体系,成为东非地区工业最发达的国家。肯尼亚的制造业约占国内生产总值的10%,国内较大的企业集中于炼油、轮胎、水泥、轧钢、发电、汽车装配等部门,主要集中在内罗毕、蒙巴萨和基苏木这三大城市。85%的日用消费品产自国内,其中服装、纸张、食品、饮料、香烟等基本自给,有些还供出口。

旅游是肯尼亚第二大外汇收入来源,直接创造就业25万人,间接创造就业55万人。2017年,国际游客数量147万人次,旅游业收入约12亿美元。排名前5位的游客来源国依次为美国、英国、乌干达、中国、印度。

能源开发方面,自2012年肯尼亚陆上石油和海上天然气陆续发现、开采,至今肯已经成为东非历史上第一个石油出口国。[①] 在1978

---

① 《肯尼亚计划从12月开始出口石油》,国际石油网(https://oil.in-en.com/html/oil-2839371.shtml)。

年建成的蒙巴萨—内罗毕输油管基础上,油气管道现已扩建至纳库鲁、埃尔多雷特和基苏木。2017年10月,英国图洛等三家西方公司同肯尼亚签订图尔卡纳—拉穆输油管先期建设合同,预计于2021年建成。此外,肯尼亚还是世界第八大地热发电生产国和非洲最大的风电场。其位于马萨比特的图尔卡纳湖风电场,将建设365台风机,总投资约7亿美元,该电场每年发电16亿千瓦时,可满足100万个肯尼亚家庭的用电需求。另据《国际核工程》网站报道,肯尼亚能源部搁置了总投资达96亿美元的核电项目电力发展计划,专注于发展可再生能源和煤电产业。

交通运输方面,肯尼亚公路网总长16余万公里,铁路总长2885公里,有4个国际机场、100余个国内机场,40余条国际航线。蒙巴萨港是东非最大深水港口。便利的交通运输条件奠定了肯尼亚作为东非枢纽和非洲通向世界的窗口的重要地位。

财政金融方面,肯财政收入主要靠税收。截至2018年底,肯政府公共债务总额497.5亿美元。2013/2014—2018/2019财年,财政(预算)赤字占国内生产总值分别为6.1%、8.2%、7.7%、9.3%、7.0%、7.2%。

肯尼亚对外贸易在国家经济中占有重要地位,但长期逆差。主要出口商品为茶叶、花卉、咖啡等。主要进口商品是机械、钢铁、车辆等。2018年肯进出口贸易总额224.47亿美元,其中出口额61.05亿美元,进口额163.42亿美元。非洲、欧洲分别是肯出口第一、第二大目的地。亚洲是肯进口第一大来源地,中国是肯第一大进口来源国。

肯自1963年独立以来,一向重视吸收利用外国资本为本国经济建设服务。2018年,肯吸收外国直接投资16.24亿美元,为2013—2018年新高。

肯长期接受外国援助,主要援助国和国际组织有日本、德国、英国、美国、法国以及世界银行、国际货币基金组织、国际开发协会、联合国开发计划署、非洲开发银行、欧洲发展基金和环球基金等。外援主要用于农业、军事、交通运输、教育、卫生、电信及社会发展项目。

第二节 肯尼亚经济形势评估

2013—2019年，平稳的政治过渡带来了肯尼亚经济政策的可持续性，新政府注重经济发展，通过了《2030年远景规划》，出台了《国家工业化发展规划》和《经济特区法》，制定了"四大发展目标"，大力加强基础设施建设，重视油气资源以及地热、太阳能、风能等新能源开发，积极推进工业化进程和经济转型。同时，通过取消进出口许可证、废除外汇管制、减免关税等措施吸引更多外资，并计划通过科技创新寻找经济发展新的增长点。肯尼亚经济获得了持续的高增长。

一 肯尼亚的经济增长情况

总体而言，肯尼亚宏观经济实现了稳定、持续增长。

表1-1　　2013—2019年肯尼亚名义GDP和实际GDP增速　　（单位：亿美元）

指标	2013	2014	2015	2016	2017	2018	2019
名义GDP	551.0	614.5	640.1	691.9	787.6	879.1	965.2
实际GDP增速（%）	5.9	5.4	5.7	5.9	4.9	6.3	5.3

数据来源：IMF。

从2013年到2019年，实际GDP分别实现了5.9%、5.4%、5.7%、5.9%、4.9%、6.3%和5.3%的高增速。尤其在2018年增速达到6.3%。由于受到国际经济形势和国内恐怖主义袭击的影响，肯尼亚的经济增速与2030年的规划目标10%有较大差距，但仍显著高于撒哈拉以南地区和全球的平均增速。

投资和消费亦保持平稳的增长。2019年，私人消费拉动GDP增长4.6个百分点，公共消费拉动GDP增长1.0个百分点，固定投资拉动GDP增长1.2个百分点。显示出肯尼亚较为强劲的私人消费动力。肯2019年通胀率为5.2%，较2018年的4.7%略高，但大大低于2017年8.0%的水平。

2019年国际收支经常账户逆差有所缩小，但肯尼亚经常账户一直处于逆差状态，也就是说商品贸易逆差的地位一直没有改变。由于肯尼亚非大宗商品资源密集型国家，同时制造业仍需发展，缺乏竞争力，因此赤字状况短期内难以缓解。

二 肯尼亚的外贸与外资情况

对外贸易在肯尼亚国家经济中占有重要地位，但长期逆差（表1-2）。肯尼亚主要出口商品为茶叶、花卉、咖啡、鱼及鱼制品、工业设备、机械及其他资本设备、运输设备以及食物和酒等。主要进口商品是机械、钢铁、车辆、化肥、药品等。

非洲、欧洲分别是肯出口第一、第二大目的地。主要出口国为乌干达、巴基斯坦、荷兰、英国、中国、沙特、印度、日本。亚洲是肯进口第一大来源地，中国是肯第一大进口来源国。

表1-2　　　　肯尼亚2012—2019年进出口贸易额　　（单位：亿美元）

指标	2012	2013	2014	2015	2016	2017	2018	2019
商品出口	62.1	58.5	62.2	59.8	57.5	57.9	61.0	58.5
商品进口	155.3	160.9	169.3	143.6	134.1	159.9	163.4	162.1
商品贸易余额	-93.2	-102.4	-107.1	-83.8	-76.6	-102.0	-102.4	-103.6

资料来源：中国信保。

表1-3　　2013—2019年肯尼亚FDI流量和FDI存量　　（单位：亿美元）

	2013	2014	2015	2016	2017	2018	2019
FDI流量	11.2	8.2	6.2	3.9	6.7	9.2	8.9
FDI存量	62.3	70.5	76.7	80.7	87.4	96.6	105.5

数据来源：中国信保。

肯尼亚自1963年独立以来，一向重视吸收利用外国资本为本国经济建设服务。1964年政府颁布实施《外国投资保护法》。还采取了一系列鼓励投资措施，如取消进出口许可证、降低进口关税税率、取消出口关税和废除外汇管制、设立出口加工区（EPZ）等。肯尼亚投资法规也比较完善，有30多个法律法规保护外国投资者利益，包括与中国在内的10多个国家签订了双边投资保护协定。从2013年到2019年，FDI存量获得稳步上升，从62.3亿美元增加到105.5亿美元。

目前，英、美、德、法等国在肯设有数百家公司，投资领域遍及农业、工业、商业、旅游、金融、交通运输等部门。外国对肯投资主要领域为制造业、农业、能源、建筑、通信和采矿业。2018年，肯吸收外国直接投资16.24亿美元，为近6年来新高。

三　肯尼亚的财政与货币政策

2019年肯尼亚财政支出有所上升，财政赤字有所扩大，但仍保持在7%左右。公共债务规模持续扩大，从2013年的260亿美元增长到2019年的628亿美元，增长了约1.4倍。2019年公债占GDP的约65%，达到新高。

近年来，肯尼亚政府实行紧缩的财政政策，同时实行高税收政策，以应对一直保持赤字的财政状况。2015年1月，肯尼亚对矿产和石油业征收资本利得税，2016年8月拟将对汽油产品新征16%的增值税。

同时，为应对长期贸易赤字，实行高关税政策。肯尼亚整体关税水平较高，且主要集中在农产品、纺织品服装及化工等大类。还设置技术性贸易壁垒、通关环节壁垒等非关税壁垒。2004年，肯尼亚与乌干达、坦桑尼亚建立了东非共同体海关同盟，对外实行统一关税，对内则免税或执行较低的关税税率。

肯尼亚2017年CPI指数为8.0，2018年降至4.7，通胀压力较前有所减轻。

第三节　肯尼亚国际经贸关系形势评估

肯尼亚奉行和平、睦邻友好和不结盟的外交政策，积极参与地区和国际事务，大力推动地区政治、经济一体化，反对外来干涉，重视发展同西方及邻国的关系，注意同各国发展经济和贸易关系，开展全方位务实外交，强调外交为经济服务。

肯尼亚是联合国、非洲联盟、不结盟运动、77国集团和英联邦成员国，是东非政府间发展组织（伊加特）、东非共同体、东南非共同市场、环印度洋地区合作联盟、萨赫勒—撒哈拉地区国家共同体等区域性组织成员国。肯同100多个国家建立了外交关系。

一　肯尼亚与美国的经贸关系

肯尼亚位于非洲之角的战略位置以及殖民时期与宗主国英国的紧密联系，使其在独立后美苏争霸的冷战时期一直是西方阵营坚定的盟友，并成为支撑美国在东非与非洲之角利益的重要国家。肯尼亚视对美关系为最重要的双边关系之一，美国亦重视肯尼亚在该地区的战略地位。冷战结束后，肯尼亚的战略重要性下降，又因老布什政府在非洲推行多党民主制，美肯关系曾一度紧张。

在2020年2月，肯总统肯雅塔非正式访问美国并同美总统特朗普简短会见，双方宣布就肯美贸易协定开启谈判进程。

根据美国的官方文件显示，肯尼亚目前是其第 96 大商品贸易伙伴。2013 年两国商品贸易总额达 11 亿美元，美对肯货物出口总额 6.51 亿美元，进口商品总额 4.51 亿美元，商品贸易顺差 2.0 亿美元。美国对肯尼亚的商品出口额 6.51 亿美元，比 2012 年增长 14.5%，比 2003 年增长 232%。2015 年，肯尼亚对美出口增长 26%，至 5.2 亿美元，仅次于对科特迪瓦 32%的增长率。不断增长的商业利益帮助改善了两国之间的政治关系。乌胡鲁·肯雅塔当选总统后，进一步为两国更紧密的外交互动打开了大门。2015 年，肯尼亚从美国的进口增长了一倍以上，成为非洲与世界最大经济体的贸易增长最快的国家。据美国商务部最新公布的数据，美国对肯尼亚的出口从 2014 年的 5.945 亿美元（合 544 亿肯尼亚先令）增至 2017 年的 15 亿美元（合 1374.6 亿肯尼亚先令），增幅为 165.3%。这是美国在非洲前 10 大贸易伙伴中增长最快的，显示了肯尼亚和美国之间日益增长的贸易关系。

二　肯尼亚与日本的经贸关系

肯尼亚与日本的关系近年来发展较快。日本看重肯尼亚在联合国改革、地区事务等问题上的重要作用，为寻求肯尼亚支持其成为联合国安理会常任理事国，从而加大对肯尼亚的援助力度。2015 年，日本对肯援助 168.57 亿日元。2016 年肯尼亚对日本出口 0.4 亿美元，进口 8.12 亿美元，日本是肯尼亚第四大进口来源国。肯尼亚出口日本的主要产品是茶叶、咖啡、鱼片、坚果等，从日本进口的主要产品是汽车、卡车、钢铁、机械等。

肯尼亚是日本在撒哈拉以南非洲的官方发展援助最大捐助国，日本是次于美国、英国、法国、德国之后对肯第五大投资国。日本对肯尼亚投资领域广泛，如农业、供水、卫生、保健、医疗、教育和环保。

表1-4　　　　　　2013—2016年日本对肯尼亚投资额　　　（单位：亿日元）

2013	2014	2015	2016
10	-2	8	3

资料来源：日本外务省。

截至2015年，日本对肯尼亚贷款援助3803.19亿日元，无偿援助1253.65亿日元，技术合作1192.56亿日元，在肯尼亚拥有40家企业。目前，肯尼亚至少有16个重大项目是由日本资助的。肯尼亚是日本汽车主要的非洲进口国，日本丰田和宏达都在肯尼亚投资设厂。其中，宏达在肯尼亚的摩托车厂是非洲第二大厂家。

2016年8月，日本在肯尼亚举办非洲发展东京国际会议，这是该会议首次在非洲举办。双方签署了强调充实教育、创造就业岗位、推进产业多元化的《内罗毕宣言》，其中也包括反恐，日本与肯尼亚签署了一项双边投资协定，进一步巩固、提升了日本与肯尼亚的关系，并将日非合作积极拓展到政治及安全领域。以此为平台，日本希望借助投资和援助深度介入非洲，提升在非经济和政治、安全领域的影响。[1]

三　肯尼亚与英国的经贸关系

英国是肯尼亚前殖民宗主国，肯尼亚在政治体制、文化传统和价值观念等方面受英国影响较大。作为英联邦成员，肯尼亚在政治、经济和军事上与英国保持着传统的密切关系。肯尼亚是英国在非洲最重要的战略伙伴，是英国在非洲的第三大贸易伙伴。2016年，肯尼亚对英国出口3.7亿美元，进口3.3亿美元；英国访肯人数16.67万人次，仍居首位。肯尼亚对英国出口商品主要为茶叶、咖啡和园艺产品，自英国进口商品为农业机械、技术和电子产品等。肯尼亚对英国

---

[1] 吕耀东：《从〈内罗毕宣言〉看日本在非洲利益的深化和战略意图》，《西亚非洲》2016年第6期。

的出口达到其出口总量的27%。

肯尼亚是接受英国援助最多的非洲国家，英国每年约向肯尼亚提供5000万英镑的双边援助和500个奖学金名额。目前英国在肯尼亚有3万侨民，其中2万左右为持英国护照的亚非裔侨民。[①]

2018年8月，脱欧之后的英国首相特蕾莎·梅首次访问肯尼亚，在其"全球英国"理念下开始就非洲政策进行调整，重新开始重视非洲在贸易、投资、安全方面的作用，宣布将英肯关系打造为"创新伙伴关系"。

主要内容：一是成立创新伙伴团队，由英国政府部门以及科学、技术与创新领域的专家组成，对南非、尼日利亚和肯尼亚提供"一站式"帮助与支持。二是由英国国际发展部推动技术促进项目，资助总额3200万英镑，主要涉及数字技术、医疗技术、移动技术和清洁能源技术。三是启动"企业家能力培训项目"，通过向非洲的企业家提供培训和启动资金支持，帮助他们"走向世界"。

2020年1月，肯雅塔总统在英国出席首届英非投资峰会期间同英国首相约翰逊举行会谈，双方宣布肯英建立战略伙伴关系。[②]

2016年肯尼亚对欧盟国家出口11.95亿美元，进口20.94亿美元。欧盟也是肯尼亚最主要的捐助方之一。欧盟成员国对肯尼亚的援助主要集中于减贫、供水、卫生、道路建设、旅游、农业和环保等领域。2014年4月，欧盟提出泛非计划，旨在促进非洲基础设施、农业和信息技术等行业的发展，时间是2014年至2020年，总投资8.45亿欧元。该计划第一期涉及的项目包括农业、环保、高教、政府治理、基础设施、移民、信息和通信技术以及研发创新等。

[①] 《肯尼亚国家概况》，中华人民共和国外交部网站（https://www.fmprc.gov.cn/web/gjhdq_676201/gj_676203/fz_677316/1206_677946/1206x0_677948/）。

[②] 李靖堃：《"全球英国"理念下英国对非洲政策的调整》，《西亚非洲》2019年第2期。

四 肯尼亚与周边国家的经贸关系

肯尼亚奉行和平、睦邻友好和不结盟的外交政策,积极参与地区和国际事务,大力推动地区政治、经济一体化发展进程,反对外来干涉,同时,重视发展同西方及邻国的关系,注意同各国发展经济和贸易关系,开展全方位务实外交政策。其周边索马里、南苏丹局势不稳,动乱频仍,是地区安全及和平发展的主要障碍,深受肯政府重视。肯与周边各国政府都保持了较好的政治、经贸关系。

肯尼亚一直致力于索马里的和平进程。2015年以后,肯索两国政府就索局势、索难民问题及发展问题不断开展磋商合作。2019年后,肯索海上划界争端逐渐升温。①

埃塞俄比亚和肯尼亚于1961年正式建交以来,肯十分重视发展与埃塞的关系。埃革阵执政后,双边关系进一步发展。双方在投资、贸易、旅游、基础设施建设、地区和平等领域密切合作,并签署了军事领域的合作协议。2012年埃塞总理梅莱斯、肯尼亚总统齐贝吉和南苏丹总统基尔在肯尼亚拉穆港共同出席拉穆港—南苏丹—埃塞交通走廊项目奠基仪式,该项目包括港口、道路、铁路和输油管道建设,旨在为东部和中部非洲地区的内陆国家提供贸易通道和出海港口,推动东、中部非洲的经济发展和一体化进程。

肯尼亚主张和平解决苏丹内部冲突,积极致力于苏丹和平,曾先后十余次主持苏丹和谈,多次斡旋苏丹北南双方矛盾,支持苏丹南部公投独立结果。2013年底南苏丹冲突爆发后,肯即推动伊加特召开南苏丹问题特别峰会,肯雅塔总统两次亲赴南苏丹斡旋,并亲自推动南冲突双方实现和谈。2015年8月,肯雅塔总统赴南苏丹首都朱巴,见证南苏丹和平协议的签署仪式。2016年4月,南苏丹正式签字加入东共体,成为东共体第六个成员国。

---

① 《肯尼亚国家概况》,中华人民共和国外交部网站(https://www.fmprc.gov.cn/web/gjhdq_676201/gj_676203/fz_677316/1206_677946/1206x0_677948/)。

乌干达是肯尼亚最大出口市场之一，从肯尼亚蒙巴萨港口转口的货物有一半转运至乌干达。肯同乌干达两国经贸关系密切，乌干达系肯最大商品出口国，肯为乌干达最大的外国投资商。2016年，肯尼亚对乌干达出口6.12亿美元，自乌干达进口1.9亿美元。肯尼亚、乌干达还是东非地区北部走廊标准轨铁路项目的主要推动者，肯尼亚已完成蒙内铁路的建设，通往乌干达的内马铁路第一段于2017年开工建设，2019年铁路建成，双方联系将更为密切。

1983年肯尼亚、坦桑尼亚恢复外交关系后，两国关系稳步发展。20世纪90年代后期，随着东非一体化进程不断取得进展，肯坦关系也日益密切，两国领导人互访频繁，两国经贸合作不断扩大。坦桑尼亚是肯尼亚最大出口市场之一，2016年，肯尼亚对坦桑尼亚出口3.43亿美元，进口1.26亿美元。双方同意建立联合委员会促进双边贸易和合作，并简化移民程序，为两国人员往来和物资交流提供便利，促进地区一体化进程。政治上两国亦相互支持，共同致力于本地区、印度洋及其他事务。

第四节　中肯经济、文化交流形势评估

中肯之间经贸往来源远流长，早在15世纪，中国明代航海家郑和就率领船队抵达了肯尼亚的马林迪、蒙巴萨等地，开启了中肯经贸合作的大门。两国于1963年12月14日建交，关系发展良好。2003年齐贝吉总统执政时期，肯尼亚政府提出了以发展对华经济合作关系为主要内容的"向东看"政策主张，奠定了两国关系的基础。

一　中肯政治、经济关系发展

2013年习近平主席提出了"一带一路"倡议，进一步畅通了与包括肯尼亚在内的各国之间的经贸文化交流。2013年，肯雅塔在肯尼亚总统大选中胜出，2013年8月来华进行国事访问。中肯双方共

同决定建立中肯全面合作伙伴关系，实现了两国关系的跨越式发展。2017年5月，中肯关系升级为全面战略合作伙伴关系，中肯双边关系进入历史最好时期。

截至2019年，中肯政府签署了有关投资、公务签证、引渡、司法协助、税务等方面的合作协定，中国全国人大与肯尼亚议会也建立了稳定完善的交流机制，这些都为双方关系的发展发挥着积极良好的作用。与此同时，肯尼亚还与中国正式签署了共同推进"一带一路"建设合作备忘录。中肯关系正向着积极稳定、互利共赢的方向快速发展。

2013年以来，双边贸易额快速增长，据中国海关统计，2014年中肯双边贸易总额达到50.09亿美元，中国成为肯尼亚第一大贸易伙伴，肯尼亚在中国贸易伙伴排名中从第88位跃升至第64位，成为中国在非第六大贸易伙伴。2015年中肯双边贸易总额达到60.16亿美元，创历史最高，同比增长20.12%。2016年双边贸易总额虽下滑至56.85亿美元，但也处在历史第二高位。2016年中国是肯尼亚最大进口国，占肯总进口的23.57%，远超出排名第二位的印度9.22个百分点。2017年双边贸易额52亿美元，同比下降8.5%。其中中方出口额50.4亿美元，同比下降9.9%，中方进口额1.6亿美元，同比增加71.8%。

在进出口的产品结构上，中国出口到肯尼亚的主要商品为原料制成品、轻纺产品、机械与运输设备、杂货等，肯尼亚对中国出口的产品则主要是红茶、咖啡、坚果等农产品以及工业原材料等。近年来，中国已成为肯尼亚最重要的商品进口来源国，肯尼亚在中国的进口总额中所占份额则较低，由于双方出口产品的结构差异，中国对肯的出口长期处于顺差状态。

表1-5　　2013—2017年中国对肯尼亚直接投资流量/存量　　（单位：万美元）

	2013	2014	2015	2016	2017
FDI流量	23054	27839	28181	29670	41010

续表

	2013	2014	2015	2016	2017
FDI存量	6359	85371	109904	110270	154345

数据来源：商务部。

由表1-5可知，2013—2017年，中国对肯直接投资流量增加了近18倍，直接投资存量增加了23倍多。中国企业投资的行业主要集中在建筑业，其次是工业、创意产业和交通运输业，还有很多服务行业。其中比较大的项目如中石油承接的地热项目、中交建承建的蒙内标轨铁路项目、中国电建的花园城市项目，以及中航国际承建的GTC内罗毕环球贸易中心项目、中国路桥、中国武夷的公路项目，等等。中国为肯尼亚援建的主要项目有卡通都医院、莫伊国际体育中心、甘波基—塞勒姆公路、玉米粉加工厂等。

二 中肯经贸合作中的主要影响议题

随着中肯经贸关系的发展，肯尼亚和中国间贸易逆差不断扩大，大量基础设施建设项目的推进也提升了肯尼亚的债务水平，加上内罗毕"东非信息中心"的传媒、资讯复杂性，大量西方媒体不断夸大宣传和抹黑中肯关系，大量类似"新殖民主义""资源掠夺""债务陷阱"的不实言论对中肯经贸合作带来了不必要的负担。

中肯间贸易不平衡的问题，主要源于中国与肯尼亚经贸关系中存在的贸易结构问题。1995年时中肯贸易逆差尚不足1亿美元，根据最新的数据显示，2017年中国对肯贸易逆差已经超过50亿美元。这种长期不平衡的贸易结构，引起了肯尼亚国内的一些担忧。究其原因，一方面是由于肯尼亚产业发展滞后，出口经济主要以原材料和初级产品贸易为主，产品结构单一，附加值低，不利于在国际贸易中扭转地位。所以，尽管目前肯尼亚出口至中国的红茶、咖啡、坚果等农产品和初级产品等都是肯尼亚的优势产品，但品类有限，成本价值都较低，导致中肯之间的贸易逆差越来越大。不断扩大的贸易逆差对于经济发展水平较为低下的肯尼亚来说，会对其经济发展造成较大的压力，同时也会对中肯关系造成较为负面的影响，不利于中肯经贸合作的深入发展。目前中方开始从肯尼亚进口牛肉，就是试图改变贸易不平衡所做的努力。

此外，债务问题在工业化初期的国家也是普遍的情况，相较而言，更严重的问题是这些国家没有工业化的启动资金。自2000年中非合作论坛成立以来，中非关系得到积极发展，互利共赢的合作为双方带来了切实利益。中非合作为推动南南合作发挥了重要作用。非洲大陆有54个国家，包括30多个最不发达国家，非洲的发展不仅对非洲国家有利，而且有利于推动整个发展中国家和地区的发展合作。中国现已成为非洲最重要的投资伙伴，中国投资的70%集中于非洲国家亟须发展的基础设施建设，同时在包括水电和新能源等领域也有大量投资，为非洲发展做出了贡献，所谓的"中国债务陷阱"缺乏事实根据，是站不住脚的。

此外，由于肯尼亚及多数非洲国家的国际舆论一直以来由西方话语占主导，中国的对外形象宣传频受掣肘。西方对中非关系与中非合作充满防备与敌意，频频释放不实言论，有学者将其总结为"新殖民主义论""掠夺资源论""漠视人权论""援助方式危害论""破坏环境论"五大类。其中，有的是误解、误会，有的则是诬蔑，是不想看到中非关系不断向好的敌意。误解可以用事实消除，诬蔑只能进行反击。非洲的历史文化背景决定了西方媒体的优势，中国怎么通过传媒维护自己的形象，宣传自己的价值观和理念，是中非合作中一个重大的课题。

三 "一带一路"建设在肯尼亚的推进情况

在古代特别是明朝时期，肯尼亚就是"海上丝绸之路"在东非的重要节点。在"一带一路"建设规划中，肯尼亚是"21世纪海上丝绸之路"在非洲的重要支点，是"一带一路"在东非的桥头堡，发挥着重要的地缘经济价值。2014年中国政府成立的丝路基金用于支持"一带一路"沿线国家的资源开发与基础设施建设，肯尼亚是非洲区域获得建设资金最多的国家。2018 年，中国正式与肯尼亚签署《关于共同推进丝绸之路经济带和 21 世纪海上丝绸之路建设的谅解备忘录》，双方在不断合作沟通中实现了发展战略的对接，中肯"一带一路"合作在互利共赢基础上正式迈入机制化建设阶段。

"一带一路"建设在肯尼亚的推进主要集中在交通基建与产能合作两大方面。

交通基建方面，中肯双方在"一带一路"框架下的合作主要围绕着铁路、港口、公路与航空建设合作展开。

蒙内铁路是中国援建肯尼亚的标志性基建项目，连接肯尼亚首都内罗毕与东非第一大港蒙巴萨，总长约 480 公里，总投资约 38 亿美元。于 2017 年 5 月建成通车，蒙内铁路是肯尼亚独立以来建设的首条铁路，也是国际上第一条完全采用中国标准、中国技术和中国装备，由中国进行设计、施工、运营的现代化新型铁路。

中肯在港口建设领域的合作主要集中在蒙巴萨港与拉姆港的合作建设。中国参与蒙巴萨港的建设始自 2014 年，主要建设项目是蒙巴萨港第 19 号泊位。蒙巴萨港连接蒙内铁路，第 19 号泊位可为港口每年新增 25 万个标准集装箱装卸容量。中国在拉姆港的建设始于 2016 年，目前涉及首期项目三个泊位及相关配套建设，远期拉姆港将建成第一流的深水大港，所有三个泊位将在 2020 年前建设完毕投产。

中肯在公路与航空领域的基建合作项目较多。公路基建项目主要有：基布维济—穆托莫—基图伊公路，基图伊—姆温吉—坎达维亚公路，坎达维亚—特瑟姆鲁—乌苏埃尼公路，特比—莫亚雷公路，内罗毕—锡卡公路，内罗毕南环路等。航空项目主要有肯雅塔国际机场四号航站楼和第二跑道，基苏木国际机场第一、二期工程等。

随着"一带一路"合作在肯尼亚不断推进，以蒙内铁路为代表，一大批公路、铁路、港口和电力项目上马，并投入使用，大大改变了肯尼亚的面貌。肯尼亚作为东非地区政治、经济、金融中心和关键地缘枢纽的地缘价值得到了开发和实现。目前，内罗毕有 40 多条国际航线，通达世界各地，蒙巴萨有东非最大的天然良港，货物转口至东非、中非各国，肯尼亚真正成了对非洲贸易、投资、经济技术合作的主要窗口和桥梁。[1]

肯尼亚作为中非产能合作先行先试的示范国家，中肯之间的产能合作主要以合作共建产业园的方式开展。

中肯蒙巴萨·武夷工业园区位于蒙巴萨以北 25 公里，由中国武夷投资，中国武夷肯尼亚园区投资开发有限公司负责建设，运营总占地面积约 400 英亩，规划建设钢铁、建材、加工制造、物流等厂房及保税区/自贸区服务中心、展览中心、写字楼、酒店等项目。中国交建与肯尼亚工业与企业发展部就蒙巴萨顿贡昆杜（Dungo Kundu）经济特区建设已达成一致。该特区地处蒙巴萨南部具有港口装卸、金融服务、物流关税报关等多种功能，园区建成后，入园投资的中国企业将享受到肯方贸易关税、市场准入等多项优惠政策。工业园区是经过中国实践的工业化孵化器，工业园区的建设体现了中国经验、中国智慧的分享。

此外，中肯双方在文化、教育、旅游、新闻等领域的交往与合作不断加强。

中、肯于 1980 年 9 月签署文化合作协定，于 1994 年签订高等教育合作议定书。2005 年中方在内罗毕大学建成非洲第一所孔子学院，2008 年中肯建立肯雅塔大学孔子学院，2012 年中肯建立埃格顿大学孔子学院和内罗毕广播孔子课堂，2015 年中肯建立莫伊大学孔子学院。[2] 中肯双方教育文化交流合作不断深化。

2003 年 12 月，中国将肯尼亚列为中国公民自费旅游目的地国。2005 年肯尼亚航空公司开通内罗毕至广州的直航，同时中国南方航空公司开通广州至内罗毕的直航。2019 年 6 月，中国南方航空公司

---

[1] 商务部国际贸易经济合作研究院、中国驻肯尼亚大使馆经济商务参赞处、商务部对外投资和经济合作司：《对外投资合作国别（地区）指南肯尼亚（2019 年版）》。

[2] 《双边关系》，中华人民共和国外交部网站（https://www.fmprc.gov.cn/web/gjhdq_676201/gj_676203/fz_677316/1206_677946/sbgx_677950/）。

开通长沙至内罗毕的直航。中肯互联互通愈益密切。

新华社、中国国际电视台、中国国际广播电台的非洲总部均设在内罗毕。中国国际广播电台首家海外城市调频电台于2006年2月在内罗毕开播，蒙巴萨调频台2011年1月开播，中央电视台非洲分台2012年1月在内罗毕成立并开播，2012年12月《中国日报非洲版》在内罗毕创刊发行，为双方在传媒方面的合作奠定了基础。[①]

中肯双方正沿着"一带一路"政策沟通、设施联通、贸易畅通、资金融通和民心相通的道路越走越好，为构建中肯命运共同体奠定了坚实基础。

[①]《双边关系》，中华人民共和国外交部网站（https://www.fmprc.gov.cn/web/gjhdq_676201/gj_676203/fz_677316/1206_677946/sbgx_677950/）。

第二章

肯尼亚中资企业调查技术报告

作为"一带一路"倡议在非洲的重要节点国家,近年来肯尼亚较为稳定的政治环境、充满活力的社会经济发展和旺盛的发展投资需求,吸引着越来越多的中资企业赴肯投资兴业。在赴肯营商热潮方兴未艾的当下,通过对在肯中资企业及员工素质进行调研,建立数据库,全面、深入地分析、把握在肯中资企业营商情况,对在肯经营及有意赴肯投资的中国企业了解肯市场行情、规避风险具有重要参考意义。

本章主要介绍此次调研的具体技术方案,以及本次调研对象,即调研所涉及的在肯中资企业及其雇佣的肯尼亚本地员工的基本情况特征。

第一节 调查方案

本次调查活动本着服务中资企业在肯尼亚投资的质量和水平提升,服务中肯互利合作、共建"一带一路"的目的,基于前期资料及相关研究、论证基础上,整合校内外资源,组建专家团队设计问卷,在云南大学"一带一路"沿线国家综合调查和数据库建设项目课题组统一部署和组织下,设立肯尼亚中资企业营商环境国别调研组，以期通过多层次的中资企业营商环境综合问卷调查，为较为全面、深入地把握肯尼亚国情，把握在肯中资企业及其营商环境，把握中肯合作和中肯、中非双边与多边关系，提供客观、真实的第一手数据资源，建立数据库。

以下主要就此次调研的具体方案进行介绍。

一 目的和意义

2017年5月，中肯关系升级为全面战略合作伙伴关系。目前，肯尼亚是"一带一路"建设关键的战略支点国家以及中非产能合作"先行先试"示范国。随着两国关系不断发展，中肯双边贸易进入历史最好时期。两国经贸关系深度融合，中国成为肯尼亚的第一大贸易伙伴、第一大工程承包商来源国、第一大投资来源国以及增长最快的海外游客来源国。肯尼亚也连续数年成为吸引中国投资最多的非洲国家。[①]

2017年10月18日，习近平总书记在党的十九大报告中明确指出，中国政府"积极促进'一带一路'国际合作，努力实现政策沟通、设施联通、贸易畅通、资金融通、民心相通，打造国际合作新平台，增添共同发展新动力"。此前的2016年5月，习近平总书记在哲学社会科学工作座谈会上的讲话中指出，"要运用互联网和大数据技术，加强哲学社会科学图书文献、网络、数据库等基础设施和信息化建设，加快国家哲学社会科学文献中心建设，构建方便快捷、资源共享的哲学社会科学研究信息化平台"。

为深入调查把握中资企业在肯尼亚投资经营的环境和基本状况，云南大学在"一带一路"沿线国家综合调查和数据库建设项目下，组建了肯尼亚中资企业调研团队，就在肯中资企业开展一线调查。其目的和意义在于：

---

① 商务部国际贸易经济合作研究院、中国驻肯尼亚大使馆经济商务参赞处、商务部对外投资和经济合作司：《对外投资合作国别（地区）指南肯尼亚（2019年版）》。

首先，通过对肯尼亚中资企业的调查，建设多领域的立体型调查数据。本次调查的对象主要为肯尼亚中资企业负责人和中资企业所雇佣的东道国员工，本次调查拟就二者建立专业数据库，服务于"一带一路"建设在肯尼亚推进中的政府决策、学术研究及社会服务。同时，在一般性模块基础上，强调在云南大学"一带一路"沿线国家综合调查和数据库建设项目整体推进中，建立肯尼亚与其他国家跨国比较的基础数据库。

其次，与云南大学一流学科建设相结合，提升云南大学学科建设、人才培养及智库建设水平。本次调研主要由云南大学非洲研究中心承担，调研组成员主要为中心师生。云南大学非洲中心是国内重要的非洲研究高层次人才培养单位，是教育部教育援外基地、教育部区域与国别研究基地、外交部"中非智库10+10合作伙伴计划"中方智库单位以及教育部八家中国—南非人文交流研究中心之一。本项目的实施，不仅能发挥中心在学术、外联方面的优势，更能服务我校人才培养、智库建设，助推"一带一路"，主动服务和融入国家发展战略。

二 总体思路

本次调查拟在云南大学"中国海外企业营商环境调查"课题组的统筹领导下，致力于通过对肯尼亚中资企业、中资企业东道国员工的数据采集，建设围绕肯尼亚中资企业、肯尼亚员工的全方位、宽领域的调查数据库，服务"一带一路"建设。

第一，建立较为完备的数据采集与分析系统。2014年2月10日，教育部在《中国特色新型高校智库建设推进计划》（教社科〔2014〕1号）中明确提出，要实施社科专题数据库和实验室建设计划，促进智库研究手段和方法创新，围绕内政外交重大问题，重点建设一批社会调查、统计分析、案例集成等专题数据库和以模拟仿真和实验计算研究为手段的社会科学实验室，为高校智库提供有力的数据和方法支撑。① 但是，迄今为止尚没有一套完整适用的数据可以用于对肯尼亚中资企业营商环境进行分析，因此本项目希望通过科学、系统的调查研究，建立起较为完备的肯尼亚投资数据采集分析系统。

第二，对肯尼亚的中资企业进行全面系统的调研。通过调研了解掌握肯尼亚当地的营商环境，以及中资企业自身运营中遇到的风险、困难。主要的调研内容包括驻肯中资企业的行业分布与经营的基本情况、运营环境、风险、制度性困难、社会责任履行等。也包括肯尼亚中资企业在中国形象塑造方面的内容。

第三，对驻肯中资企业聘用的肯尼亚本地员工情况进行全面的调研。了解中资企业肯尼亚员工的基本状况，及其对中资企业、对中国国家形象的态度与看法，一定程度上把握肯尼亚的投资环境、投资成效以及中资企业在当地社会的影响力。该项调查内容主要涵盖了肯尼亚员工的个人信息、工作环境、工作状况、家庭情况等，以及他们对企业在本地社会影响力的认知评价、对中国国家形象的评价、对各大国在当地软实力的认知等方面内容。

第四，为关注研究肯尼亚的商界、学界、政界等各界人士提供开放共享、直接客观的肯尼亚中资企业基础调查数据。为"一带一路"倡议在肯尼亚的推进决策和中肯双边关系研究，提供坚实的数据支撑；同时也为有意赴肯投资和在肯投资的中国企业，提供有关肯尼亚营商环境、劳动力资源等的第一手数据材料。

第五，建立肯尼亚与"一带一路"沿线国家跨国比较数据库。借助标准化模块和数据，综合云南大学"中国海外企业营商环境调查"课题组国别调查数据，建立"一带一路"沿线国家数据库，为与肯尼亚相关的比较研究、市场调研、政府决策提供第一手数据材料。

---

① 《教育部印发"中国特色新型高校智库建设推进计划"》，2014年2月28日，中央政府门户网站（http://www.gov.cn/gzdt/2014-02/28/content_2625304.htm）。

三 内容和方法

本次调研项目就中资企业及其本地雇员分别设置了企业问卷与雇员问卷，项目调查主要以一对一问卷形式展开，企业问卷与雇员问卷相互匹配，其中企业问卷为父问卷，与该企业匹配的雇员问卷为子问卷，两份问卷共同配合完成一家企业的调查工作。

其中，企业问卷主要包括四大模块不同侧重的内容，分别是：（1）企业基本信息调查。包括企业管理人员和企业基本信息。（2）企业运营状况调查。包括企业经营、融资、固定资产、绩效等方面的信息。（3）企业运营环境调查。包括企业在肯尼亚当地履行社会责任的情况、投资风险管控、企业公共外交开展、企业对中国国家形象的维护情况等信息。（4）企业人力财务指标调查。包括企业人力资源状况和具体经营财务指标等信息。

雇员问卷具体包括六大块内容，分别是：（1）员工基本信息。包括婚姻、民族、宗教、教育等信息。（2）职业发展情况。包括工作经历、工作环境、职业培训与晋升情况、工会组织、社会保障等信息。（3）收支情况。包括个人与家庭收支、家庭社会地位、耐用品消耗等信息。（4）社交态度。包括社交状况、社会距离感、企业评价、社会公共议题等信息。（5）企业对社区的影响。包括企业社会责任履行情况及员工对此的认知等信息。（6）对大国软实力的评价。包括媒体使用情况、影视文化产品接触情况、家庭耐用品产地、对中国制造的认知评价、对各大国对本国本地区的影响力评价等。

本次肯尼亚中资企业调查的对象企业目录，主要由中国驻肯尼亚大使馆经济商务参赞处提供的中资企业样本、各商会提供的企业样本，以及随机抽取的企业样本共同组成，构成总体调研参考样本。抽样条件为：在肯尼亚经营时长超过一年的中资企业。调查访谈对象分为两类，一类是企业问卷访谈所需的熟悉本企业经营概况的中方高层管理人员；另一类是雇员问卷访谈所需的在该企业连续工作满3个月以上，且年满18岁的肯尼亚本地员工。通过前方实地调查及后台监控，项目组最终共获得合格企业问卷49份，合格员工问卷1138份。

本次调研活动采取"1+1+1+X"的实地调查模式（1位组长，1位访员督导、1位后勤人员、多位英语/斯瓦希里语访员）分成若干小组，按照受访企业的规模大小灵活安排英语/斯瓦希里语访员的人数，在项目组长的带领下前往肯尼亚各地的中资企业开展调研活动。

在项目的国内筹备阶段，为了确保调研工作的顺利进行，项目组以云南大学非洲研究中心的师生为主体组成调研组骨干力量作为访员、督导和后勤人员，同时联络了肯尼亚方面内罗毕大学孔子学院学生作为项目组的外方访员，协助配合完成在肯尼亚的实地调研工作。在项目实地调研阶段，项目组共两次赴肯尼亚进行调研，第一次为预调研，根据调研的初步结果与调研过程中产生的问题，总结经验教训，改进调研方法，并在第二次调研中，优化了项目组的人员配置、分工协作，保证了第二次调研活动的效率、质量和水平。

本项目组第一次的调研区域主要以内罗毕市和内罗毕郡周边区域为主，调研对象主要以工程建筑业、通信业的企业为主。

第二次调研活动的调研区域主要在内罗毕郡、海岸郡、裂谷郡、蒙巴萨郡及周边地区展开，在这次的调研活动中，受访的中资企业涉及建筑业、制造业、通信服务业、餐饮业、旅游业、零售业、商贸租赁业等。

四　质量控制

本次调研的质量控制主要通过事前质量控制、实地访谈质量监督和后期质量监控筛查三个环节，来保证所收集数据的真实性、有效性和完整性。调研中使用了CAPI（计算机辅助个人访谈）数据收集方法来提高质量控制水平，并通过减少数据录入、编辑和问卷拷贝回传总部过程环节中的人工干预，来进一步控制数据质量。

（一）事前质量控制

1. 访员培训

为确保肯尼亚中资企业调研的质量和效率，课题组在各国别组成立时，对访员进行了为期四天的系统培训，该次培训的主要内容包括：调查项目的解释答疑；问卷结构内容的解释说明；CAPI系统使用规范；访员基本行为规范、职责要求；访问技巧；项目团队对访员访问质量的控制规范；模拟访问练习；访问实操；有关访谈过程细节的集中讨论；后勤保障规范；在肯尼亚项目组派出前以及抵达之初，又对所有中方和肯方访员进行了为期各两天的有关问卷访谈的强化培训。

2. 问卷翻译

为了确保访问过程中不出现由于语言问题造成的语义偏差与理解错误，课题组先期便已将中文版的雇员问卷委托云南大学英语专业的教师对问卷的各模块进行了翻译和交叉互校。

（二）实地访谈质量监督

在调研期间，课题组以"1+1+1+X"的模式分成若干小组，由小组长带领前往企业进行调研。访员在访员督导的监督下对雇员进行面对面访谈。访员督导主要通过考察拒访率、问卷完成时间、随机陪访等形式，对访员获取的访问数据进行质量监督控制。同时，针对访员访谈过程中遇到的困难问题，及时与访员沟通并解决。

另外，课题组根据项目的总体规范，要求每个项目组成员在每天的访谈活动结束后，需撰写调研日志与调研报告，访员督导会在当天的总结会议上对每位访员撰写的调研日志与报告进行反馈总结，并监督访员将所获取的问卷数据进行回传。

（三）后期质量监控与筛查

项目组在肯尼亚进行实地调研期间，在云南大学的访问终端后台，针对肯尼亚项目组，设置了专业的技术人员和英语/斯瓦希里语专业学生组建的核查、质控小组，对每日回传的录音文件及问卷数据按照15%的比例进行重听与筛查，避免由于误听或误触造成的数据误差,并及时将每天所发现的问题与相应的访员进行沟通反馈,以便访员及时改正。

在总的调研项目结束后,项目组的编辑团队会同后台核查、质控小组对调查问卷进行第二次复查,以确保所有调研数据的准确性。

第二节 企业数据描述

本节主要通过对样本企业的行业类别、规模、股份比例以及参与商会工会等概况数据进行整理,力图能较为全面地对在肯中资企业的情况有一个大概的描绘。

一 企业问卷受访者职位分布

在此次调研的所有企业样本中,企业问卷受访者在本公司内所担任职务的情况如表2-1所示,绝大多数的企业问卷受访者都属于企业的高层管理人员,熟知本企业基本运营情况。其中企业所有者或实际控股人的比例约占18.37%,总经理或CEO等企业经营的主要负责人约占总受访者样本量的36.73%,副总经理职级的约占20.41%,另外有接近四分之一(24.49%)受访者属于企业的其他中高层管理人员,如董秘、财务总监、销售总监等。

表2-1　　　　　　　　受访者职务占比　　　　　　（单位:%）

受访者职务	比重
企业所有者	18.37
总经理或CEO	36.73
副总经理	20.41
其他	24.49

二 企业所属行业分布

有关本次调研的企业所属行业的情况如表2-2所示，在本次所有的受访企业中，大致可以分为两类企业，一类是工业型企业，受访的该类企业占比约为42.86%，主要包括建筑工程类、机械类、制造业类等企业；另一类是服务业型企业，服务业型企业占比约为57.14%，主要包括餐饮业、通信业、旅游业、零售业、商贸租赁业等行业的企业。

表2-2　　　　　　　　　不同行业类型企业占比

行业类型	百分比
工业	42.86
服务业	57.14

三 企业所处区位情况

经济开发区是指在一国国界内划定的地理区域，其商业规则不同于该国领土上的（其他）规则，这些规则的差别主要体现在投资条件、国际贸易和海关、税收以及监管环境等方面；据有关企业区位的调查数据（表2-3）显示，绝大部分的在肯中资企业均不在经济开发区，位于本国（肯尼亚）经济开发区的企业仅占总样本量的2.13%。

表2-3　　　　　　　　　是否在经开区企业占比　　　　　　（单位：%）

是否在经开区	比重
不在经开区	95.74
本国经开区	2.13
其他	2.13

四 企业规模

从本次调研的企业规模来看，具体如表2-4所示，本次调研的样本企业有接近半数（46.94%）的属于大型企业，这其中很大一部分属于在肯有基建工程项目的建筑工程类与制造业企业；约有28.57%的属于中型企业；另有约24.49%的小型企业，如小型制造业、零售业及餐厅、食品店等。

表2-4　　　　　　　　不同规模企业占比　　　　　　　（单位：%）

企业规模	比重
小型企业	24.49
中型企业	28.57
大型企业	46.94

五 企业加入商会情况

从在肯的中资企业与商会组织的联系来看，如表2-5所示，在本次调研的样本企业中，约68.75%的企业加入了驻肯尼亚的中国商会；另有约31.25%的企业未加入任何商会。目前在肯尼亚的中国商会组织较为多样，既有全肯范围的肯中经贸协会、中华总商会、华人华侨联合会等大型商会，也湖南商会、山东商会、福建商会等地域性的商会。各在肯商会对在肯中资企业的人脉网络、信息渠道拓展及宣传口径统一、话语与互助平台等方面发挥着重要促进作用。

表2-5　　　　　企业是否加入肯尼亚中国商会占比　　　　　（单位：%）

是否加入肯尼亚中国商会	比重
是	68.75
否	31.25

六 企业工会设置

在工会设置方面,如表 2-6 所示,绝大部分的在肯中国企业未设置有员工参与的工会。在样本企业中,有 10.20% 的企业设立了工会来履行员工权益保障工作。企业工会作为员工与企业沟通的重要桥梁,从调研的实际情况来看,企业的工会设置,主要是基于企业性质、规模以及本地员工的流动性等诸多因素综合考虑后的决策。

表 2-6　　　　　　　　企业是否有自身工会占比　　　　　　（单位:%）

企业是否有自身工会	比重
是	10.20
否	89.80

七 国有控股情况

根据调研收集的数据(表 2-7)统计,本次调研的企业样本中,有约 38.78% 的企业为国有控股企业,包括中央和地方国有企业;超过 60% 的样本数为非国有控股企业。非国有控股企业数量在样本中的占比情况,基本上能反映实际调研中肯尼亚私企数量多的情况。这在很大程度上表明,随着"一带一路"倡议在非洲的推进,基于肯尼亚劳动力成本优势以及资源优势等诸多考虑,尤其肯尼亚近年较为稳定的社会政治环境,正吸引着越来越多的私营企业走进非洲,到肯尼亚投资创业。

表 2-7　　　　　　　　企业是否为国有控股占比　　　　　　（单位:%）

是否为国有控股	比重
国有控股	38.78
非国有控股	61.22

八 商务部备案情况

按照《境外投资管理办法》(商务部令〔2014〕第3号)文件的规定,中国商务部对境外投资主体为中华人民共和国境内依法设立的企业进行商务备案。在中国商务部进行境外投资备案,既可以便于商务部对境外中资企业进行监督管理,也有利于企业获得商务部对驻外企业的风险防范提醒、投资引导和保护。根据表2-8所显示的数据统计,本次调研抽取的样本企业中,约有51.16%的企业在商务部做过境外投资备案;同时,也有接近半数(48.84%)的企业在赴肯投资的过程中,并未在商务部进行境外投资备案。后一类企业以中小型民营企业居多。根据调研,这些中小型民企中,多数不具备在商务部备案的资质。根据规定,非企业法人在境外设立机构和自然人在境外进行的投资,均不在国家商务主管部门境外投资管理的范畴。

表2-8　　　　　　企业是否在中国商务部备案占比　　　　(单位:%)

是否在中国商务部备案	比重
是	51.16
否	48.84

九 国内母公司情况

就调研所涵盖在肯经营的样本企业而言,如表2-9所示,在中国国内有母公司的驻肯企业,约占总样本量的61.22%;无国内母公司的企业约占总量的38.78%。这组数据一定程度上反映了中企跨国公司在肯尼亚的投资发展情况。一般来说,有中国母公司的跨国企业资金技术实力雄厚,运营模式和管理机制也都较为成熟,主要以大中型国有企业或民营股份制企业为主。

表 2-9　　企业是否有中国母公司占比　　（单位：%）

是否有中国母公司	比重
有中国母公司	61.22
没有中国母公司	38.78

接受调研的跨国企业和公司中，母公司类型不一。具体来看，有超过一半（约56.67%）的企业在中国国内的母公司属于国有企业，在样本中占多数；股份合作、有限责任公司与股份有限公司这三种类型的企业母公司，占总样本量的比例相同，均约为6.67%；国内母公司为私营企业的比例高于前三类，约为总样本量的16.67%；私营股份有限公司与港澳台独资企业所占的比例最低，约为3.33%。（表2-10）

表 2-10　　企业中国母公司类型占比　　（单位：%）

中国母公司类型	比重
国有	56.67
股份合作	6.67
有限责任公司	6.67
股份有限公司	6.67
私营企业	16.67
私营股份有限公司	3.33
港、澳、台独资企业	3.33

本次调研数据一定程度上受该公司类型分布占比影响。

十　注册运营时间

在样本企业注册运营时间方面，如表2-11所示，在所有调研的样本企业中，1995年前便已经在肯尼亚注册经营的企业，约占

4.08%。在接受调研的49家企业中，没有一家是在1995—2000年期间在肯注册的。进入21世纪以来，赴肯经营的中资企业呈逐年增长的态势。在2001—2005年间注册的企业约占14.28%，在此期间开始运营的企业数少一些，占总样本量的10.20%；而在2006—2010年间注册的约占总样本量的22.45%，此期间开始运营的企业则达到了总量的接近四分之一（24.49%）；2011—2015年注册运营的企业数量最多，占总量的36.74%；2016年以来的三年间注册运营的企业也为数不少，超过20%的样本企业是在此期间来到肯尼亚的。企业的注册运营时间数据一定程度上反映了中肯两国经贸合作关系呈现愈加紧密的态势。

表2-11　　　　　　　企业注册时间与运营时间分布　　　　　（单位：%）

年份	注册时间	运营时间
1995年以前	4.08	4.08
1995—2000	0.00	0.00
2001—2005	14.28	10.20
2006—2010	22.45	24.49
2011—2015	36.74	36.74
2016年以来	22.45	24.49

十一　公司高层性别比

公司高层中是否存在女性高管也是衡量一家企业现代化程度的一个重要指标。如表2-12所示，在肯中资企业的公司高层中有女性高管的比例达到65.31%；34.69%的样本企业则没有女性高管。

表2-12　　　　　　　　公司高层有无女性占比　　　　　　（单位：%）

有无女性高管	比重
是	65.31
否	34.69

第三节 员工数据描述

本节主要对在肯尼亚中资企业员工调研中的 1138 个受访者样本的总体特征进行简述，以对在肯尼亚投资兴业的中资企业的本地员工情况进行整体性的描摹。

一 按性别划分的肯尼亚本地员工基本统计特征

（一）性别年龄分布

我们首先关注的是本地员工的性别与年龄分布。如图 2-1 所示，整体上来看，在所有受访中资企业的 1138 个有效本地员工样本中，26—35 岁的青壮年劳动力是中资企业本地员工的主要雇员群体。该年龄段男性雇员和女性雇员在总样本量中的占比均超过 50%。其中，青壮年女性在女性样本总量中的占比要高出男性青壮年雇员近一个百分点，该年龄段的女性雇员约占总量的 52.45%，男性约占总量的 51.35%。从男性雇员的年龄分布来看，占比第二位的是 36 岁及以上的中年雇员群体，约有 25.99% 的男性本地员工处于这个年龄段，在实地调研中，中年雇员占比较高的多数是建筑工程类企业，这类企业的劳动强度大、劳动环境较差，招募到的员工更多的是家庭负担较重的中年劳动力。占比最小的是 18—25 岁的青年雇员群体，男性约占男性总样本量的 22.66%，在餐饮业、零售业等服务业企业中，这个年龄段的男性是主要的受雇者。女性本地雇员的年龄分布则稍有不同，在第二位的是 18—25 岁的本地女性雇员，约占总体女性员工样本量的 31.29%，36 岁及以上的女性员工只占到 16.26%，这在一定程度上反映了在肯尼亚的就业体系中，高龄女性员工在就业市场上处于弱势地位。

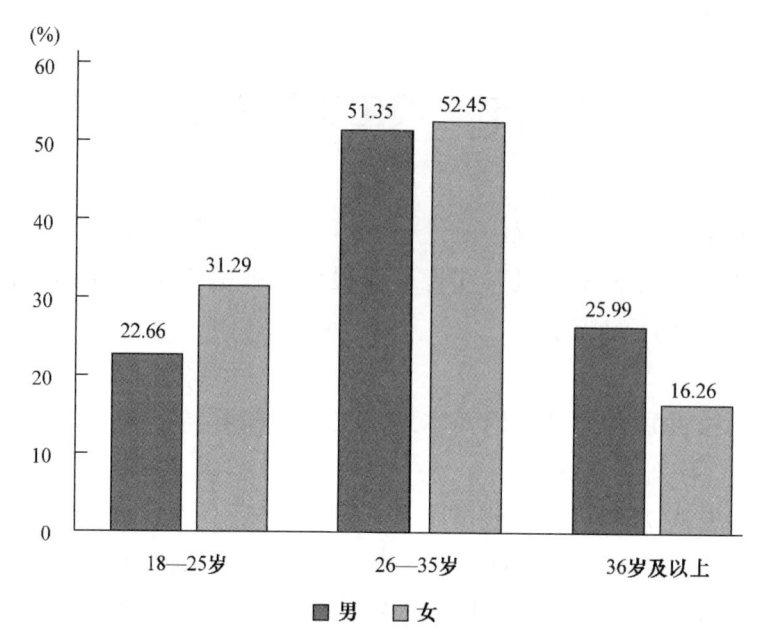

图 2-1　按性别划分的员工年龄分布（$N=1138$）

（二）受教育程度

肯尼亚有着较为完整的教育体系，其整体教育水平在非洲国家相对较好。在员工的受教育程度方面，如图 2-2 所示，超过 60% 的肯尼亚中资企业本地员工拥有中学/专科学历，未受过教育的文盲劳动力仅占约 1%，这反映了肯尼亚相对较好的基础教育水平；但是同时也有 20% 左右的员工仅拥有小学学历，本科及以上的学历者大概也能占到总样本量的 20%。从性别来看，整体上，肯尼亚本地女性员工受高等教育水平比例要高于男性，本科及以上学历的女性雇员要高于男性约 9.5 个百分点，此次调研的样本企业中约 21.78% 的女性雇员都拥有本科及以上学历，男性雇员的这一数值则仅有 12.32%；在小学学历和中学/专科学历的雇员数量中，男性雇员的数值则要高于女性。

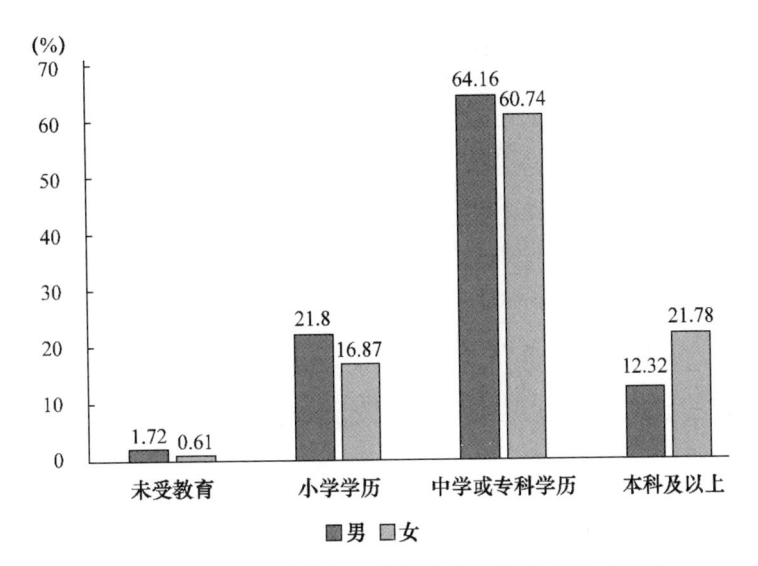

图 2-2　按性别划分的员工受教育程度分布（$N=1138$）

（三）族群分布

肯尼亚是一个多民族的国家，全国共有 42 个民族。如表 2-13 所示，在 1119 个有效样本中，来自基库尤族和卢希亚族两大民族的员工在整体的中资企业本地雇员中占据主要部分，基库尤族约占员工总样本量的 28.78%，卢希亚族约占总量的 25.47%，位居第三的是坎巴族，样本企业约有 15.64% 的本地雇员属于该民族，其次还有卢奥族、卡伦金族两个民族本地员工的占比也超过了 5%；在这主要的五个民族之外，还有约 15.73% 的样本员工来自肯尼亚的其他民族。若是分性别来看，驻肯中资企业本地员工民族构成则稍有不同，驻肯中资企业本地男性员工所属民族的前五位分别是卢希亚族、基库尤族、坎巴族、卡伦金族与卢奥族，本地女性员工所属民族的前五位则分别是基库尤族、卢希亚族、坎巴族、卢奥族与卡伦金族，其中，来自基库尤族的女性员工在样本总量中的比例已经接近 40%。这一数据与肯尼亚本地的民族构成基本情况大致相同，说明肯尼亚本地员工的民族成分等因素对中资企业人力资源战略几乎没有影响。

表 2-13　　　　　　　按性别划分的员工族群分布　　　　　（单位：%）

族群	男	女	总计
基库尤族	24.44	39.75	28.78
卢希亚族	25.81	24.61	25.47
卡伦金族	8.23	3.47	6.88
卢奥族	8.23	5.68	7.51
坎巴族	16.58	13.25	15.64
其他	16.71	13.25	15.73

$N=1119$。

（四）宗教信仰情况

在宗教信仰方面，如表 2-14 所示，从整体上我们可以看出，在 1132 个有效样本中，绝大多数的肯尼亚民众都拥有宗教信仰，而且其中大多数信仰的都是外来宗教。在这其中有超过一半（56.80%）的肯尼亚民众信仰新教，这反映了作为前英属殖民地，英国宗教文化对肯尼亚民众的深刻影响；天主教在肯尼亚也较为盛行，大概有 34.01% 的民众信仰天主教。除基督教的这两大分支之外，也有很少一部分的肯尼亚人信仰伊斯兰教、印度教以及其他一些本地宗教。作为东非第一大海港城市，蒙巴萨的伊斯兰文化色彩较为厚重，街头巷尾的清真寺以及定时响起的或远或近的祷告音乐，都在昭示着这是一座深受伊斯兰教影响的城市。这种现象也不难理解，一方面是由于蒙巴萨地处印度洋西海岸，与伊斯兰文明核心区西亚中东地区拥有较近的地理距离；另一方面自英国殖民肯尼亚以来，蒙巴萨就是英属印度与肯尼亚经济文化交流的一个中转地，大量来自南亚的穆斯林在这里聚集定居，伊斯兰教也就随之传播到了这里。印度教在肯尼亚有所分布大多也是因为英国殖民时期印度移民的迁入。具体地从性别来看的话，女性信仰新教的比例要稍高一些，为 59.82%，男性的这一数据为 55.58%；信仰伊斯兰教的男性比例比女性要高，为 3.60%，女性的这一数据则仅有 1.53%。另外值得注意的是，从此次的调研数据看，肯尼亚国内不信仰任何宗教的民众微乎其微，只占总样本量的0.80%。

表2-14　　　　　　　　按性别划分的员工宗教信仰分布　　　　　　（单位：%）

宗教信仰	男	女	总计
新教	55.58	59.82	56.80
天主教	34.24	33.44	34.01
伊斯兰教	3.60	1.53	3.00
印度教	0.12	0.00	0.09
其他	5.58	4.60	5.30
不信仰任何宗教	0.87	0.61	0.80

$N=1132$。

（五）婚姻状况

本次调研的问卷中对肯尼亚中资企业的员工婚姻状况也有所涉及。如图2-3所示，从整体上来看，在1134个有效样本中，处于结婚状态的肯尼亚本地员工约占总样本量的59.61%，处于单身状态的本地员工则有36.95%，另外还有约3.43%的肯尼亚员工的婚姻状况处于"其他"状态（"其他"所述的状况包括同居、丧偶、结婚但分居、离婚）。若是按照性别分开来看，在男性员工中，处于"结婚"状态的约有67.82%，这要远远高于"单身/未婚"与"其他"状态，"单身/未婚"的员工约有三成（29.47%），"其他"状态的员工约有2.71%；女性员工中，处于"单身/未婚"状态的有55.73%，"结婚"状态的有39.01%，还有5.27%的女性员工婚姻状态为"其他"。由此可见，肯尼亚员工的婚姻状态性别间差异较为显著。

（六）出生地分布

从肯尼亚本地员工的出生地分布情况来看，如图2-4所示，在共计1134个有效样本中，出生于农村的约占总量的60.41%，出生于城市的约占总量的39.59%。如果进一步分性别来看，在男性员工中，农村出生的员工比例（63.33%）要远高于城市出生的员工（36.67%），这一

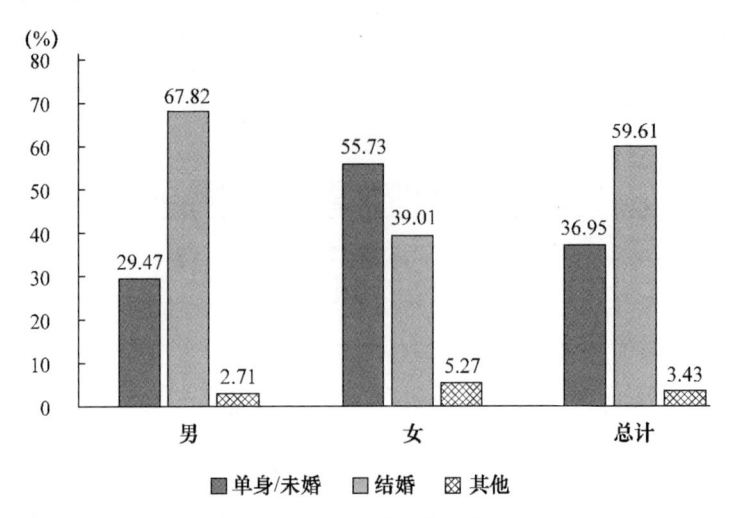

图 2-3　按性别划分的员工婚姻状况分布（$N=1134$）

巨大差距在女性员工群体中并不存在，出生于农村的女性员工比例（53.09%）仅略高于城市出生的女性员工比例（46.91%）约6个百分点。从这一组数据中，我们也可以看出目前肯尼亚的城市化率依旧不高，离开农村投入企业全职工作的女性比例要少于男性。

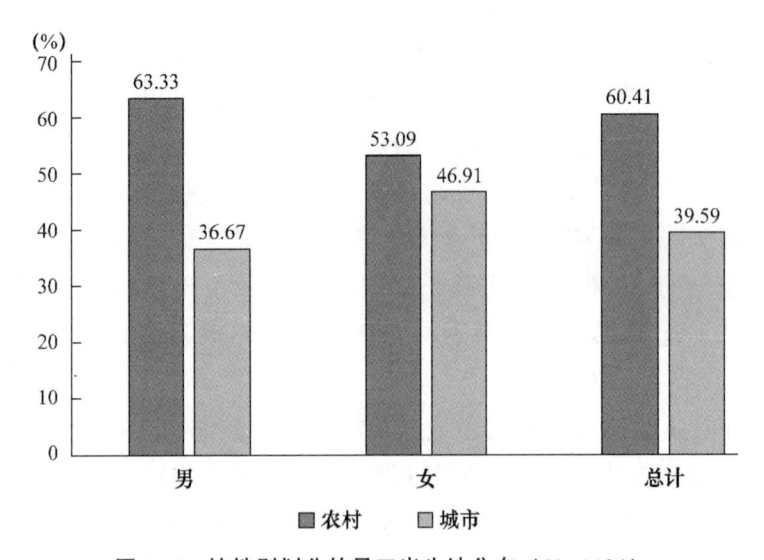

图 2-4　按性别划分的员工出生地分布（$N=1134$）

(七) 工作时长分布

从按性别划分的肯尼亚员工在当前企业的工作时长分布来看，如表2-15所示，在1129个有效样本中，总体上工作时长在一年的员工在所有分组中占比最大，约占总量的28.34%，工作时长在不足一年、两年、三年以及六年以上四个分组的员工占比也都超过了10%，仅有工作时长在四年、五年、六年三个分组的员工比例低于10%。分性别来看，男性员工与女性员工在各个工作时长分组中的比例分布也大致相同，均是工作时长在一年的分组中所占比例最大，女性员工在这一分组中的比例（30.15%）已经超过了三成，男性员工在该组中的比例约为27.61%，其余的在不足一年、两年、三年、六年以上四个分组中的男性、女性员工占比也均超过了10%，在四年、五年、六年三个分组中的男性、女性员工比例小于10%。

表2-15　　　　在当前企业工作时长不同的员工的性别差异　　　　（单位：%）

性别	不足一年	一年	两年	三年	四年	五年	六年	六年以上
男	17.66	27.61	13.93	10.57	7.59	6.09	4.23	12.31
女	17.54	30.15	14.77	13.54	6.15	3.38	3.38	11.08
总计	17.63	28.34	14.17	11.43	7.17	5.31	3.99	11.96

$N=1129$。

二　按年龄划分的肯尼亚本地员工的基本统计特征

(一) 族群差异

从按年龄划分的肯尼亚员工族群分布情况来看，如表2-16所示，在1120个有效样本中，基库尤族、卢希亚族、卡伦金族、卢奥族与坎巴族五大民族的肯尼亚员工在18—25岁、26—35岁与36岁及以上三个年龄段间分布较为平均，其中基库尤族员工在18—25岁间的员工占总量的比例为27.27%，在26—35岁、36岁及以上两个年龄段间所占的比例都超过了29%（分别为29.31%和29.13%），基库尤族在所有样本员工中占 28.75%，卢希亚族员工在 26—35 岁年龄段间占比稍高，占该年龄段员工总量的 26.72%，在 18—25 岁、36 岁及以上两个年龄段间占比稍低，分别为 23.08% 和 25.20%，总体占比 25.45%，稍小于基库尤族，是肯尼亚本地员工中的第二大民族；坎巴族是肯尼亚中资企业本地员工的第三大族裔，总体占比 15.71%，18—25 岁年龄段的坎巴族员工在三个年龄段间的占比最高，约占该年龄段员工总量的五分之一（19.23%），36 岁及以上年龄段的占比稍低，约为 18.11%，26—35 岁的占比最小，仅为 12.93%；卡伦金族与卢奥族在三个年龄段间的员工数量在总量中占比均小于 10%，数值较小。另外还有约 15.71% 的其他民族员工，这一部分员工在三个年龄段间的分布呈递减趋势，分别 17.83%、15.34%、14.17%。

表 2-16　　按年龄段分布的受访者族群差异　　（单位：%）

族群	18—25 岁	26—35 岁	36 岁及以上	总计
基库尤族	27.27	29.31	29.13	28.75
卢希亚族	23.08	26.72	25.20	25.45
卡伦金族	5.94	8.10	5.12	6.88
卢奥族	6.64	7.59	8.27	7.50
坎巴族	19.23	12.93	18.11	15.71
其他	17.83	15.34	14.17	15.71

$N=1120$。

（二）职级的年龄差异

从肯尼亚员工中管理人员与非管理人员的年龄差异情况来看，如图 2-5 所示，在 1137 个有效样本中，处于管理岗位的肯尼亚员工在 26—35 岁和 36 岁及以上的占比稍高，26—35 岁是肯尼亚管理岗位员工分布比例最大的年龄段，约占管理岗位员工样本总量的 55.65%，其次是 36 岁及以上，该年龄段的管理岗位员工占比约为 27.42%，18—25 岁之间便能晋升到管理岗位的肯尼亚员工占比最低，仅占管理人员总样本量的 16.94%；非管理岗位的员工在三个年龄段上的分布较之管理岗位员工的分布情况稍显平均一点，26—35 岁的非管理人员在非管理人员样本总量中占比最高，约为 51.23%，其次是 18—25 岁间的非管理人员，占比约为 26.06%，36 岁及以上的非管理岗位员工占比最低，但依旧超过了 20%（为 22.70%）。

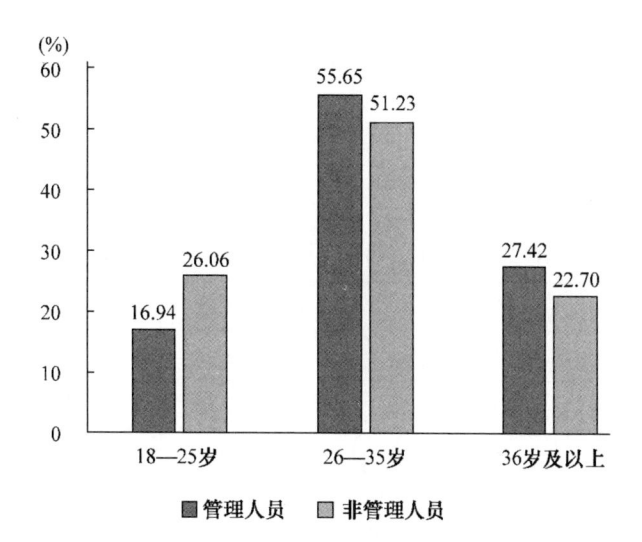

图 2-5 管理人员与非管理人员的年龄差异 ($N=1137$)

（三）工作时长分布情况

从在当前企业工作时长不同的员工的年龄差异状况来看，如表 2-17 所示，在 1130 个有效样本中，在总体上工作时长满一年的员工在所有工作时长分组中占比最大，有接近三成（28.32%）的比例，在其他的分组中，不足一年、两年、三年与六年以上三个分组的员工占比也都超过了 10%，分别为 17.61%、14.16%、11.50% 与 11.95%；其余的四年、五年与六年三个工作时长分组的占比都不超过 10%。分年龄段来看：在 18—25 岁年龄段的员工中，工作满一年的员工占比最大，约为该年龄段员工样本总量的 38.11%，不足一年的员工在该年龄段间约占总样本量的四分之一（26.22%），工作满两年的员工约占该年龄段总量的 16.43%，其余五个分组在该年龄段间的占比均小于 10%；在 26—35 岁年龄段间，工作满一年的员工占比最大，约占总量的三成（29.23%），其余在不足一年、两年、三年与六年以上四个工作时长分组中的占比均超过 10%，在剩余的四年、五年、六年三个分组中的占比均小于 10%；在 36 岁及以上年龄段的员工中，工作时长在六年以上的老员工超过了四分之一，为 25.48%，为该年龄段间占比最大的分组，在其余的分组中，不足一年、一年、两年、三年、四年这五个分组的员工占比均超过了 10%，只有在五年、六年两个分组中的员工占比超 5%。

表 2-17　　　　在当前企业工作时长不同的员工的年龄差异　　　（单位：%）

年龄	不足一年	一年	两年	三年	四年	五年	六年	六年以上
18—25 岁	26.22	38.11	16.43	9.09	3.85	1.40	1.40	3.50
26—35 岁	14.87	29.23	14.36	12.65	7.01	7.35	4.44	10.09
36 岁及以上	14.29	15.44	11.20	11.58	11.20	5.02	5.79	25.48
总计	17.61	28.32	14.16	11.50	7.17	5.31	3.98	11.95

$N=1130$。

（四）受教育情况分布

从按年龄段划分的肯尼亚员工受教育情况来看，如表 2-18 所示，在 1139 个有效样本中，拥有中学或专科学历的肯尼亚员工占比最大，约为总样本量的 63.21%，小学学历的其次，占比约为两成（20.37%），本科及以上的占比 15.01%，未受过教育的员工占比最少，仅为 1.40%。从年龄段分组来看，在 18—25 岁的年龄段间的员工中，拥有中学或专科学历的比例已经超过了 70%（约为 70.28%），本科及以上学历者也占据了 12.59% 的比例，小学学历者仅为 15.73%，未受过教育的员工极少，仅有该年龄段样本量的 1.40%，该年龄段的数据仅能反映就业市场中的劳动力受教育情况，一部分该年龄段的青年正处于中高等教育阶段尚未毕业，因此该年龄段的本科及以上学历者占比较之 26—35 岁阶段要小；26—35 岁年龄段间最突出的特征就是拥有本科及以上学历者在所有年龄段中的占比是最高的，19.69%的比例已经接近了样本量的五分之一，中学或专科学历者占比约六成（62.65%），小学学历者较之 18—25 岁年龄段也稍有增长，约占比 16.47%，未受过教育的员工占比依旧是最少的，仅有约 1.19%；在 36 岁及以上的年龄段间，中学或专科学历者同比依旧是占比最高的，但环比三个年龄段，36 岁及以上年龄段的该项占比是最小的，约为 56.82%，小学学历者占比较之前两个年龄段也要高出许多，约有 34.09%，未受教育者依旧占比最小，仅为 1.89%。由这一组数据我们可以看出，肯尼亚的整体教育水平在逐年提高，接受过中高等教育的高素质劳动者日益成为就业市场中的主力。

表 2-18　　　　　按年龄组划分的员工受教育程度分布　　　　（单位：%）

受教育程度	18—25 岁	26—35 岁	36 岁及以上	总计
未受教育	1.40	1.19	1.89	1.40
小学学历	15.73	16.47	34.09	20.37
中学或专科学历	70.28	62.65	56.82	63.21
本科及以上	12.59	19.69	7.20	15.01

$N=1139$。

（五）出生地分布

从按年龄组划分的肯尼亚员工出生地分布来看，如表 2-19 所示，在 1135 个有效样本中，总体上依旧是出生于农村的员工比例要高于城市出生的员工。分年龄段来看，18—25 岁年龄段间的农村出身员工与城市出身员工间的比例差距最小，在该年龄段间，出生于农村的员工占比约 55.09%，出生于城市的员工占比约 44.91%；36 岁及以上年龄段间的农村出身员工与城市出身员工间的比例差距最大，在该年龄段间，出生于农村的员工占比约 67.42%，出生于城市的员工占比约 32.58%；26—35 岁年龄段间的农村出生的员工接近 60%，为

59.90%，城市出生的员工占40.10%。从这一组数据我们可以看出肯尼亚的城市化率也在逐年地提高，具体地表现为城市出生的员工比例随着年龄的减小呈逐渐递增的趋势。

表 2-19　　　　按年龄组划分的员工出生地分布　　　　（单位：%）

出生地	18—25 岁	26—35 岁	36 岁及以上
农村	55.09	59.90	67.42
城市	44.91	40.10	32.58

$N=1135$。

第三章

肯尼亚中资企业生产经营状况分析

本章基于对中国在肯尼亚投资企业的问卷调查，反映投资企业的基本情况和特点，以及企业在肯尼亚的生产经营状况和融资情况。通过对调查问卷中中国企业在肯尼亚投资类型、行业、现状、生产和销售、市场竞争、融资等各个方面情况的分析，力图展示中国企业在肯尼亚生产经营的基本状况，并对其中一些问题结合对肯尼亚中资企业的实地调研访谈进行说明，为后续的分析和研究提供一个基本的参考。

第一节 运营情况

随着中国企业对肯尼亚投资的不断扩大，在肯尼亚的中资企业数量不断增加，本节将对这些企业的基本情况进行分析，主要从中国企业在肯尼亚注册和运营的基本情况、所有制结构、股权结构及其变动情况，以及与经济开发区的关系等方面，分析中国企业在肯尼亚投资的变化趋势，主要投资企业类型，股东的类别以及与开发区的关系等基本内容。

一 中资企业在肯尼亚的注册与运营时间

中资企业对肯尼亚的投资呈现快速增长的态势。从图3-1中可以看到，在 1995 之前中资企业仅在肯尼亚有少量投资，在 1995—2000 年期间甚至没有投资企业注册。从 2000 年以后，中资企业对肯尼亚的投资迅速增长，2001—2005 年、2006—2010 年、2011—2015 年期间注册的企业所占的比例分别达到 14.28%、24.49%、36.74%，这三段时期为中资企业投资肯尼亚的快速增长期，同时，中资企业在肯尼亚运营的时间也出现了同步的上升态势。2016 年以来虽然中资企业在肯尼亚的注册比例和运营比例有所下降，但由于考察时间段少于 5 年，可以认为中资企业对肯尼亚的投资仍然延续了快速增长的趋势。

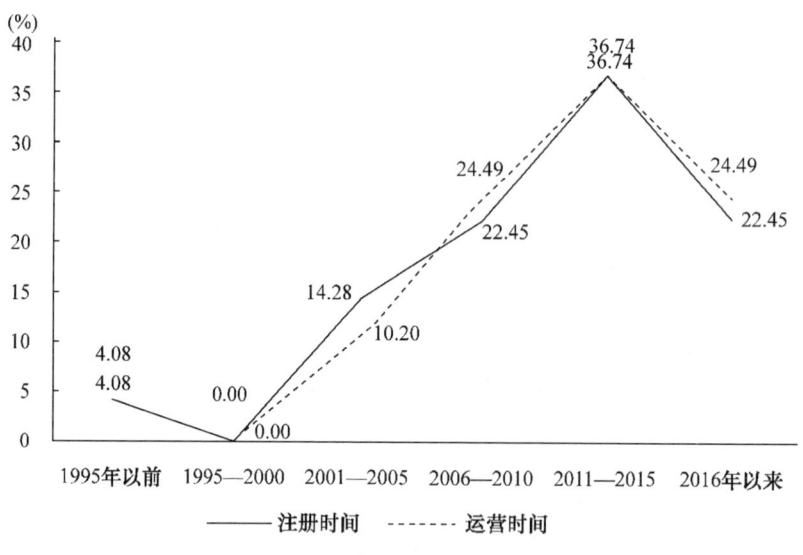

图 3-1　企业注册与运营时间年份分布

中资企业对肯尼亚投资的增长，是与中肯自身经济情况及双方经济贸易发展情况相适应的。2000 年以前，中国企业尚未开始大规模地走出去，同时肯尼亚的经济发展水平还处于较低的发展阶段，双方的贸易规模不大，因而企业投资数量较少。2000 年以后随着中国改革开放的发展以及企业国际化发展的能力提升，中国企业开始重视对外投资，并从 2006 年开始进入对外投资快速发展的阶段。而随着中国对外开放格局的拓展,以及肯尼亚经济发展水平的提升,中肯双方经贸合作不断扩大,这是中国企业对肯尼亚的投资在2000年后迅速增长的原因。随着中国"一带一路"倡议的提出,作为东非地区经济实力最强的肯尼亚将成为中非经贸合作的重点。预计中资企业对肯尼亚的投资将会延续快速增长的趋势。

从投资肯尼亚的中资企业在商务部备案的年份分布情况看,也以2000年为界,呈现出与中资企业在肯尼亚注册情况相一致的特征。2000年之前备案的公司仅占6.25%,大部分的公司是在2000年备案的,特别是2006年以后备案公司所占的比重有大幅度上升。可见,中资企业投资肯尼亚主要集中在最近十多年,明显和中国企业走出去的步伐相一致。

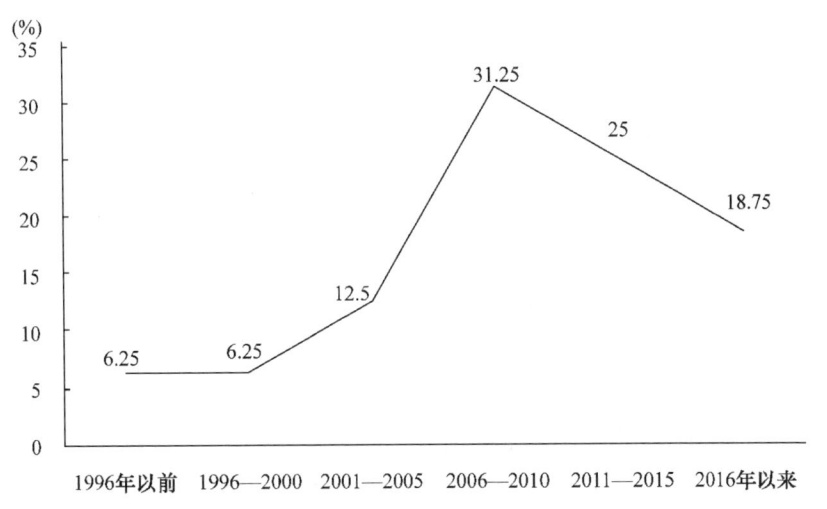

图3-2 企业在中国商务部备案年份分布

二 中资企业的所有权结构

中国企业对肯尼亚投资的股权结构与对非投资的股权结构相似,早期主要是私人控股企业以商贸为目的进行的投资,以及国有控股企业以双边合作项目为主的投资,国有控股企业的投资比重较大。随着经贸合作的不断扩大,带动了私人投资的增长。从商贸领域扩展到建筑服务和生产制造领域，私人投资的规模不断扩大，并且逐步超过国有控股企业的投资，成为中国对肯尼亚投资的主力。

如图3-3所示，目前中资企业对肯尼亚的投资主要以私人控股公司为主，其比重已经达到63.83%，明显超过中国国有控股公司37.48%的比重。这一现状表明，中国对肯尼亚的投资并不高度依赖政府的推动，还更多体现出企业根据市场做出的选择，私人控股公司在政府推动后表现出更积极的市场活力。

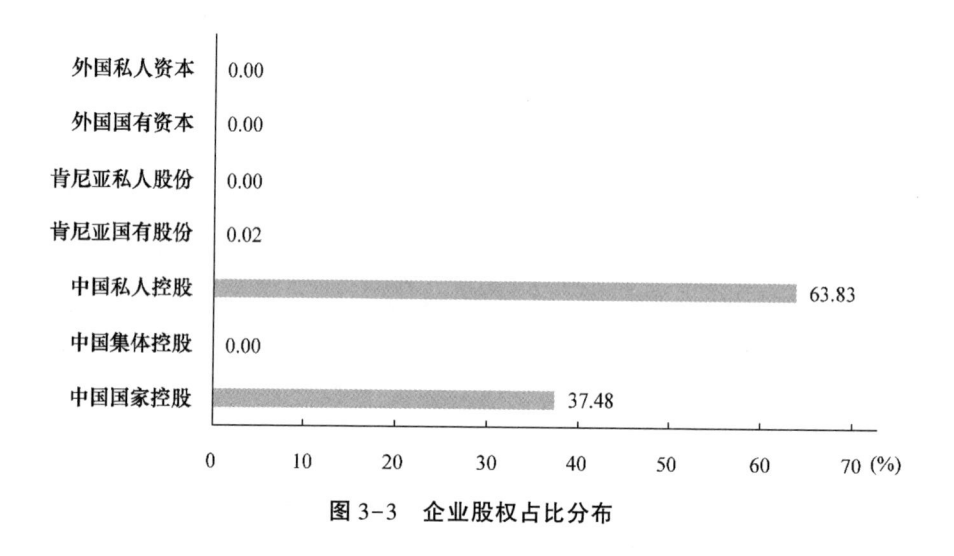

股权类型	占比(%)
外国私人资本	0.00
外国国有资本	0.00
肯尼亚私人股份	0.00
肯尼亚国有股份	0.02
中国私人控股	63.83
中国集体控股	0.00
中国国家控股	37.48

图3-3　企业股权占比分布

从在肯中资跨国企业的母公司类型来看，包含了各种所有制的公司类型。其中母公司是国有企业的投资公司占比最高，达到了56.66%，表明国有企业及其子公司是中国在肯尼亚投资的主要类型。这种情况主要归因于中国和肯尼亚之间大量的基础设施建设合作项目，而国有企业是中国基础设施建设的主体。随着双边经贸关系的发展，基础设施的改善，其他类型的中国公司也在肯尼亚发现了投资机会，在肯投资企业的所有制类型不断丰富，各类股份有限公司和私营企业在肯尼亚设立了子公司。

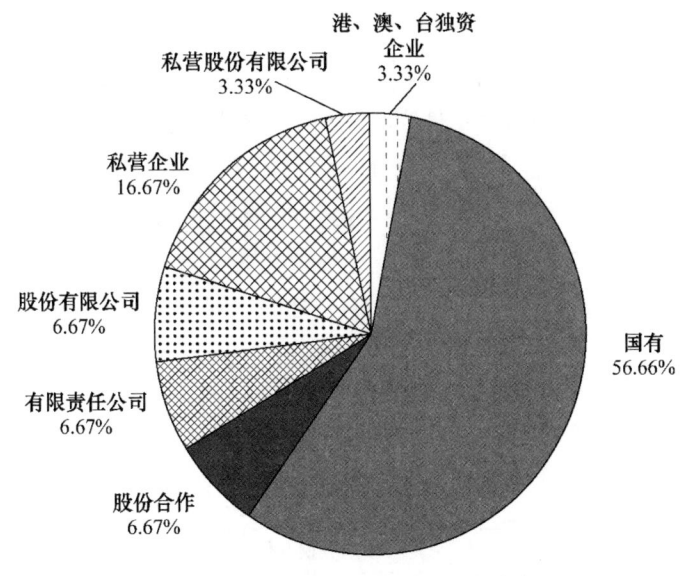

图 3-4　企业母公司类型百分比分布

三　中资企业的股权结构变动和控股情况

大部分在肯尼亚投资的中资企业基本上都是由中方股东控股。在肯注册时间超过五年的中资公司中，有 96.43% 由中方控股，注册时间少于五年的公司有 95.24% 由中方控股，可见不管是早期赴肯投资的中资公司还是新近进入肯尼亚的中资公司，股权结构都主要以中方股东控股为主，仅有很小一部分在肯中资公司中方股东没有控股。在没有控股的中资公司中，注册时间超过五年的有 3.57%，注册时间少于五年的有 4.76%，所占比例很低。

从中资企业在肯尼亚投资经营的合资及股东股权参与情况看，注册时间超过五年的合资公司中，没有一家公司是肯尼亚股东一直控股的，甚至，其中 60.71% 的公司一直没有肯尼亚股东，余下近四成（39.29%）的公司有肯尼亚股权，但一直没有控股。注册时间低于五年的公司中，肯尼亚股东一直控股的合资企业占比上升到 4.76%，和五年前注册情况相比实现了突破；另外，有 38.10% 的公司有肯尼亚股东，但没有控股。一直没有肯尼亚股东的公司有 57.14%，与五年前情况相差不大。

从其他国家（第三方）参与投资的股东股权情况来看，注册时间超过五年的公司中，有约七成的公司一直没有其他国家参与投资，25.00%的公司有其他国家合资但一直没有控股，3.57%的公司有其他国家股东且开始由其他国家控股。注册时间少于五年的中资公司中，有大约三分之一的公司有第三方参与投资，但均没有控股，占比数据相对五年前注册的中资企业有所增加，这表明中资企业在肯投资较前注重与第三方的合作。当然，其余三分之二没有其他国家股东，独资仍然是中资公司投资肯尼亚的主流。

表3-1　　　　　　　　　　公司的股权变化状况　　　　　　（单位：%）

分类	中国股东股权变化		肯尼亚股东股权变化			其他国家股东股权变化		
	一直控股	一直没有控股	一直控股	一直没有控股	一直没有肯尼亚股东	以前不控，现在控股	一直没有控股	一直没有他国股东
注册超过五年	96.43	3.57	0.00	39.29	60.71	3.57	25.00	71.43
注册低于五年	95.24	4.76	4.76	38.10	57.14	0.00	33.33	66.67

可见，中国企业投资肯尼亚绝大多为独资或中方控股，与肯尼亚或第三方合资且不控股的企业总数不到5个百分点。其中约六成的中资公司没有肯尼亚股东的情况，一定程度上反映了中资企业在肯尼亚的资本、技术和产品优势，双方企业资本、技术、产品结构的巨大差异是中资企业独资经营的重要原因，体现出中肯合作的互补性特征。随着中肯关系进一步密切，近5年内，在肯中资企业基数大增，中肯合资较前占比虽略微减少，但实际数量增加，且其中出现了近5个百分点的肯方控股公司，双方在资本领域合作趋于活跃。

此外，与第三方合资的在肯中资企业，大约占到企业总数的三分之一，与肯尼亚合资的占到约四成。表明中国公司与当地公司、第三方的投资合作还是较为广泛的。在注册低于五年的公司中已经出现了肯尼亚股东控股的情况，说明肯尼亚本土企业也有一些具有较强的竞争力。

随着肯尼亚经济发展和本土企业实力的增强，预计未来肯尼亚本土企业在中资企业中的参与度将会越来越高。企业中是否有其他国家的股东代表了多方合作的程度，由于中国企业投资肯尼亚主要依托国内的基础设施建设能力和制造业优势，因此与中国和肯尼亚之外的第三方的合作总体上相对较少。然而，注册低于五年有其他国家股东的企业比例比注册超过五年的公司多，说明在肯尼亚投资企业正在逐步走向多元化的国际合作。

表 3-2　　　　　　　　　公司的股权变化状况　　　　　　（单位：%）

分类	中国股东股权变化		肯尼亚股东股权变化			其他国家股东股权变化		
	一直控股	一直没有控股	一直控股	一直没有控股	一直没有肯尼亚股东	以前不控，现在控股	一直没有控股	一直没有他国股东
有中国母公司	96.67	3.33	0.00	30.00	70.00	3.33	16.67	80.00
无中国母公司	94.74	5.26	5.26	52.63	42.11	0.00	47.37	52.63

从股东股权的变化来看，无论有无中国母公司，公司控股股东均保持稳定，仅有少量公司的股权发生变更，肯尼亚股东的股权也保持稳定。没有中国母公司的企业，肯尼亚股东拥有控股权的企业比例高于有中国母公司的企业，反映了比起中国母公司在肯尼亚设立的子公司，单独在肯尼亚新建的企业与肯尼亚本地企业的合作更多，这种情况对于企业与中国和肯尼亚之外的第三方国家的合作也是如此，无中国母公司的企业与第三国股东的合作更多。这或可归因于无中国母公司的企业相对有中国母公司的企业，能得到中国国内的支持配套相对要少一些，因而更倾向于和肯尼亚当地企业合作，或者与其他国家的投资者合作。

四 中资企业与经济开发区的关系

肯尼亚也像中国一样设立了一些经济开发区,主要集中在内罗毕和蒙巴萨地区。中国企业有的选择在经济开发区投资,也有的选择不在经济开发区投资。国有背景的企业大多选择在肯尼亚的经开区投资,而不在经开区投资的企业则包括各种类型。其原因可能是经开区提供的优惠条件对企业有一定要求,更适合于从事大型项目和有一定规模的生产制造企业(这类企业国有背景的较多),而一般的商贸服务业(这类企业对经开区的需求较低,更喜欢靠近消费市场,非国有背景的公司较多)则对经开区没有依赖。

表3-3　　　　是否在经开区企业母公司类型交互表　　　(单位:%)

分类	国有	股份合作	有限责任公司	股份有限公司	私营企业	私营股份有限公司	港、澳、台独资企业
不在经开区	53.85	7.69	7.69	7.69	15.38	3.85	3.85
本国经开区	100.00	0.00	0.00	0.00	0.00	0.00	0.00
其他	0.00	0.00	0.00	0.00	100.00	0.00	0.00

第二节　生产经营状况

随着肯尼亚经济的发展和中国对肯尼亚投资的扩大,中资企业在肯尼亚生产经营的状况也发生了明显的变化。本节重点考察几个方面的内容:一是中资企业在肯尼亚经营的市场情况,包括基本的营业情况、主要的产品销售市场、定价方式和出口市场;二是中资企业面临的竞争情况,特别关注中资企业与肯尼亚本土企业和其他外资企业的竞争;三是中国企业在生产经营过程中的自主性;四是企业承担项目的情况,重点是基础设施建设类项目;五是肯尼亚政府的履约情况与投资环境;六是中资企业的销售渠道。

一 中国在肯企业的经营和市场情况

中资企业在肯尼亚的总体营业状况较好。如图3-5所示,中资企业每周营业时间分布的中位数为41小时到50小时,平均每个工作日在8小时到10小时之间,这是比较正常的营业时间长度,占比最高,达到了38.78%。高于这个营业时间长度的企业较多,其中营业时间每周80小时以上的达到了14.29%。营业时间相对较少的企业占比三分之一不到,其中每周31—40小时的占比为12.24%,每周30小时及以下的占比为16.33%。如果不考虑企业所处的行业,总体上在肯尼亚投资的企业营业时间偏长。

可见,中国企业在肯尼亚基本处于正常经营的状态,并且营业时间相对较长的企业比较多。这说明企业有充分的市场需求,有充分的工作需求。从在肯尼亚调研的情况看,肯尼亚基本处于工业化初期的经济上升阶段,人民基本消费水平一开始比较低,但随着经济发展,居民消费增长很快而商品不丰富,类似我国改革开放初期,只要企业产品适应市场需求,销售不存在问题。因而大多数企业面对的是一个极不饱和的商品市场环境,可以保证生产经营的正常进行。

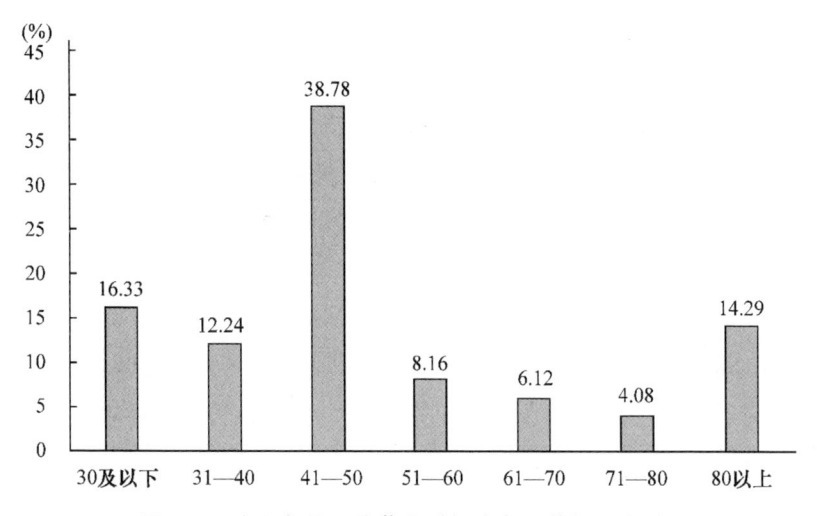

图3-5 企业每周平均营业时间分布(单位:小时)

从表 3-4 可以看到，中国在肯的投资企业以满足本地市场需求为主的特征十分明显。按注册类型，注册超过五年和注册低于五年的企业分别有 67.86% 和 80.95% 的销售市场为本地市场；其次是肯尼亚国内市场，分别占 25.00% 和 14.29%；出口的比例很少，分别占 7.14% 和 4.76%。这反映了中国对肯尼亚的投资是典型的市场寻求型投资，主要受到肯尼亚不断增长的国内市场需求所吸引，出口加工型的投资较少。这与肯尼亚的基础设施情况、产业体系情况、出口政策等因素有关，在肯建立像中国一样的出口导向型制造业还有待时日。

按企业所在地来看，不在经开区的企业有 75.56% 的产品销售市场是当地市场，20.00% 的市场为肯尼亚国内市场。而在肯尼亚经开区的企业当地市场的比重是 0，100% 是肯尼亚国内市场。这反映了经开区企业有更广泛的市场范围，而非经开区企业更多的是满足所在地周边的需求。另外，部分企业拥有少量国际销售市场，主要为乌干达等东非邻近国家。

表 3-4　　　　　　企业产品的主要销售市场状况　　　　　　（单位：%）

分类	本地	肯尼亚国内	中国	国际
注册超过五年	67.86	25.00	0.00	7.14
注册低于五年	80.95	14.29	0.00	4.76
不在经开区	75.56	20.00	0.00	4.44
肯尼亚经开区	0.00	100.00	0.00	0.00
其他	0.00	0.00	0.00	100.00
商务部境外投资备案	59.09	31.82	0.00	9.09
未在商务部境外投资备案	85.71	9.52	0.00	4.76
加入肯尼亚的中国商会	72.73	21.21	0.00	6.06
未加入肯尼亚的中国商会	73.33	20.00	0.00	6.67

从企业主营产品市场分布情况来看，如表 3-5 所示，大多数企业

产品都在本地市场销售，但并不完全依赖本地市场。首先，就本地市场销售份额来看，本地市场份额在小于1%、1%—10%两个级别之间分布的企业最多，分别占到32.35%和29.41%。本地市场份额占到50%以上的企业占比低于12%。可见大多数企业对本地市场的依赖度不高。其次，从肯尼亚国内市场份额来看，主营产品销售份额在1%—10%这个级别的企业最多，占到44.44%。销售份额在1%到20%区间的企业约为78%。销售份额在51%—100%区间的企业，大约有22%。没有企业在肯尼亚国内市场的销售份额在21%—50%的区间。由此可见，在肯投资的中企，在肯国内市场所占份额大概呈两极分布，少部分企业占有肯全国一半以上市场份额，有很强的竞争力。最后，在国际市场方面，约三分之一企业的主营产品在国际市场的销售比例低于1%，约三分之二的企业在11%到20%之间，没有其他区间样本。可见在肯尼亚投资的企业有一部分产品出口到国际市场，但依赖程度总体较低，这些产品绝大多数出口到肯尼亚周边的非洲国家。此外，从调查样本情况来看，没有企业在中国有市场销售份额。

表3-5　　　　　　　　企业主营产品的市场份额分布　　　　　　（单位：%）

分类	小于1%	1%—10%	11%—20%	21%—30%	31%—50%	51%—70%	71%—100%
本地	32.35	29.41	11.76	8.82	5.88	5.88	5.88
肯尼亚国内	11.11	44.44	22.22	0.00	0.00	11.11	11.11
中国	0.00	0.00	0.00	0.00	0.00	0.00	0.00
国际	33.33	0.00	66.67	0.00	0.00	0.00	0.00

综上所述，中国企业在肯尼亚的投资主要是基于肯尼亚的市场需求和发展需求，尤其是基本消费和服务的需求，以及基础设施建设。虽然肯尼亚是东非经济中心，但是以肯尼亚为基地辐射周边市场的市场格局还未形成，因此大多数企业缺少外向的条件和动力，向国际市场的出口明显低于预估。此外，由于中国世界制造业中心的地位，外

向在肯投资的企业业务在国内均趋向成熟、饱和,从肯尼亚向中国出口的可能性较小,肯尼亚目前的产业发展水平尚不足以和中国形成产业内分工,融入中国企业主导的价值链。但随着肯尼亚经济发展及能力的提升,可以预见其出口能力会不断增强,和中国产业合作的深度和广度也能得到进一步扩展。

从定价方式看,如表 3-6 所示,企业定价大多遵循市场定价的原则。在肯尼亚投资的中国企业主要遵循市场规律,根据市场情况做出生产经营决策,特别是在经开区的企业 100% 由市场定价。肯尼亚中国商会对企业定价的影响不大,无论是否加入中国商会,企业基本上按照市场供求定价。也有少量企业是按照成本加成,政府定价的方式定价,主要涉及少量对成本敏感和以满足政府采购为主的企业。买方议价在所有类型的企业中占的比例都比较小,说明肯尼亚由于商品经济不发达,总体上还处于卖方市场地位,买方的议价能力相对较弱。

表 3-6　　　　　　企业在肯尼亚的定价方式分布　　　　（单位:%）

分类	市场定价	成本加成	政府定价	买方议价	其他
注册超过五年	78.57	0.00	3.57	14.29	3.57
注册低于五年	90.48	9.52	0.00	0.00	0.00
不在经开区	84.44	2.22	2.22	8.89	2.22
肯尼亚经开区	100.00	0.00	0.00	0.00	0.00
其他	100.00	0.00	0.00	0.00	0.00
商务部境外投资备案	81.82	4.55	4.55	9.09	0.00
未在商务部境外投资备案	90.48	4.76	0.00	4.76	0.00
加入肯尼亚的中国商会	84.85	0.00	3.03	9.09	3.03
未加入肯尼亚的中国商会	86.67	6.67	0.00	6.67	0.00

从企业的出口类型看,如表 3-7 所示,原始设备制造商所占的比重较小,反映了投资肯尼亚的中国企业还没有进入到设备市场供应的制造业发展阶段。在样本中,仅注册时间低于五年的企业有 25% 的制

造设备出口，这和注册超过五年的企业没有原始设备制造商相比，已经有了很大的进步。没有原始设计制造商，说明肯尼亚在工业设计领域还没有竞争优势，没有这种类型的出口企业。主流的出口企业是原始品牌制造商，出口自有品牌的产品，可见在肯尼亚投资的企业对其他市场的出口也和其在肯尼亚国内的销售类似，主要以商品贸易为主。在所取样本中，经开区数据缺失，不能确定肯尼亚的经开区是否促进了企业的出口。

表3-7　　　　　　　　　企业产品出口类型分布　　　　　　（单位：%）

分类	原始设备制造商	原始设计制造商	原始品牌制造商	其他
注册超过五年	0.00	0.00	100.00	0.00
注册低于五年	25.00	0.00	75.00	0.00
不在经开区	16.67	0.00	83.33	0.00
肯尼亚经开区	无	无	无	无
商务部境外投资备案	33.33	0.00	66.67	0.00
未在商务部境外投资备案	0.00	0.00	100.00	0.00
加入肯尼亚的中国商会	16.67	0.00	83.33	0.00
未加入肯尼亚的中国商会	无	无	无	无

总体上看，中国企业在肯尼亚的生产经营情况良好，随着肯尼亚经济的发展和消费能力的提升，市场寻求型的投资仍然还有很大的发展的空间。然而，效率寻求型的投资不足，肯尼亚还不具备成为出口加工基地的条件，例如能源，交通基础设施还需要改善，还需要培养熟练劳动力，本土企业的能力也还需要加强。这些条件改善后，肯尼亚在东非地区的经济优势和区位优势将会吸引更多以东非地区，甚至世界市场为出口对象的中国制造商。

二　中资企业的市场竞争状况

海外投资企业通常会面临东道国本土企业和外资企业的竞争，激烈的竞争会导致当地投资环境的恶化。从表3-8中可以看到，中资企业竞争压力的来源，在工业领域主要为外资同行，有72.22%的企业面临外资同行的竞争。实际上，由于不同中国企业投资同行业的情况比较常见，与外资企业的竞争很多情况下是和其他中国企业的竞争。由肯尼亚同行带来的竞争压力较弱，面临肯尼亚同行竞争的企业仅有27.78%。可见，由于肯尼亚工业发展相对滞后，在肯投资的中国工业企业总体上具有较为明显的竞争优势。

表3-8　　　　　不同行业类别竞争压力的主要来源　　　　（单位：%）

行业	肯尼亚同行	外资同行
工业	27.78	72.22
服务业	63.16	36.84

然而，服务业领域的情况则有很大不同，中资企业面临的竞争主要来自肯尼亚同行。样本数据显示，63.16%的企业面临着来自肯尼亚同行的竞争压力，而只有36.84%的企业，其主要压力来自外资同行的竞争。服务业和工业不同，更能体现肯尼亚的本土优势。一方面，肯尼亚企业本地经营，更适应当地服务的需求和偏好。另一方面，肯尼亚本地服务业总体上还是以基础性的生产生活服务为主，现代服务业的比重不高，因而外资企业在技术和管理上的优势体现得不明显。因此中资企业在服务业领域的竞争对象主要是肯尼亚当地经营者。

从表3-9中可以看到，不管什么类型的企业，在肯尼亚都面临着越来越激烈的竞争压力，而且工业领域的竞争比服务业领域的竞争更为激烈。有占比70%以上的工业企业，以及三分之二以上的服务业企业均认为，近五年来在肯尼亚面临的竞争更为激烈。竞争加剧的原因主要来自几个方面：一是随着肯尼亚经济发展，对外国投资者（特别是中国和印度投资者）的吸引力不断加强，导致同行业内的企业增加，竞争加剧；二是肯尼亚本地企业快速成长，它们通过向外资企业学习，以及得益于外资企业的技术溢出效应，大大增强了能力建设，和中国企业形成竞争；三是目前中国在肯尼亚投资的企业类型主要集中于基本消费品、建材和服务行业，这些行业的进入门槛不高，企业难以形成竞争优势，因而面临日益加剧的竞争。

表3-9　　　　　　　近五年来企业的竞争状况变化情况　　　　　　（单位：%）

分类	更好经营	没有变化	竞争更激烈
工业	4.76	19.05	76.19
服务业	7.14	28.57	64.29
商务部境外投资备案	4.55	22.73	72.73
未在商务部境外投资备案	4.76	28.57	66.67
加入肯尼亚的中国商会	9.09	18.18	72.73
未加入肯尼亚的中国商会	0.00	33.33	66.67

从竞争的方式看，中国企业感受到的日益激烈的竞争，主要表现为价格竞争以及产品质量的竞争。其中，对于工业企业而言，主要是质量的竞争更加激烈（占比50%），其次是价格竞争。主要原因是行业内外资同行的增加和肯尼亚本土企业的成长。产品质量的竞争居主要地位，反映了肯尼亚产品市场日趋成熟，反过来吸引着越来越多的企业投资肯尼亚。在服务业领域，价格竞争和质量竞争的压力基本接近（分别为25.93%和29.63%），同样反映了肯尼亚服务业市场的成长，但相较于工业领域的竞争，服务业领域的激烈程度弱一些。认为竞争方式没有发生变化的服务业企业占44.44%，相对而言，只有20%的工业企业认为竞争方式没有变化。按企业是否在商务部备案分类，竞争的方式变化与工业和服务业分类接近，反映了工业企业更倾向于在商务部备案，而服务业企业可能存在不少个体经营的中小企业，在商务部备案的比例较小。按照是否加入肯尼亚中国商会分类，

未加入肯尼亚中国商会的企业有46.15%认为竞争方式没有改变,高于加入肯尼亚中国商会企业的27.27%占比,这种情况说明了面临竞争压力较大的企业更有意愿加入当地中国商会,以期通过加强企业间合作来应对日益加剧的竞争。

表3-10　　　　　　　　近五年来企业的竞争方式变化情况　　　　　　（单位:%）

分类	没有变	价格竞争更激烈	质量竞争更激烈	广告战更激烈	其他
工业	20.00	25.00	50.00	5.00	0.00
服务业	44.44	25.93	29.63	0.00	0.00
商务部境外投资备案	18.18	36.36	45.45	0.00	0.00
未在商务部境外投资备案	50.00	20.00	25.00	5.00	0.00
加入肯尼亚的中国商会	27.27	30.30	39.39	3.03	0.00
未加入肯尼亚的中国商会	46.15	15.38	38.46	0.00	0.00

三　中资企业的自主经营情况

下面我们通过企业在产品生产、雇佣、新增投资、技术开发几个方面的自主情况,来看在肯尼亚投资企业的自主经营情况。

总体上,无论按照何种类型划分,如表3-11所示,大多数中资企业在肯尼亚生产经营的自主性都能够得到保障,企业在产品生产、雇佣、新增投资、技术开发方面能够做到100%自主,或者90%—99%自主的企业占大多数。而数据呈现出两端比重大、中间小的特点,即自主性较强和自主性较弱的企业比重高于中间的区间分布,这可能和生产经营的类型有关,主要存在不受限制的生产经营类型和受限制的生产经营类型,部分受限制的类型较少。

从行业类型看,产品生产方面工业企业自主程度比服务业企业明显较低,但在自主性最低的区间(0—19%),服务业企业受到的限制要多一些。在产品销售方面,工业企业受到的限制比服务业企业多,自主程度40%以下的企业占到15%,而服务业企业为7.41%。在技术开发方面，服务业企业的自主性明显低于工业企业，服务业企业自主性在0—19%区间占到18.52%，这与行业本身对技术的依赖度不同有一定关系，也有可能与政策有关，部分服务业企业的技术开发需要依照肯尼亚的政府规定来开展。在新增投资方面，企业的自主性要低于产品生产和销售的自主性，这应是正常的情况，通常新增投资都需要当地政府的审批。企业在员工雇佣方面的自主性较高，特别是服务业企业的自主性较高。外国投资者能够带动当地就业，一般而言雇佣的自主性较高，限制主要在于肯尼亚政府有雇佣当地员工的要求以及一些在员工福利等方面的限制。

表 3-11　　　　　　　不同行业类型的企业自主程度　　　　　（单位：%）

分类	行业类型	0—19%	20%—39%	40%—49%	50%—59%	60%—69%	70%—79%	80%—89%	90%—99%	100%
产品生产	工业	4.76	0.00	0.00	9.52	9.52	4.76	4.76	14.29	52.38
	服务业	7.41	3.70	0.00	0.00	3.70	7.41	7.41	0.00	70.37
产品销售	工业	10.00	5.00	0.00	0.00	0.00	5.00	15.00	5.00	60.00
	服务业	7.41	0.00	0.00	0.00	0.00	11.11	7.41	7.41	66.67
技术开发	工业	9.52	0.00	0.00	0.00	0.00	4.76	0.00	14.29	71.43
	服务业	18.52	3.70	0.00	3.70	3.70	7.41	0.00	0.00	62.96
新增投资	工业	9.52	9.52	0.00	9.52	0.00	4.76	9.52	4.76	52.38
	服务业	14.81	3.70	3.70	0.00	3.70	3.70	7.41	0.00	62.96
员工雇佣	工业	9.52	0.00	0.00	4.76	0.00	0.00	4.76	19.05	61.90
	服务业	3.70	0.00	0.00	0.00	3.70	7.41	3.70	3.70	77.78

从是否在商务部备案来看，如表3-12所示，企业的自主性有明显的差别，整体来看，无论是产品生产、产品销售、新增投资、技术开发或员工雇佣，在商务部备案企业的自主性都要低于没有在商务部备案的企业。这反映了在商务部备案的企业受到的管理要多一些。一般国有企业、大企业和工业企业在商务部备案的情况，多于中小企业和服务业企业，这反映了私营企业和中小企业在肯尼亚的自由度更高。在商务部备案的企业在产品销售、技术开发和员工雇

佣这三个方面的自主性较高，而在产品生产和新增投资方面的自主性较低，可见监管部门一般不太限制企业的产品销售、技术开发和员工雇佣，而对产品生产和新增投资则有一定的管理。相对而言，没有在商业部备案的企业在产品生产、产品销售、新增投资、技术开发和员工雇佣方面都有较大的自主性。

表 3-12　　商务部备案与否与企业自主程度关系　　（单位：%）

分类		0—19%	20%—39%	40%—49%	50%—59%	60%—69%	70%—79%	80%—89%	90%—99%	100%
产品生产	是	9.09	0.00	0.00	9.09	9.09	13.64	13.64	0.00	45.45
	否	0.00	0.00	0.00	0.00	0.00	0.00	0.00	9.52	90.48
产品销售	是	9.52	4.76	0.00	0.00	0.00	9.52	19.05	4.76	52.38
	否	4.76	0.00	0.00	0.00	0.00	4.76	0.00	4.76	80.95
技术开发	是	13.64	4.55	0.00	4.55	0.00	13.64	0.00	4.55	59.09
	否	9.52	0.00	0.00	0.00	4.76	0.00	0.00	4.76	80.95
新增投资	是	9.09	9.09	4.55	4.55	4.55	9.09	13.64	0.00	45.45
	否	4.76	4.76	0.00	4.76	0.00	0.00	4.76	4.76	76.19
员工雇佣	是	4.55	0.00	0.00	4.55	4.55	4.55	9.09	13.64	59.09
	否	0.00	0.00	0.00	0.00	0.00	4.76	0.00	4.76	90.48

从是否加入肯尼亚中国商会来看，如表 3-13 所示，企业在产品生产、产品销售、新增投资、技术开发和员工雇佣方面的自主性也存在明显的差别。总体上看，加入肯尼亚中国商会的企业自主性要低于没有加入的企业。这可能反映了在肯尼亚中国商会对企业的生产经营活动有一定的影响。具体的生产经营中，从产品生产环节看，没有加入商会的企业自主性最低的比例（14.29%），大大超过加入了商会的企业（3.03%），而其自主性最高的比例（78.57%）也超过加入的企业（57.58%）。在产品销售方面的情况也基本一致，没有加入商会的企业自主性最低的比例（14.29%）超过加入的企业（6.25%），而自主性最高的比例（71.43%）也超过加入的企业（62.50%）。在技术开发方面，没有加入商会的企业和加入商会的企业自主性没有太

大的差别。而在新增投资方面,没有加入商会的企业比加入商会的企业自主性更强。员工雇佣也是如此,没有加入商会的企业比加入商会的企业自主性更强,但是两者的自主性相对都比较强。这些差异表明肯尼亚中国商会可能会在企业的产品生产和产品销售方面起到一些协调作用,对新增投资也有一定影响,但是在技术开发和员工雇佣方面则没有明显的影响。

表 3-13　　　加入肯尼亚中国商会与否与企业自主程度关系　　（单位:%）

分类		0—19%	20%—39%	40%—49%	50%—59%	60%—69%	70%—79%	80%—89%	90%—99%	100%
产品生产	是	3.03	3.03	0.00	3.03	9.09	9.09	9.09	6.06	57.58
	否	14.29	0.00	0.00	0.00	0.00	0.00	0.00	7.14	78.57
产品销售	是	6.25	0.00	0.00	0.00	0.00	9.38	15.63	6.25	62.50
	否	14.29	0.00	0.00	0.00	0.00	7.14	0.00	7.14	71.43
技术开发	是	15.15	3.03	0.00	3.03	0.00	9.09	0.00	6.06	63.64
	否	14.29	0.00	0.00	0.00	7.14	0.00	0.00	7.14	71.43
新增投资	是	15.15	6.06	3.03	6.06	3.03	6.06	9.09	0.00	51.52
	否	7.14	7.14	0.00	0.00	0.00	0.00	7.14	7.14	71.43
员工雇佣	是	9.09	0.00	0.00	3.03	3.03	3.03	0.00	9.09	66.67
	否	0.00	0.00	0.00	0.00	0.00	7.14	0.00	14.29	78.57

企业在肯尼亚的注册时间和生产经营活动存在一定的关系。首先,注册时间长的企业在肯尼亚生产经营已经有一段时间,更熟悉肯尼亚的经营环境,其承担的项目类型可能比注册时间短的企业更丰富。其次,不同注册时间的企业所承担项目的差异,也反映了早期投资肯尼亚的中国企业在生产经营活动方向选择方面,和近期投资肯尼亚的企业不同。最后,所属行业类别很大程度上也决定了中资企业在肯尼亚是长期经营还是短期经营。

从表 3-14 可以看到,中资企业在肯尼亚的投资基本集中在基础设施建设类企业,由于中国一直支持非洲地区的基础设施建设,这个类别的企业比较多,建筑和电力是主要的投资领域,并进一步细分为公路项目、铁路项目、水电项目、火电项目、航运项目和其他项目。非建筑和电力类项目主要是制造业和商业项目。从总体上看，注册超过五年的企业建筑和电力类项目占到50%，也就是早期进入肯尼亚的企业有一半是基础设施建设类企业，另一半才是制造业和服务业领域的企业。注册低于五年的企业承担建筑和电力类项目只占到28.57%，其他类型则占到71.43%，可见近期进入肯尼亚的企业已经不再是以基础设施建设类项目为主，制造业和服务业领域的企业数量大幅度上升，这表明中国企业在肯尼亚投资领域日益丰富。

表3-14　　　　企业注册时长与承担肯尼亚各类项目情况　　　（单位：%）

项目类型	注册超过五年		注册低于五年	
	是	否	是	否
建筑、电力	50.00	50.00	28.57	71.43
公路项目	71.43	28.57	16.67	83.33
铁路项目	14.29	85.71	16.67	83.33
水电项目	21.43	78.57	16.67	83.33
火电项目	7.14	92.86	0.00	100.00
航运项目	0.00	100.00	16.67	83.33
其他项目	57.14	42.86	66.67	33.33

注册超过5年的企业所从事的基础设施建设类项目中，公路项目、铁路项目、水电项目、火电项目、航运项目占比分别为71.43%、14.29%、21.43%、7.14%、0，表明中国企业早期的投资是以交通基础设施建设为主，能源类项目的比重不大。注册低于5年的企业在基础设施建设类项目中，公路项目、铁路项目、水电项目、火电项目、航运项目占比分别为16.67%、16.67%、16.67%、0、16.67%，表明中国企业近期的投资中，交通基础设施建设的比例减少，而航运类项目则明显增加，能源类项目则基本稳定。可见，早期中国企业在肯尼亚投资以推进交通基础设施建设为主，随着蒙巴萨—内罗毕铁路

的建成，交通基础设施建设告一段落，而蒙巴萨港口的发展带动了航运类投资的增长。随着肯尼亚基础设施建设的改善，中国企业投资肯尼亚的领域也在不断地丰富和拓展。

在企业的运营时间长度与是否从事基础设施建设的关系方面，从表3-15可以看到，运营时间超过五年的企业参与肯尼亚基础设施建设项目的比例较高，达到54.55%，而运营低于五年的企业参与肯基础设施建设项目的比例明显较低，为29.63%。这种从事基础设施建设企业数与企业运营时间长度正相关的关系，反映了长期在肯尼亚经营的企业，会更多地参与肯尼亚的基础设施建设项目，而经营时间较短的企业参与肯基础设施建设项目的则相对较少。这在公路项目中表现得最为明显，公路项目的承建企业有75%是运营超过五年的，只有25%的运营不足五年。铁路项目和能源项目也表现出同样的特征，但差距不如公路项目明显。只有航运项目是运营低于五年的企业承担更多。但也同时表明肯尼亚的本地建设、投资正向更广的领域延伸。

表3-15　　　　企业运营时长与承担肯尼亚各类项目情况　　　（单位：%）

项目类型	运营超过五年		运营低于五年	
	是	否	是	否
建筑、电力	54.55	45.45	29.63	70.37
公路项目	75.00	25.00	25.00	75.00
铁路项目	16.67	83.33	12.50	87.50
水电项目	25.00	75.00	12.50	87.50
火电项目	8.33	91.67	0.00	100.00
航运项目	0.00	100.00	12.50	87.50
其他项目	50.00	50.00	75.00	25.00

四 肯尼亚政府的履约情况

东道国政府的履约情况是中国企业海外投资面临的最大风险之一，过去中国企业海外投资的经验表明，很多发展中国家政府未能实现投资时的政策承诺。肯尼亚政府为了吸引外国投资推出了包括税收、土地等一系列引进外资的优惠政策，这些政策是否得到落实反映了肯尼亚吸引海外投资的政策环境和风险。

下面是有关中资企业对肯尼亚政府履约情况的评价。如图3-6所示，对肯尼亚政府履约情况好评率情况为："履约程度较好，提前履约"（占5%）；"履约程度尚可，不用催促准时履约"（占10%）。这两种相对肯定的评价，合计占15%。对肯尼亚政府履约情况差评率情况为："履约程度较差，经常毁约"（占比10%）；"履约程度不太好，需要经常催促，不一定能履约"（占比25%）。这两种相对较差的印象评价，合计占比35%。总体来看，中资企业对肯政府履约情况态度不一致，多数持基本肯定意见，但风险依然存在。

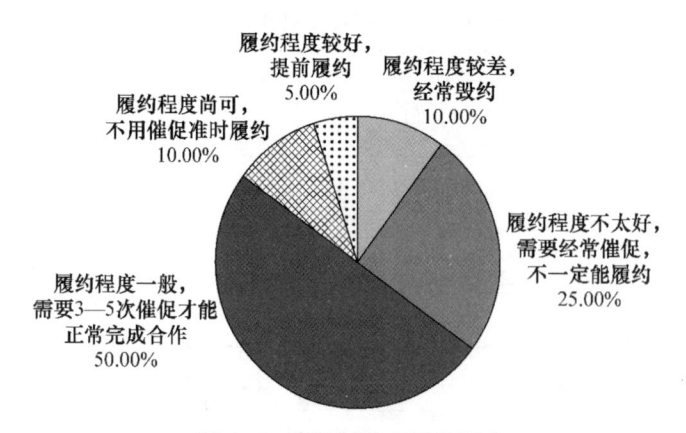

图3-6 肯尼亚政府履约程度

以上履约情况实际上反映了肯尼亚政府有发展经济的意愿，并制定了相关优惠政策作为吸引外资、发展经济的手段，然而，在政策的执行和落实层面还存在比较大的问题。此外，也存在由于政府具体部门和服务人员的意识落后于政府决策，导致履约过程中出现各种延迟，或者未能履约的情况。与中资企业的交流发现，企业大多都遇到过政府部门履约不及时，并且协商困难的问题，这增加了企业的额外成本。为何企业愿意在政府履约情况不理想的情况下仍然选择进行投资，有几点原因：一是肯尼亚经济正处于工业化发展转型初期阶段，法制和服务的落实、完善尚需假以时日，在肯投资经营，由于法制服务的不完善带来的额外成本总体上没有超过投资的收益。二是在肯投资前景总体较为乐观。肯尼亚从殖民时期形成的法治传统、未来较大的市场潜力等因素使中资企业怀抱信心，企业愿意进行前瞻性战略投资，提前布局肯尼亚，以期发挥对东非、非洲地区的辐射效应。因此，即使当前存在一些问题，但绝大多数企业相信，随着肯尼亚经济社会的发展，这种情况能有所改善。三是随着大量中国企业走出去，积累了很多在制度不完善国家投资的经验，对处理这类情况有一定的预期和适应能力。

五 中资企业的销售渠道

关于中资企业产品在肯尼亚互联网的线上销售情况，从数据分析来看总体还处于起步阶段。从表3-16中我们可以看到，无论是何种类型的企业都倾向于使用传统渠道销售产品。按行业划分，有87.50%的工业企业使用传统销售渠道，服务业企业则100%使用传统渠道，仅有12.50%的工业企业使用互联网销售渠道。在商务部备案的线上销售企业占比和行业划分比例一致。可见，在肯中资企业主要还是运用传统渠道，如实体商店，传统物流等方式进行产品销售。这种情况反映了肯尼亚现代化网络、物流等基础设施的建设条件还不成熟，现代化网络销售模式和意识还比较滞后。我们在中国常见的互联网销售渠道是建立在中国高度发达的互联网基础设施和交通基础设施上的，互联网普及率高，物流体系发达，肯尼亚显然还不具备这样的条件。以上是目前绝大多数中资企业在肯尼亚只能选择传统渠道进行企业产品销售的主要缘由。

表 3-16　　　　企业的互联网销售渠道和传统渠道比较　　　　（单位：%）

分类	互联网渠道更高	传统渠道更高
工业	12.50	87.50
服务业	0.00	100.00
在商务部备案	12.50	87.50
未在商务部备案	0.00	100.00

众所周知，电视广告是一个最为传统和受众最广的产品宣传渠道，但调查显示，中资企业在肯尼亚的产品宣传，较少使用电视广告。如表 3-17 样本数据，除工业企业没有提供相关数据，在肯中资服务业企业只有 22.22% 选择在当地投放电视广告。在商务部备案的企业中，也只有 12.50% 的企业选择在当地投放电视广告，而有 87.50% 的企业没有选择在当地投放电视广告。未在商务部备案的企业选择在当地投放电视广告的有 25% 的占比，另外 75% 没有选择在当地投放电视广告。可见，中国企业不倾向于选择在当地投放电视广告来宣传产品。

表 3-17　　　　　　　企业投放电视广告情况　　　　　　　（单位：%）

分类	是	否
工业	无	无
服务业	22.22	77.78
在商务部备案	12.50	87.50
未在商务部备案	25.00	75.00

绝大多数在肯中资企业未选择在当地投放电视广告，如图 3-7 所示，有以下三方面原因：其一，有占到 71.43% 的样本企业认为他们的产品不需要采用电视广告。其二，有 9.52% 的企业认为，肯尼亚电

视普及率不高,因此肯尼亚的电视广告宣传效果不好。实际上除了在肯尼亚的大城市,其他城市和农村地区的电视普及率较低,企业没有使用电视广告的需求。其三,有 19.05% 的企业认为,电视广告费用支出太高。基于以上三方面原因,在肯尼亚的中资企业整体上不愿使用电视广告宣传产品。

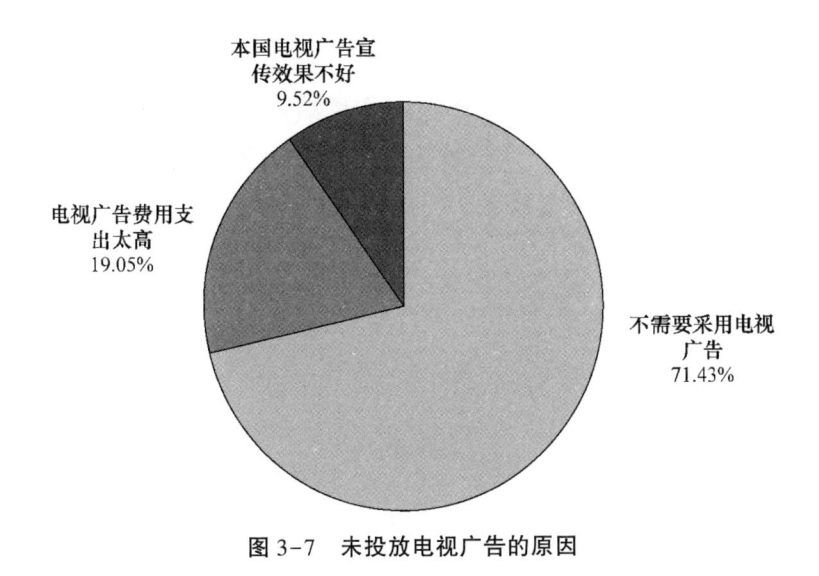

本国电视广告宣传效果不好 9.52%
电视广告费用支出太高 19.05%
不需要采用电视广告 71.43%

图 3-7 未投放电视广告的原因

第三节 融资状况分析

海外投资企业都有融资的需求,便利的融资渠道有助于企业在东道国的发展壮大。本节主要分析中国企业在肯尼亚投资的资金来源,通过对资金来源的分析了解在肯中国企业的融资结构,特别是来自中国国内的资金和来自肯尼亚的资金。对于中国企业来说,投资初期的资金大多来自国内,但是如果在肯尼亚生产经营的过程中,可以从肯尼亚当地金融机构获得融资,这对企业的发展是有利的。因此,我们特别关注了中国企业获得当地信贷支持的情况,并结合调研访谈对当地融资存在的问题进行分析。

一 中国企业在肯尼亚生产经营的资金来源

中国企业在肯尼亚投资的资金来源主要是来自国内。从图 3-8 可以看到，企业在肯尼亚生产经营的最重要的资金来源渠道是中国母公司的贷款，这样的企业占到样本量的 45.83%。这也符合一般海外投资的基本情况，通常一个公司要进行海外投资，必须自己具备一定的资金、产品和技术能力，即所有权优势。特别是对于资金需求量大的基础设施建设类企业，肯尼亚作为资本稀缺的国家不可能提供大规模的融资，必须依靠国内母公司的资金。典型的案例就是蒙内铁路的建设，主要是依靠中国资金投入。

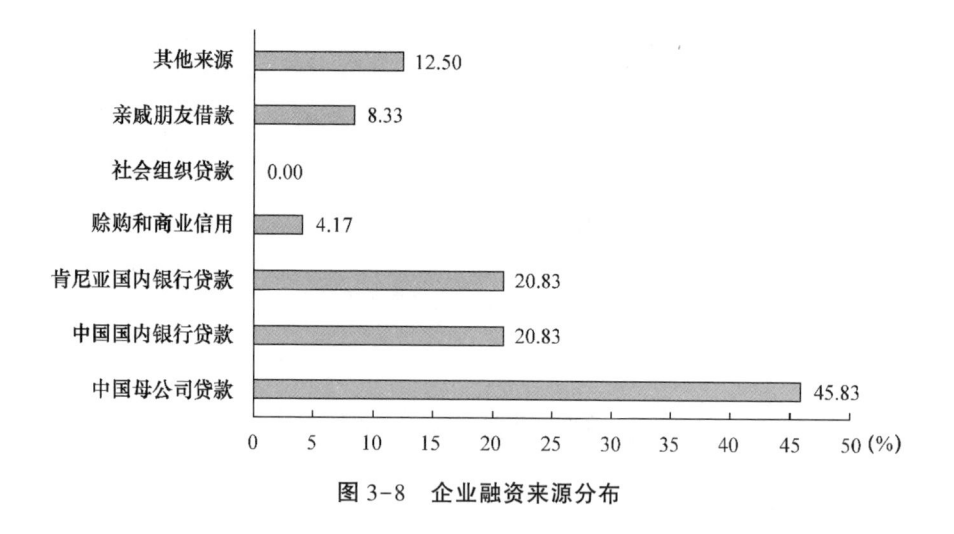

资金来源	比例 (%)
其他来源	12.50
亲戚朋友借款	8.33
社会组织贷款	0.00
赊购和商业信用	4.17
肯尼亚国内银行贷款	20.83
中国国内银行贷款	20.83
中国母公司贷款	45.83

图 3-8 企业融资来源分布

从银行信贷方面来看，中国企业获得中国国内银行贷款与获得肯尼亚国内银行贷款的比例相同，均为 20.83%。这一方面说明中国国内银行对本国企业投资肯尼亚确实提供了信贷支持，但支持的力度还不够。可能反映了国内银行对投资肯尼亚持谨慎态度，因而信贷的支持力度稍显不足。中国企业在肯尼亚国内银行也能够获得信贷，虽然比例和中国国内银行相同，但信贷的规模小于中国国内的银行。不过，能够从肯尼亚当地银行获得信贷支持是具有积极一面的，作为一个资本稀缺的国家，肯尼亚可以为外国公司提供一定的信贷支持，不仅有利于企业在肯尼亚的发展，对于肯尼亚的工业化和经济转型升级也具有重要意义。

而资金来源中赊购和商业信用方面的企业占比仅为4.17%，则反映了肯尼亚商品经济不发达的状况。过低的商业信用比例，反映出企业与客户之间尚未形成良好的商务信用关系，或者买卖双方缺乏足够的信任。

社会组织贷款为0，说明肯尼亚目前还缺乏为企业提供信用的信贷组织或商业行会。亲戚朋友借款（8.33%）和其他来源（12.50%）不是主流的企业融资方式，但也有不小的比重，反映了部分中国企业的信用网络依赖于其社会关系网络，这种方式更多在中小企业和服务业企业中存在。

二 中国企业在肯尼亚未申请贷款的原因

如果把图3-8的信息按照企业来自于中国国内的资金和来自于肯尼亚国内的资金划分，那么大约有四分之三的企业从中国国内获得资金来源，有四分之一的企业从肯尼亚国内获得资金来源。这个比例没有考虑到资金的规模，如果考虑到资金的规模，那么绝大部分中国企业的资金来源是中国国内，只有少部分企业从肯尼亚获得资金。

对海外投资的企业来说，从国外获得资金的最重要来源就是当地银行的贷款。肯尼亚是东非地区的金融中心，其金融业还是具有一定的基础和服务能力的，然而中国不能或者不愿意从肯尼亚当地银行获得融资的原因是什么？从图3-9中我们可以看到有三个特别重要的方面：

一是企业没有贷款需求。有71.19%的企业认为其在肯尼亚没有贷款需求。原因与中国企业在肯尼亚投资的行业类型有关。第一类企业是从事基础设施建设项目的，这些项目投资量巨大，主要由国内的基础设施建设企业承担，这些企业自身有一定的资金实力。从项目本身的投资情况看，这类项目的资金来源通常由中国政府或肯尼亚政府组织，除了政府投入的资金来源外，银行信贷资金主要来自中国国内的政策性银行，国际上的开发银行和基金（如世界银行等），一般肯尼亚当地商业银行的参与度较低。第二类企业是从事商品贸易（主要是进出口业务）、制造业（主要是基本消费品生产制造）和服务业（主要是面向当地消费者的基础性服务业）的，这些类型的企业对资金的需求量较小，没有向肯尼亚当地商业银行贷款的需求。

二是贷款程序复杂。有74.36%的企业认为在肯尼亚贷款有复杂的程序。这种情况反映了肯尼亚金融业虽然在非洲地区较好，但整体上仍然落后。对于资金稀缺的肯尼亚，信贷供给不足以支持信贷需求，信用体系不完善，因而贷款程序较为复杂。并且肯尼亚商业银行主要满足国内信贷需求，外国投资者获得信贷支持的难度较大，加上中国企业对肯尼亚银行不熟悉，因而企业信贷会觉得程序复杂。

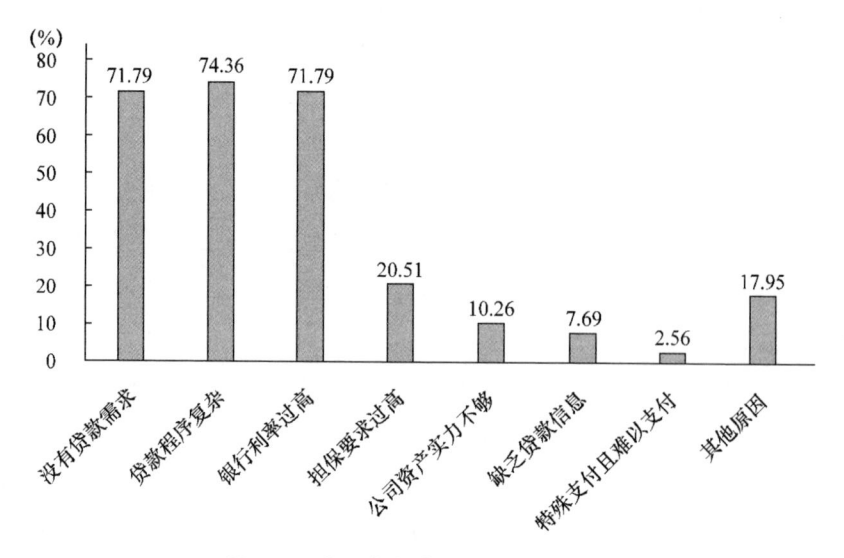

图 3-9　企业未申请贷款的原因分布

三是银行利率过高。有71.79%的企业认为肯尼亚银行利率过高。肯尼亚银行利率过高主要有两个方面的原因：一是因为资本的稀缺性。肯尼亚作为一个经济不发达的国家，资金作为稀缺生产要素必然有更高的价格，作为资金价格的利率自然也就偏高。二是因为货币的不稳定性。肯尼亚国内公共债务存在赤字，对外贸易也存在赤字，货币贬值的压力和通货膨胀的风险较大，高利率是货币的风险溢价。而对于习惯了货币稳定和低利率的中国企业来说，肯尼亚当地的贷款利率过高，货币贬值风险较大，因而不愿意在当地贷款。

其他原因有：担保要求过高（20.51%）、公司资产实力不够（10.26%）、缺乏贷款信息（7.69%）、特殊支付且难以支付（2.56%）和其他原因（17.95%），基本上属于企业在当地贷款面临的一些具体问题，本质上还是由于肯尼亚金融体系的不完善。

第四章

肯尼亚营商环境和中国企业投资风险分析

本章主要调查分析在肯中资企业的营商环境，及其生产经营中的主要风险来源。主要从四个方面进行考察：肯尼亚基础设施对于中资企业的生产经营影响、肯尼亚政府提供的公共服务对于中资企业生产经营的影响、中资企业对肯尼亚公共服务治理的评价，以及中资企业对未来一年投资风险的预估。对于肯尼亚基础设施、公共服务对于中资企业供给的情况，则依据中资企业的不同行业和所处的不同区域进行分析。

第一节 基础设施供给分析

本节关注肯尼亚的基础设施是否能够满足在肯中资企业的生产经营需求。由于肯尼亚不同地区的基础设施发展水平的差异，例如在内罗毕和蒙巴萨基础设施条件相对较好，并且有铁路连接，其他地区的基础设施发展则相对不足。中资企业根据其所从事行业的不同，对基础设施的需求也有差异。有的企业对水、电、网络等基础设施的稳定供给有较高的需求，有的企业对道路交通等基础设施的需求较高，有的企业则对政府服务的需求较高。因而，必须根据企业行业、所处的区位等因素来评估肯尼亚基础设施和公共服务状况。

一　中资企业的基础设施和服务供给

中资企业申请各类基础设施和服务的状况反映了企业对基础设施的主要需求，如果企业申请某类基础设施和服务表明企业对此有明显的需求，而现有的供给不能满足企业。如果企业没有专门申请，说明企业对这类基础设施没有特别的需求，或者现有的供给已经满足企业。

如表4-1所示，首先根据是否位于开发区来看样本企业在水、电、网、建筑方面的基础设施需求情况：

从用水申请来看，不在经开区的企业中有56.82%向当地提交过用水申请，43.18%未向当地提交过用水申请；位于肯尼亚经开区的企业都向当地提交过用水申请；其他区域的企业则从未向当地提交过用水申请。

就肯尼亚中资企业用电申请来看，不在经开区的企业有69.77%向当地提交过用电申请，30.23%未向当地提交过用电申请；位于肯尼亚经开区的企业都向当地提交过用电申请；其他区域的企业从未向当地提交过用电申请。

从网络使用申请来看，在肯尼亚的中资企业普遍都提交过网络使用申请，说明肯尼亚的网络建设水平还较低。不在经开区的企业77.78%向当地提交过网络使用申请，22.22%未向当地提交过网络使用申请；位于肯尼亚经开区的企业都向当地提交过网络使用申请；其他区域的企业都向当地提交过网络使用申请。

就建筑申请来看，大多数肯尼亚中资企业都未提交过建筑申请。其中不在经开区的企业33.33%向当地提交过建筑申请，66.67%未向当地提交过建筑申请；位于肯尼亚经开区的企业均未向当地提交过建筑申请；其他区域的企业从未向当地提交过建筑申请。

表4-1　　　　　　　按是否位于开发区划分的企业提交
水、电、网、建筑申请比例　　　　（单位：%）

分类	水		电		网		建筑	
	是	否	是	否	是	否	是	否
不在经开区	56.82	43.18	69.77	30.23	77.78	22.22	33.33	66.67
肯尼亚经开区	100.00	0.00	100.00	0.00	100.00	0.00	0.00	100.00
其他	0.00	100.00	0.00	100.00	100.00	0.00	0.00	100.00

总体上看，在开发区的中资企业全部提出了对水、电、网络等基础设施服务的申请。这是由于：一方面，入驻各类经济技术开发区的企业现代化程度较高，制造业企业较多，对现代化基础设施服务有明显的需求。另一方面，肯尼亚的开发区现有的基础设施和服务不能满足企业需求。而在开发区之外的企业以商贸零售类等服务业居多，对基础设施服务的需求要低一些，但是也有不小比例的企业提出过申请，说明肯尼亚在开发区之外也存在基础设施供给不足的情况。可见，中国企业的基础设施服务需求没有得到完全的满足，加强基础设施建设和社会服务的供给是肯尼亚改善吸引外资能力的重要条件。

如表4-2所示，从行业划分的企业样本情况来看提交水、电、网、建筑申请的情况：

就行业划分而言，工业企业中有71.43%向当地提交过用水申请，28.57%未向当地提交过用水申请；90%向当地提交过用电申请，10%未向当地提交过用电申请；90.48%向当地提交过用网申请，9.52%未向当地提交过用网申请；47.62%向当地提交过建筑申请，52.38%未向当地提交过建筑申请。

服务业企业中有48.15%向当地提交过用水申请，51.9%未向当地提交过用水申请；55.56%向当地提交过用电申请，44.44%未向当地提交过用电申请；67.86%向当地提交过用网申请，32.14%未向当地提交过用网申请；25%向当地提交过建筑申请，75%未向当地提交过建筑申请。

表 4-2　　　按行业划分的企业提交水、电、网、建筑申请比例　　（单位：%）

行业	水		电		网		建筑	
	是	否	是	否	是	否	是	否
工业	71.43	28.57	90.00	10.00	90.48	9.52	47.62	52.38
服务业	48.15	51.85	55.56	44.44	67.86	32.14	25.00	75.00

以上数据表明，不论是工业企业还是服务业企业，均有大多数企业向当地政府提交过网络使用申请。而工业企业对基础设施和服务的需求明显更高，特别是电力和网络的申请都高达90%以上，可见电力和网络对工业生产的重要性。服务业的申请情况比工业要少，但在水、电、网的申请中也占到了50%以上。企业对建筑服务的需求相对低一些，主要是因为建筑服务不是企业的日常所需，只有在企业需要时才会提出。

二　中资企业断水、断电、断网情况

企业的生产经营需要水、电、网络的持续服务，断水、断电和断网必然会影响企业的生产经营，并给企业带来损失。同时，是否存在断水、断电和断网，以及出现的频率也反映了肯尼亚基础设施和服务的质量和供给能力。

如表4-3所示，根据样本企业是否位于开发区来看发生断水、断电、断网情况：

不在经开区的企业中42.22%发生过断水情况，57.78%未发生过断水情况；73.33%发生过断电情况，26.67%未发生过断电情况；53.33%发生过断网情况，46.67%未发生过断网情况。在经开区的企业均遇到过断水、断电和断网情况。

可见肯尼亚会发生断水、断电、断网情况，特别是在经开区的企业都遇到过断水、断电和断网情况，说明经开区的基础设施服务能力和质量还存在问题，这会明显影响在经开区企业的生产经营，是肯尼亚需要特别注意改善的领域。

表4-3 按是否位于开发区划分的企业发生断水、断电、断网情况 （单位：%）

分类	断水		断电		断网	
	是	否	是	否	是	否
不在经开区	42.22	57.78	73.33	26.67	53.33	46.67
肯尼亚经开区	100.00	0.00	100.00	0.00	100.00	0.00
其他	0.00	100.00	100.00	0.00	100.00	0.00

如表4-4所示，从行业划分来看企业发生断水、断电、断网情况：

工业企业中有57.14%发生过断水，42.86%未发生过断水；90.48%发生过断电，9.52%未发生过断电；71.43%发生过断网，28.57%未发生过断网。

服务业企业中有32.14%发生过断水，67.86%未发生过断水；64.29%发生过断电，35.71%未发生过断电；46.43%发生过断网，53.57%未发生过断网。

表4-4 按行业划分的企业发生断水、断电、断网情况 （单位：%）

行业	断水		断电		断网	
	是	否	是	否	是	否
工业	57.14	42.86	90.48	9.52	71.43	28.57
服务业	32.14	67.86	64.29	35.71	46.43	53.57

从行业比较看情况更不容乐观，工业企业遇到断水、断电、断网情况比服务业企业多，而工业企业恰恰是对基础设施持续服务要求最高的行业，其中90%以上的工业企业遇到断电情况更是会对企业的生产经营产生严重影响，实际上一些企业还自备有发电设备。可见肯尼亚保障基础设施服务的能力还有很大的提升空间。

三 中资企业对于基础设施申请的非正规支付

非正规费用支付反映了当基础设施服务供给不足，不能满足需求时，企业往往需要付出额外的成本以获取服务，非正规支付的情况越多，则反映基础设施对企业生产经营成本的影响越大。由于所处地区不同，肯尼亚中资企业对于申请用水、用电、网络和建筑也有不同的考量，为此所支付的非正规费用也有所不同。

如表4-5所示，根据样本企业是否位于开发区来看企业提交水、电、网、建筑等基础设施申请的非正规支付情况：

不在经开区的企业，提交过用水申请的企业36%需要非正规支付，64%不需要非正规支付；提交过用电申请的企业50%需要非正规支付，50%不需要非正规支付；提交过用网申请的企业17.14%需要非正规支付，82.86%不需要非正规支付；提交过建筑申请的企业86.67%需要非正规支付，13.33%不需要非正规支付。

位于肯尼亚经开区的企业，提交过用水、用电和用网申请的企业都不需要非正规支付。但结合断水、断电和断网情况，企业遇到过这些情况但又不需要非正规支付，说明经开区其实存在基础设施服务不足的问题，这种问题是绝对供给的不足而不是分配问题，企业不能通过非正规支付获得额外的供应。而在其他区域的企业，网络方面不需要非正规支付，但是供水和供电存在非正规支付的情况，说明在开发区外存在基础设施服务的分配问题，需要通过非正规支付来获得额外的分配。

表4-5　　按是否位于开发区划分的企业提交水、电、网、建筑申请的非正规支付比例　　（单位：%）

分类	水		电		网		建筑	
	是	否	是	否	是	否	是	否
不在经开区	36.00	64.00	50.00	50.00	17.14	82.86	86.67	13.33
肯尼亚经开区	0.00	100.00	0.00	100.00	0.00	100.00	无	无
其他	无	无	无	无	0.00	100.00	无	无

如表4-6所示，从样本企业所属行业划分情况来看水、电、网、

建筑等基础设施申请的非正规支付情况：

工业企业中提交过用水申请33.33%需要非正规支付，66.67%不需要非正规支付；提交过用电申请44.44%需要非正规支付，55.56%不需要非正规支付；提交过用网申请10.53%需要非正规支付，89.47%不需要非正规支付；提交过建筑申请80%需要非正规支付，20%不需要非正规支付。

服务业企业中提交过用水申请46.15%需要非正规支付，53.85%不需要非正规支付；提交过用电申请60%需要非正规支付，40%不需要非正规支付；提交过用网申请26.32%需要非正规支付，73.68%不需要非正规支付；提交过建筑申请均需要非正规支付。

表4-6　　　　按行业划分的企业提交水、电、网、
建筑申请的非正规支付比例　　　　（单位：%）

行业	水		电		网		建筑	
	是	否	是	否	是	否	是	否
工业	33.33	66.67	44.44	55.56	10.53	89.47	80.00	20.00
服务业	46.15	53.85	60.00	40.00	26.32	73.68	100.00	0.00

可见，工业企业需要非正规支付的情况要少于服务业，和工业企业在开发区的比重较大有关。而服务业则比较分散，企业会为了获得更多的供给而支付额外的成本。总体上看，还是肯尼亚基础设施服务供给不足的原因。

第二节　公共服务供给分析

公共服务水平对吸引外资企业非常重要，政府能够提供便捷的企业注册、税收、进出口报关等基本的公共服务，能够给企业带来便利，减少企业生产经营的额外成本。本节从中资企业的角度来评估肯

尼亚基本公共服务的情况。

一 中资企业的税务检查与非正规支付

如表 4-7 所示，从样本企业所属行业划分来看企业税务机构检查与非正规支付情况：

工业企业中有 42.86% 的企业被税务机构走访或检查过，57.14% 的企业未被税务机构走访或检查过；在被税务机构走访或检查过的企业中，66.67% 支付过税务机构非正规支付，33.33% 未支付过税务机构非正规支付。

服务业企业中有 64.29% 的企业被税务机构走访或检查过，35.71% 的企业未被税务机构走访或检查过；在被税务机构走访或检查过的企业中，66.67% 支付过税务机构非正规支付，33.33% 未支付过税务机构非正规支付。

表 4-7　按行业划分的企业税务机构检查与非正规支付比例　（单位：%）

行业	税务机构走访或检查		税务机构非正规支付	
	是	否	是	否
工业	42.86	57.14	66.67	33.33
服务业	64.29	35.71	66.67	33.33

税务机关经常走访的企业情况分为两类，一类是为企业服务，对企业有帮助。另一类是各类检查，给企业带来不便。如果存在腐败问题，那么经常检查可能会成为腐败的一种手段。肯尼亚税务机关走访企业的情况较多，并且不管是工业企业还是服务业企业均有三分之二对税务机关有非正规支付，可见肯尼亚的税收管理环境存在一定的问题。

如表 4-8 所示，根据样本企业是否位于开发区来看企业税务机构检查与非正规支付情况：

不在经开区的企业中有 57.78% 被税务机构走访或检查过，

42.22%未被税务机构走访或检查过;在被税务机构走访或检查过的企业中,65.38%支付过税务机构非正规支付,34.62%未支付过税务机构非正规支付。

位于肯尼亚经开区的企业未被税务机构走访或检查过,并且没有出现非正规支付,同时,其他区域的企业都被税务机构走访或检查过,并有很大比例支付过税务机构非正规支付。说明经济开发区的行政管理的规范化明显比其他区域要好,腐败问题相对较少,其他地区的政府管理规范化、法制化还需要加强。

表4-8　　　　　按是否位于开发区划分的企业税务机构
检查与非正规支付比例　　　　　（单位：%）

分类	税务机构走访或检查		税务机构非正规支付	
	是	否	是	否
不在经开区	57.78	42.22	65.38	34.62
肯尼亚经开区	0.00	100.00	无	无
其他	100.00	0.00	100.00	0.00

二　中资企业的进口申请与非正规支付

企业进口申请与非正规支付的情况可以反映投资肯尼亚是否能够便利地从国外获取原材料、中间产品和零部件。由于肯尼亚甚至整个非洲地区产业基础薄弱,很多投资企业都有此类需求。

如表4-9所示,根据样本企业是否位于开发区来看企业进出口许可申请与非正规支付情况:

不在经开区的企业中有52.27%提交过进口许可申请,47.73%未提交过;在提交过进口许可申请的企业中,56.52%支付过非正规支付,43.48%未支付过非正规支付。位于肯尼亚经开区和其他区域的企业均未提交过进口许可申请。

表 4-9　　按是否位于开发区划分的企业进口
许可申请与非正规支付比例　　（单位：%）

分类	进口许可申请		进口许可申请中非正规支付	
	是	否	是	否
不在经开区	52.27	47.73	56.52	43.48
肯尼亚经开区	0.00	100.00	无	无
其他	0.00	100.00	无	无

可见，肯尼亚在经开区确实对企业进口的管制较少，有利于企业构建跨国产业产品关联。而不在经开区的企业则有一半以上申请过进口许可，表明肯尼亚在非经开区存在一定的进口管制，并存在腐败问题。

如表 4-10 所示，从样本企业行业划分来看企业进出口许可申请与非正规支付情况：

工业企业中有 66.67% 提交过进口许可申请，33.33% 未提交过；在提交过进口许可申请的企业中，64.29% 支付过非正规支付，35.71% 未支付过非正规支付。服务业企业中有 33.33% 提交过进口许可申请，66.67% 未提交过；在提交过进口许可申请的企业中，44.44% 支付过非正规支付，55.56% 未支付非正规支付。

表 4-10　　按行业划分的企业进口许可申请与非正规支付比例　　（单位：%）

行业	进口许可申请		进口许可申请中非正规支付	
	是	否	是	否
工业	66.67	33.33	64.29	35.71
服务业	33.33	66.67	44.44	55.56

从行业上看，工业企业受到的进口管制情况要多一点，并且非正规支付的问题也更严重。服务业企业受到进口管制的情况要少一些，这有可能和肯尼亚的产业政策有关，肯尼亚希望实现部分原材料和中

间产品的本地化，或者对本土产业进行一定程度的保护。

三 劳动力政策的影响

劳动力市场政策对不同行业的中资企业的生产经营的影响程度是不同的，肯尼亚中资企业从事不同行业经营对劳动力市场政策依赖程度不同，管理人员对中资企业的生产经营妨碍程度因行业差异而有所不同。

如图4-1所示，从样本企业的行业划分来看劳动力市场规制政策影响情况：

工业企业中，4.76%的企业不受妨碍，47.62%的企业受到一点妨碍，14.29%的企业受到中等妨碍，33.33%的企业受到较大妨碍，没有企业受到严重妨碍。服务业企业中，32.14%的企业不受妨碍，42.9%的企业受到一点妨碍，21.44%的企业受到中等妨碍，3.57%的企业受到较大妨碍，没有企业受到严重妨碍。

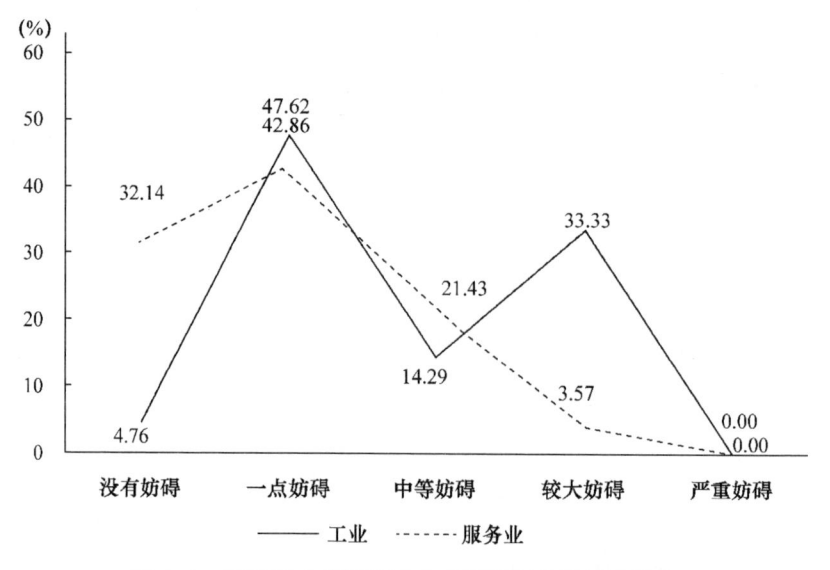

图4-1 不同行业类型劳动力市场规制政策影响程度

可见，肯尼亚的劳动力市场规制政策对企业有一定的影响，这种影响给企业造成了一定的妨碍，但是并没有对企业产生严重影响。

如图4-2所示，从样本企业的行业划分来看员工素质妨碍生产经营的情况：

工业企业中，4.76%的企业不受妨碍，19.05%的企业受到一点妨碍，33.33%的企业受到中等妨碍，42.86%的企业受到较大妨碍，没有企业受到严重妨碍。服务业企业中，10.729%的企业不受妨碍，39.29%的企业受到一点妨碍，21.43%的企业受到中等妨碍，21.43%的企业受到较大妨碍，7.14%的企业受到严重妨碍。

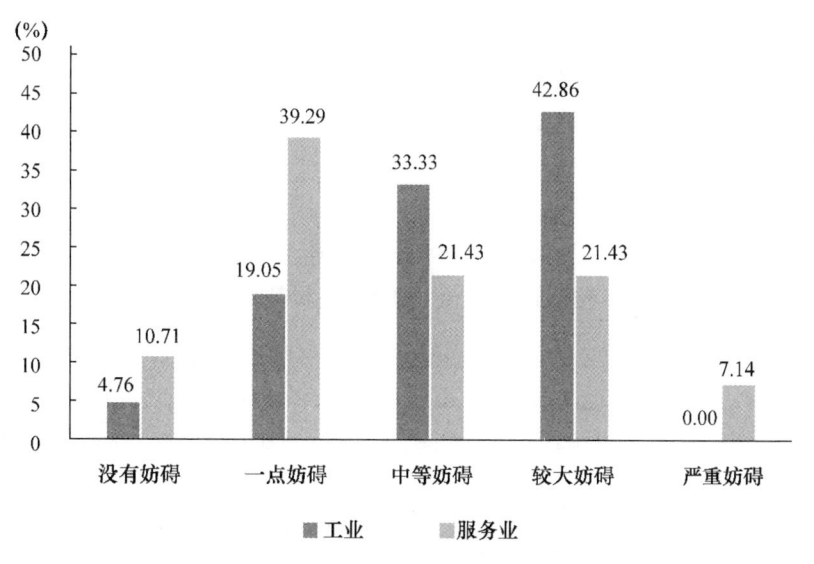

图4-2 不同行业类型员工素质妨碍生产经营的程度

可见，员工素质是企业面临的一个主要障碍之一，特别是对于工业企业，这是由于工业企业对高技能劳动力有较高的需求，但是肯尼亚的基础教育和职业教育还有待提高，因此企业普遍都面临高素质劳动力雇佣困难的问题。

如图4-3所示，从样本企业的行业类型来看专业技术人员妨碍生产经营的情况：

工业企业中，4.76%的企业不受妨碍，28.57%的企业受到一点妨碍，23.81%的企业受到中等妨碍，42.86%的企业受到较大妨碍，没有企业受到严重妨碍。服务业企业中，14.29%的企业不受妨碍，25%的企业受到一点妨碍，25%的企业受到中等妨碍，28.57%的企业受到较大妨碍，7.14%的企业受到严重妨碍。

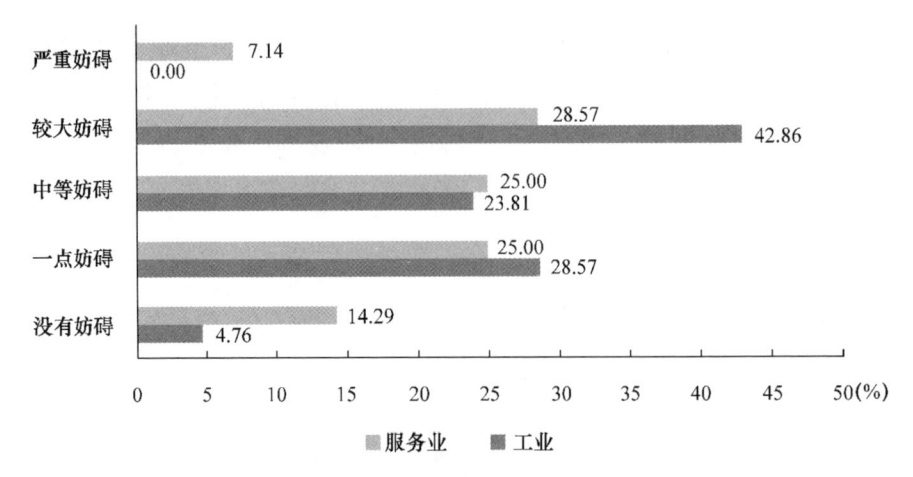

妨碍程度	服务业	工业
严重妨碍	7.14	0.00
较大妨碍	28.57	42.86
中等妨碍	25.00	23.81
一点妨碍	25.00	28.57
没有妨碍	14.29	4.76

图 4-3 不同行业类型专业技术人员妨碍生产经营的程度

专业技术人员的情况和高素质劳动力的情况相似，企业也面临雇佣专业技术人员困难的问题，妨碍了企业的生产经营，原因同样是肯尼亚相关专业技术教育和培训不足。

如图 4-4 所示，从样本企业的行业划分来看管理人员妨碍生产经营的情况：

工业企业中，19.05%的企业不受妨碍，19.05%的企业受到一点妨碍，38.10%的企业受到中等妨碍，23.81%的企业受到较大妨碍，没有企业受到严重妨碍。服务业企业中，17.86%的企业不受妨碍，21.43%的企业受到一点妨碍，32.14%的企业受到中等妨碍，25%的企业受到较大妨碍，3.57%的企业受到严重妨碍。

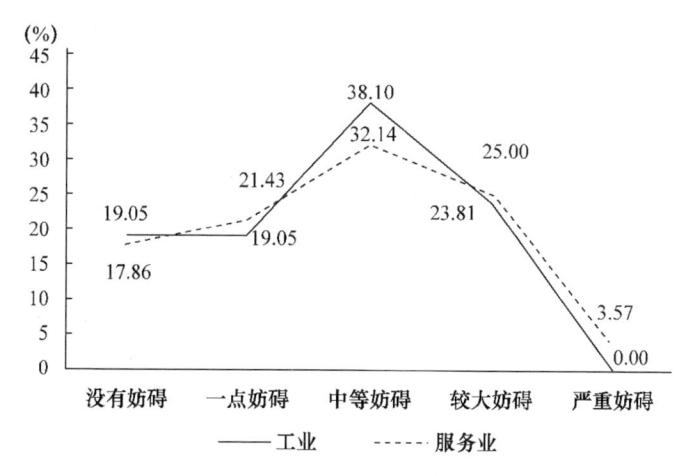

第四章　肯尼亚营商环境和中国企业投资风险分析　/　89

图 4-4　不同行业类型管理人员妨碍生产经营的程度

从管理人员来看，情况相似，无论何种企业的生产经营都会受到一定的妨碍，但是妨碍的程度并不严重。

如图 4-5 所示，从样本企业的行业划分来看技能人员招聘难度妨碍生产经营的情况：

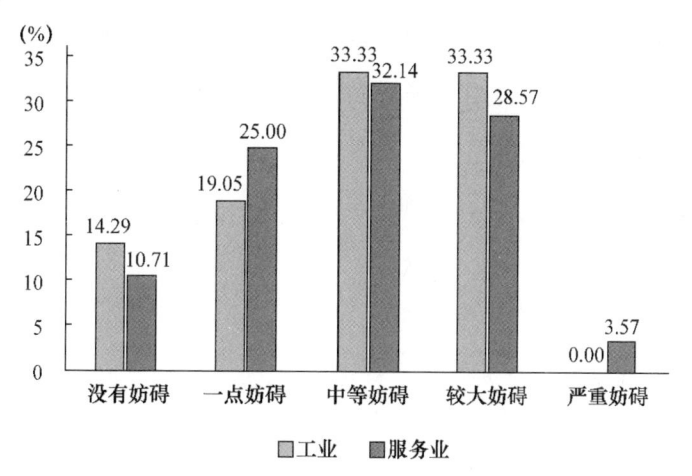

图 4-5　不同行业类型技能人员招聘难度妨碍生产经营的程度

工业企业中，14.29% 的企业不受妨碍，19.05% 的企业受到一点妨碍，33.33%的企业受到中等妨碍，33.33%的企业受到较大妨碍，没有企业受到严重妨碍。服务业企业中，10.71%的企业不受妨碍，25%的企业受到一点妨碍，32.14%的企业受到中等妨碍，28.57%的企业受到较大妨碍，3.57%的企业受到严重妨碍。

有技能的员工招聘是企业生产经营中遇到的比较大的问题，相当大比例的企业生产经营受到中等程度和较大的妨碍。这和肯尼亚整体上人力资源发展水平较低，有技能的劳动力供给不足有关系。

四 区位的影响

如图4-6所示，由样本企业是否位于经开区来看劳动力市场规制政策妨碍生产经营的情况：

不在经开区的企业中，22.22%的企业不受妨碍，42.22%的企业受到一点妨碍，20%的企业受到中等妨碍，15.56%的企业受到较大妨碍，没有企业受到严重妨碍。

和一般的认识不同，位于肯尼亚经开区的企业均受到较大妨碍，而位于其他区域的企业均受到一点妨碍。出现这种情况的原因是经开区的雇佣比较集中，劳动力市场规制政策的执行要严格一些，而其他地区的雇佣比较分散，相对来说劳动力市场规制不严格。

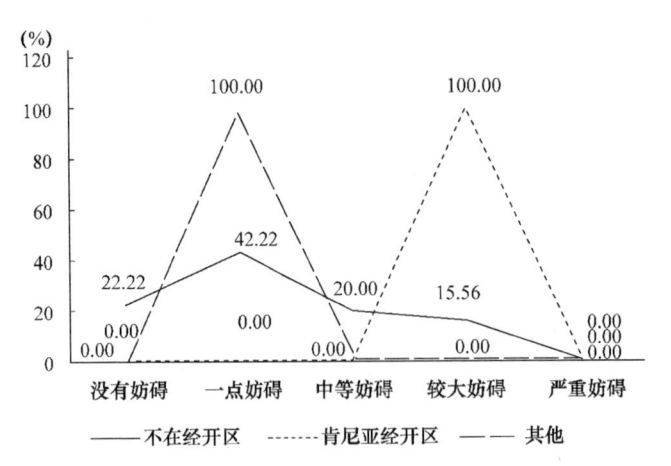

图4-6 是否在经开区企业与劳动力市场规制政策妨碍生产经营的程度

如图4-7所示，从样本企业是否位于经开区看员工素质对生产经营的妨碍情况：

不在经开区的企业中，6.67%的企业不受妨碍，31.11%的企业受到一点妨碍，28.89%的企业受到中等妨碍，28.89%的企业受到较大妨碍，4.44%的企业受到严重妨碍。

比较明显的是位于肯尼亚经开区企业的生产经营均受到员工素质较大妨碍。这是由于位于经开区的企业以制造业为主，技术水平相对高于经开区外的企业，因此对劳动力素质的要求也较高。

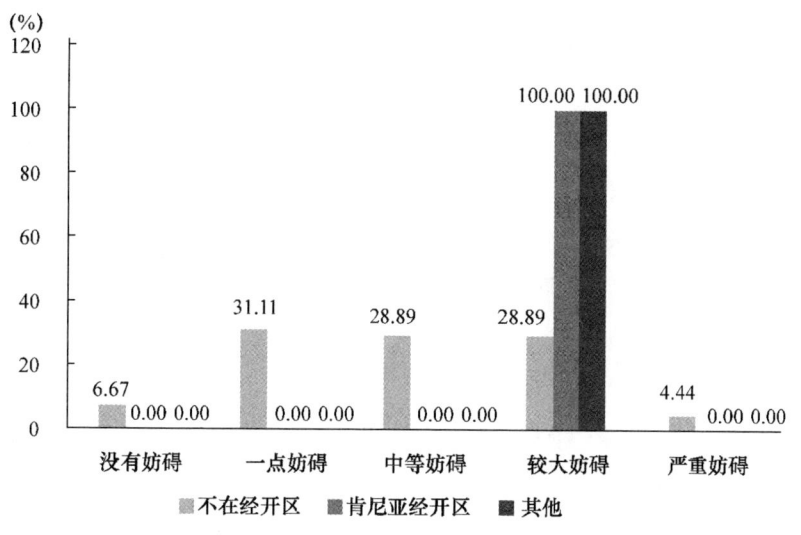

图4-7 是否在经开区企业与员工素质妨碍生产经营的程度

如图4-8所示，根据样本企业是否位于经开区来看专业技术人员招聘难度对生产经营的妨碍情况：

不在经开区的企业中，8.89%的企业不受妨碍，26.67%的企业受到一点妨碍，26.67%的企业受到中等妨碍，33.33%的企业受到较大妨碍，4.44%的企业受到严重妨碍。位于肯尼亚经开区的企业均受到较大妨碍。

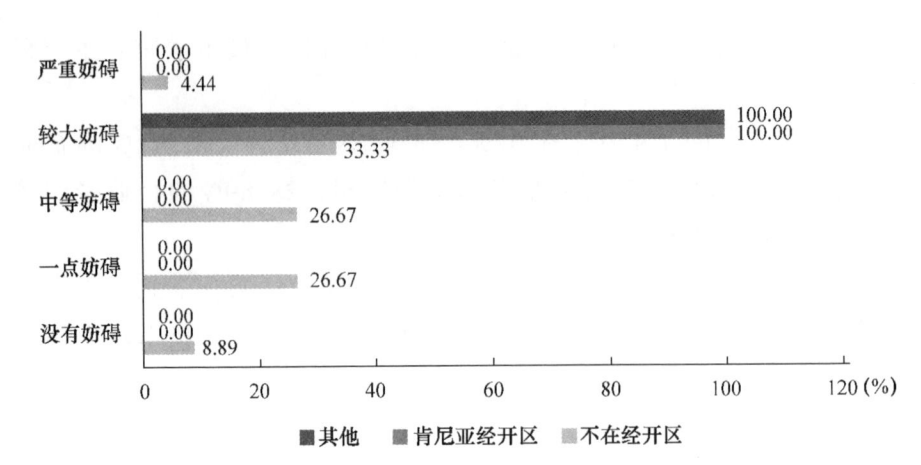

```
严重妨碍    0.00
           0.00
           4.44
较大妨碍                                        100.00
                                               100.00
           33.33
中等妨碍    0.00
           0.00
           26.67
一点妨碍    0.00
           0.00
           26.67
没有妨碍    0.00
           0.00
           8.89
           0    20    40    60    80    100   120 (%)
           ■ 其他    ■ 肯尼亚经开区    ■ 不在经开区
```

图 4-8　是否在经开区企业与专业技术人员招聘难度妨碍生产经营的程度

专业技术人员的情况与劳动力素质的情况相似，原因同样是位于经开区的企业对雇佣专业技术人员有较大的需求。

如图 4-9 所示，根据样本企业是否位于经开区来看管理人员招聘难度对生产经营的妨碍情况：

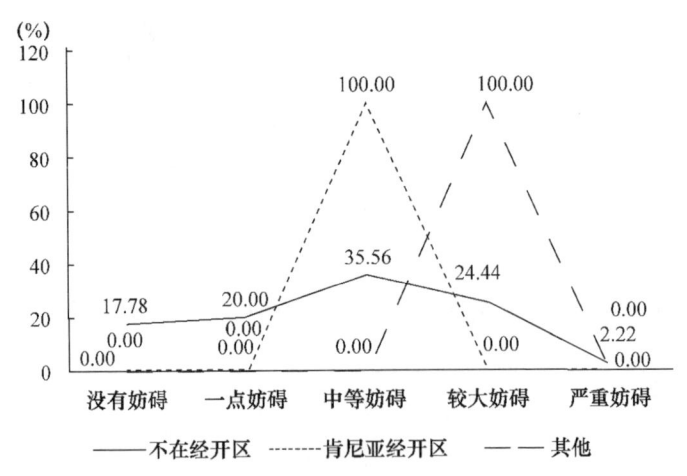

```
(%)
120
100                         100.00       100.00
 80
 60
 40              20.00   35.56   24.44
 20   17.78                              0.00
      0.00   0.00   0.00   0.00   2.22
  0                                      0.00
     没有妨碍 一点妨碍 中等妨碍 较大妨碍 严重妨碍
       ——— 不在经开区   ------ 肯尼亚经开区   – – 其他
```

图 4-9　是否在经开区企业与管理人员招聘难度妨碍生产经营的程度

不在经开区的企业中，17.78% 的企业不受妨碍，20% 的企业受到一点妨碍，35.56%的企业受到中等妨碍，24.44%的企业受到较大妨碍，2.22%的企业受到严重妨碍。位于肯尼亚经开区的企业均受到中等妨碍，位于其他区域的企业均受到较大妨碍。

管理人员方面，不在经开区的企业生产经营受到的妨碍更大一些，位于经开区相对好一些。说明不管在什么区域，企业寻找好的管理人员都面临一定的困难。

如图4-10所示，根据企业是否位于经开区来看技能人员招聘难度对生产经营的妨碍情况：

不在经开区的企业中，11.11%的企业不受妨碍，20%的企业受到一点妨碍，35.56%的企业受到中等妨碍，31.11%的企业受到较大妨碍，2.22%的企业受到严重妨碍。位于肯尼亚经开区的企业均受到一点妨碍。位于其他区域的企业均受到较大妨碍。

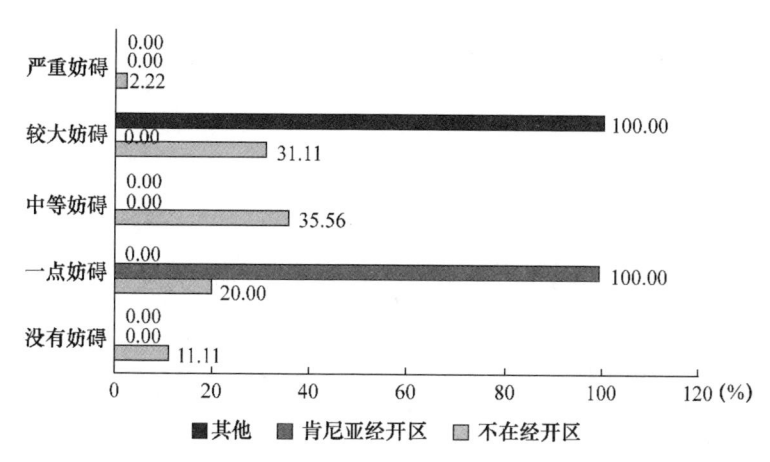

图4-10 是否在经开区企业与技能人员招聘难度妨碍生产经营的程度

技术人员招聘难度对企业的生产经营意义重大。位于肯尼亚经开区的中资企业相较于不在经开区的中资企业，受技术人员招聘难度的影响小得多。说明经开区企业一般有较为充足的人才储备，或与经开区企业人才竞争力有关，也与肯尼亚在经开区的相关人才政策有关。

五 工会的影响

由于肯尼亚的工会组织主要学习西方,工会在争取职工待遇方面可能会和企业利益发生冲突,并对企业的生产经营产生影响。

如图4-11所示,根据样本企业有无自身工会来看劳动力市场规制政策对生产经营的妨碍情况:

没有自身工会的企业中,22.73%的企业不受妨碍,43.18%的企业受到一点妨碍,20.45%的企业受到中等妨碍,13.64%的企业受到较大妨碍,没有企业受到严重妨碍。有自身工会的企业中,60%的企业受到一点妨碍,40%的企业受到较大妨碍。

从数据情况看,企业是否成立工会与工会对企业生产经营的妨碍有明显的差别,建立工会的企业受到的妨碍要多一些,而没有成立工会的企业反而受到的妨碍要小。原因可能是企业更容易与自己的员工沟通协调,而其他工会组织可能导致矛盾激化,从而影响生产经营。

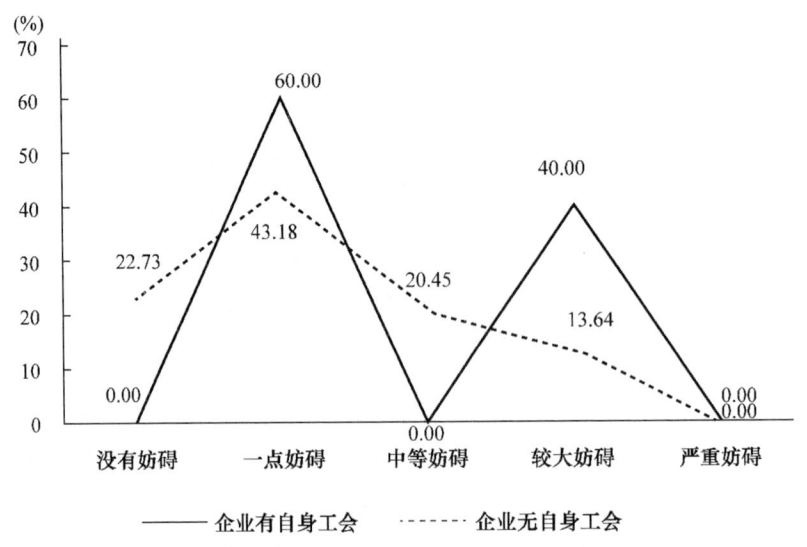

图4-11 企业有无自身工会与劳动力市场规制政策妨碍生产经营的程度

第四章 肯尼亚营商环境和中国企业投资风险分析 / 95

如图 4-12 所示，根据企业有无自身工会来观察员工素质对生产经营的妨碍情况：

有自身工会的企业中，20% 的企业不受妨碍，20% 的企业受到一点妨碍，20% 的企业受到中等妨碍，40% 的企业受到较大妨碍，没有企业受到严重妨碍。没有自身工会的企业中，6.82% 的企业不受妨碍，31.82% 的企业受到一点妨碍，27.27% 的企业受到中等妨碍，29.55% 的企业受到较大妨碍，4.55% 的企业受到严重妨碍。

妨碍程度	企业无自身工会	企业有自身工会
严重妨碍	4.55	0.00
较大妨碍	29.55	40.00
中等妨碍	27.27	20.00
一点妨碍	31.82	20.00
没有妨碍	6.82	20.00

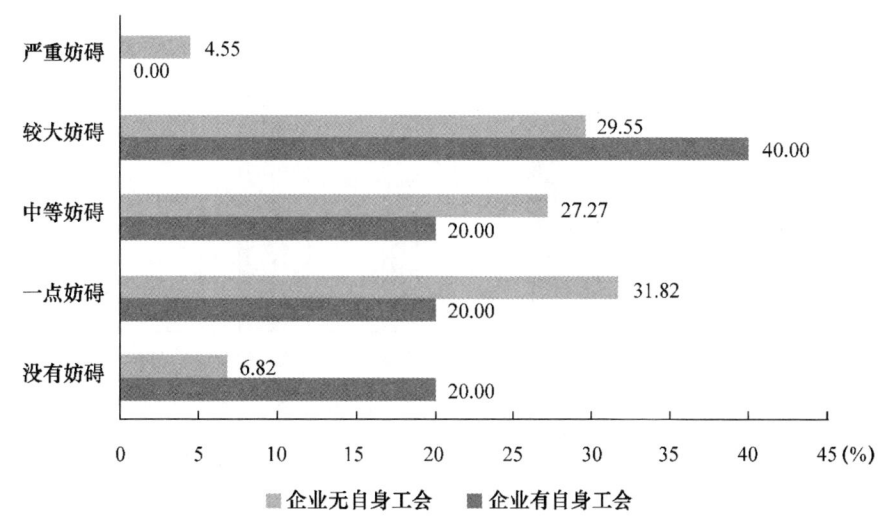

图 4-12 企业有无自身工会与员工素质妨碍生产经营的程度

结合是否成立自己的工会和员工素质两个因素，根据以上数据，有自身工会的企业相较于无自身工会的企业，更容易受到员工素质的影响。

如图 4-13 所示，根据企业有无自身工会来看专业技术人员招聘难度对生产经营的妨碍情况：

有自身工会的企业中，20% 的企业不受妨碍，40% 的企业受到一点妨碍，40% 的企业受到较大妨碍，没有企业受到严重妨碍。

没有自身工会的企业中，9.09%的企业不受妨碍，25%的企业受到一点妨碍，27.27%的企业受到中等妨碍，34.09%的企业受到较大妨碍，4.55%的企业受到严重妨碍。

根据以上数据，有自身工会的企业相较于无自身工会的企业，更容易受到专业技术人员招聘难度的影响。

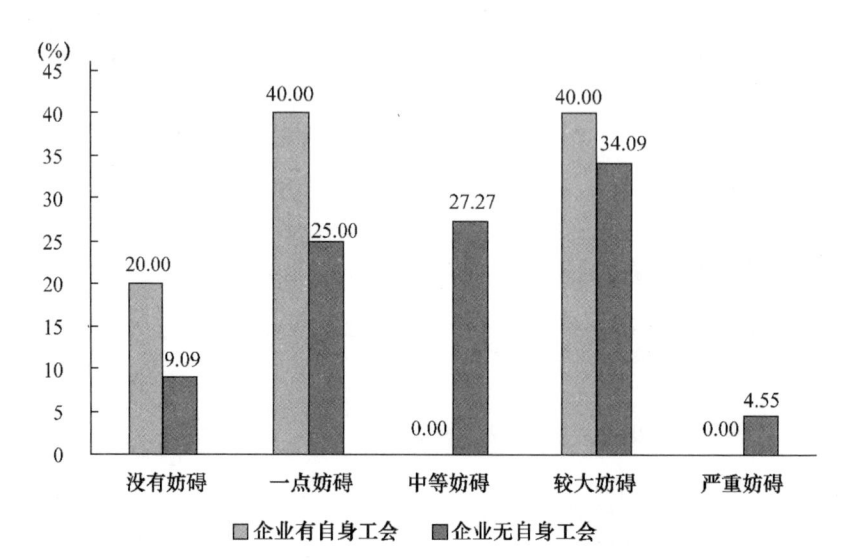

图4-13　企业有无自身工会与专业技术人员招聘难度妨碍生产经营的程度

如图4-14所示，根据企业有无自身工会看管理人员招聘难度对生产经营的妨碍情况。

有自身工会的企业中，40%的企业不受妨碍，20%的企业受到一点妨碍，20%的企业受到中等妨碍，20%的企业受到较大妨碍，没有企业受到严重妨碍。没有自身工会的企业中，15.91%的企业不受妨碍，20.45%的企业受到一点妨碍，36.36%的企业受到中等妨碍，25%的企业受到较大妨碍，2.27%的企业受到严重妨碍。

由以上数据，有自身工会的企业在管理人员招聘方面相对容易，因而对生产经营的影响较小。没有自身工会的企业相对困难。

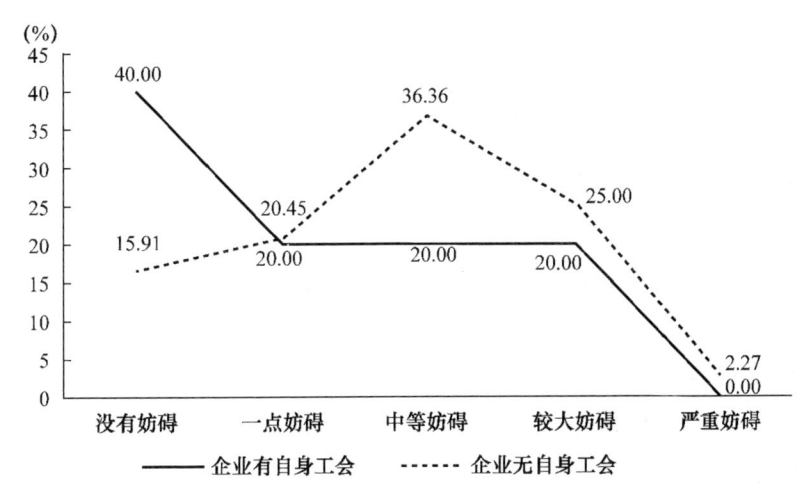

图 4-14　企业有无自身工会与管理人员招聘难度妨碍生产经营的程度

如图 4-15 所示，根据企业有无自身工会看技能人员招聘难度对生产经营的妨碍情况：

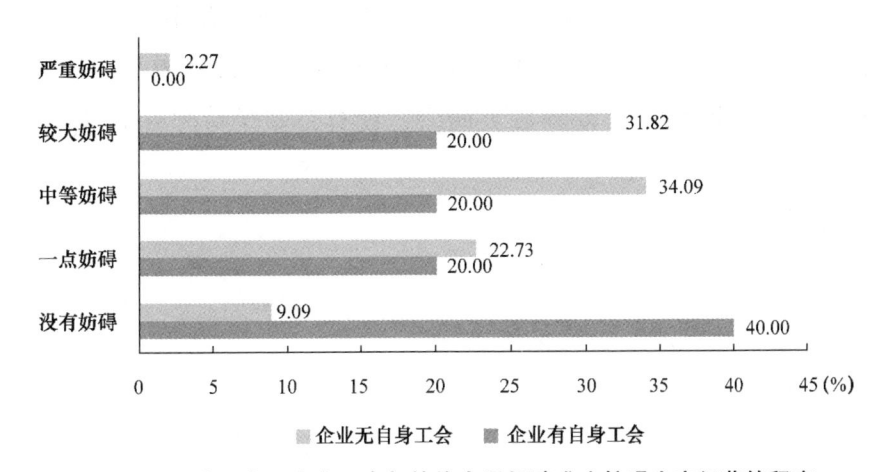

图 4-15　企业有无自身工会与技能人员招聘难度妨碍生产经营的程度

有自身工会的企业中，40%的企业不受妨碍，20%的企业受到一点妨碍，20%的企业受到中等妨碍，20%的企业受到较大妨碍，没有企业受到严重妨碍。没有自身工会的企业中，9.09%的企业不受妨碍，22.73%的企业受到一点妨碍，34.09%的企业受到中等妨碍，31.82%的企业受到较大妨碍，2.27%的企业受到严重妨碍。

由以上数据可知，是否成立工会与技能人员招聘难度有一定联系，有自身工会的企业在技能人员招聘方面相对更容易。

六 女性高管的影响

对肯尼亚这样的发展中国家来说，女性就业问题是经济和社会发展的重要观察指标。在肯尼亚，随着女性教育水平的提升和就业率的提高，一些企业出现了女性高管。那么当地女性高管在中资企业会产生怎样的影响呢？

如图4-16所示，根据样本企业有无女性高管来观察劳动力市场规制政策对生产经营的妨碍情况：

有女性高管的企业中，25%的企业不受妨碍，43.75%的企业受到一点妨碍，15.63%的企业受到中等妨碍，15.63%的企业受到较大妨碍，没有企业受到严重妨碍。没有女性高管的企业中，11.76%的企业不受妨碍，47.06%的企业受到一点妨碍，23.53%的企业受到中等妨碍，17.65%的企业受到较大妨碍，没有企业受到严重妨碍。

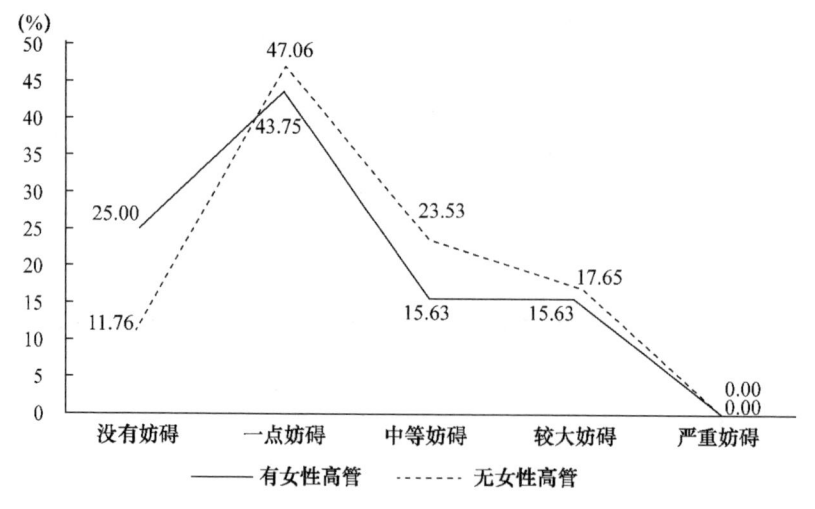

图4-16 有无女性高管与劳动力市场规制政策妨碍生产经营的程度

有女性高管的中资企业，在感受来自劳动力市场规制政策的影响方面相对较弱。但毕竟女性高管较为稀缺，统计数据不能完全说明问题。

如图4-17所示，从有无女性高管看员工素质对样本企业生产经营的影响：

有女性高管的企业中，12.5%的企业不受妨碍，28.13%的企业受到一点妨碍，34.38%的企业受到中等妨碍，21.88%的企业受到较大妨碍，3.13%的企业受到严重妨碍。没有女性高管的企业中，35.29%的企业受到一点妨碍，11.76%的企业受到中等妨碍，47.06%的企业受到较大妨碍，5.88%的企业受到严重妨碍。

数据显示，无女性高管的企业，更容易因为员工素质而妨碍到企业的生产经营。

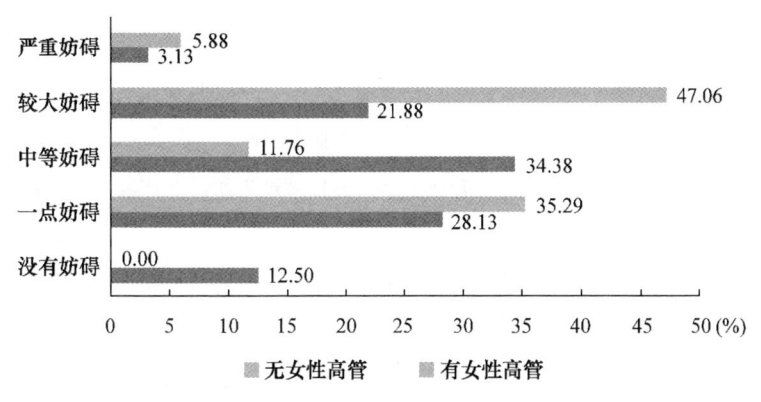

图4-17 有无女性高管与员工素质妨碍生产经营的程度

如图4-18所示，从有无女性高管观察专业技术人员招聘难度对生产经营的影响：

有女性高管的企业中，12.5%的企业不受妨碍，21.88%的企业受到一点妨碍，25%的企业受到中等妨碍，34.38%的企业受到较大妨碍，6.25%的企业受到严重妨碍。没有女性高管的企业中，5.88%的企业不受妨碍，35.29%的企业受到一点妨碍，23.53%的企业受到中等妨碍，35.29%的企业受到较大妨碍，没有企业受到严重妨碍。

数据显示，无论是否有女性高管，专业技术人员招聘难度对企业生产经营的妨碍程度都差不多，但有女性高管的企业不受妨碍的比例稍高。

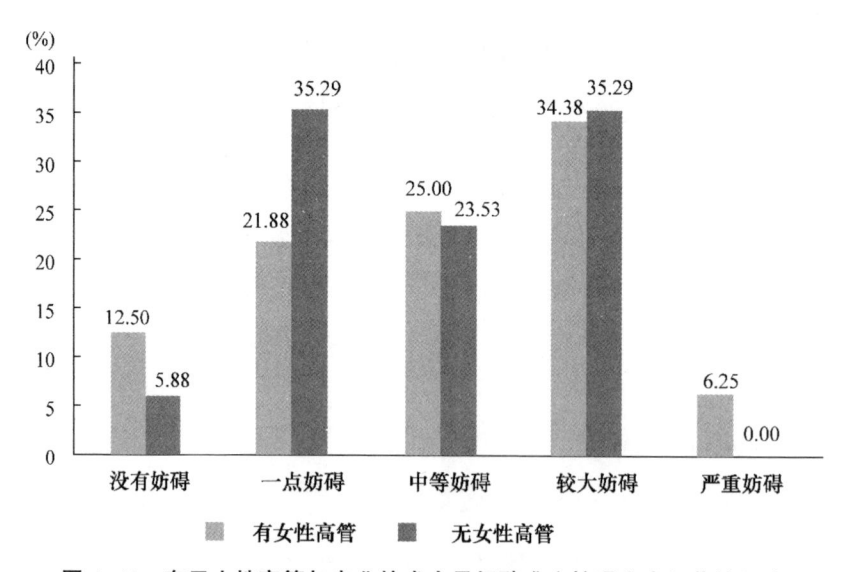

图4-18 有无女性高管与专业技术人员招聘难度妨碍生产经营的程度

如图4-19所示，根据样本企业有无女性高管观察管理人员招聘难度对生产经营的妨碍程度：

有女性高管的企业中，18.75%的企业不受妨碍，21.88%的企业受到一点妨碍，34.38%的企业受到中等妨碍，21.88%的企业受到较大妨碍，3.13%的企业受到严重妨碍。没有女性高管的企业中，17.65%的企业不受妨碍，17.65%的企业受到一点妨碍，35.29%的企业受到中等妨碍，29.41%的企业受到较大妨碍，没有企业受到严重妨碍。

由以上数据，无论有无女性高管，企业感受到来自管理人员招聘难度对生产经营的妨碍程度相差不大。

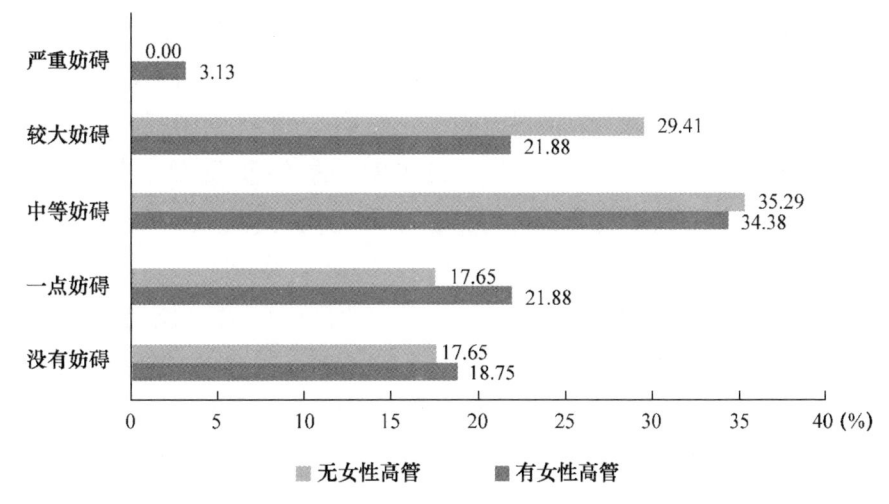

图 4-19 有无女性高管与管理人员招聘难度妨碍生产经营的程度

程度	无女性高管	有女性高管
严重妨碍	0.00	3.13
较大妨碍	29.41	21.88
中等妨碍	35.29	34.38
一点妨碍	17.65	21.88
没有妨碍	17.65	18.75

如图 4-20 所示，从有无女性高管来看技能人员招聘难度对样本企业生产经营的妨碍程度：

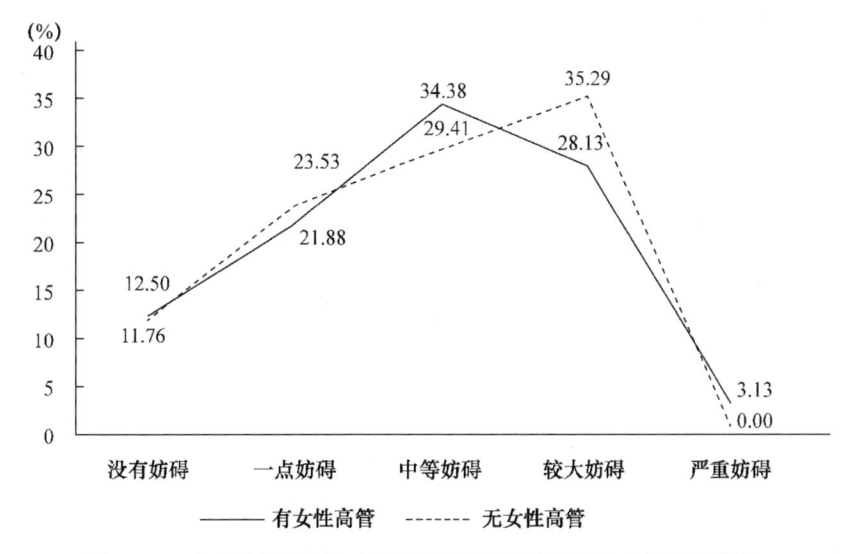

图 4-20 有无女性高管与技能人员招聘难度妨碍生产经营的程度

程度	有女性高管	无女性高管
没有妨碍	11.76	12.50
一点妨碍	21.88	23.53
中等妨碍	34.38	29.41
较大妨碍	28.13	35.29
严重妨碍	3.13	0.00

有女性高管的企业中，12.5%的企业不受妨碍，21.88%的企业受到一点妨碍，34.38%的企业受到中等妨碍，28.13%的企业受到较大妨碍，3.13%的企业受到严重妨碍。没有女性高管的企业中，11.76%的企业不受妨碍，23.53%的企业受到一点妨碍，29.41%的企业受到中等妨碍，35.29%的企业受到较大妨碍，没有企业受到严重妨碍。

由以上数据，无论有无女性高管，企业感受到来自技能人员招聘难度对样本企业生产经营的妨碍程度相差不大。由于女性高管在样本企业中数量很少，以上数据不具有一般性特征。

第三节　中资企业对肯尼亚公共服务治理的评价

公共服务治理是吸引外资企业比较看重的政策，肯尼亚公共服务治理的好坏会直接影响中资企业在肯尼亚的生产经营。位于不同区域和不同行业的中资企业对于税收管理、工商许可等政策环境的认知是不同的。

一　税收征收、工商许可

如图4-21所示，根据样本企业是否位于经开区来看税率对公司生产经营的影响：

不在开发区的企业中，8.89%的企业不受妨碍，31.11%的企业受到一点妨碍，33.33%的企业受到中等妨碍，26.67%的企业受到较大妨碍，没有企业受到严重妨碍。位于肯尼亚开发区的企业均受到中等妨碍。位于其他区域的企业均不受妨碍。

可见，税率问题对企业有一定影响，特别是开发区的企业都认为受到中等程度的影响，说明企业对肯尼亚当前实施的税率有一定程度的不满情绪。

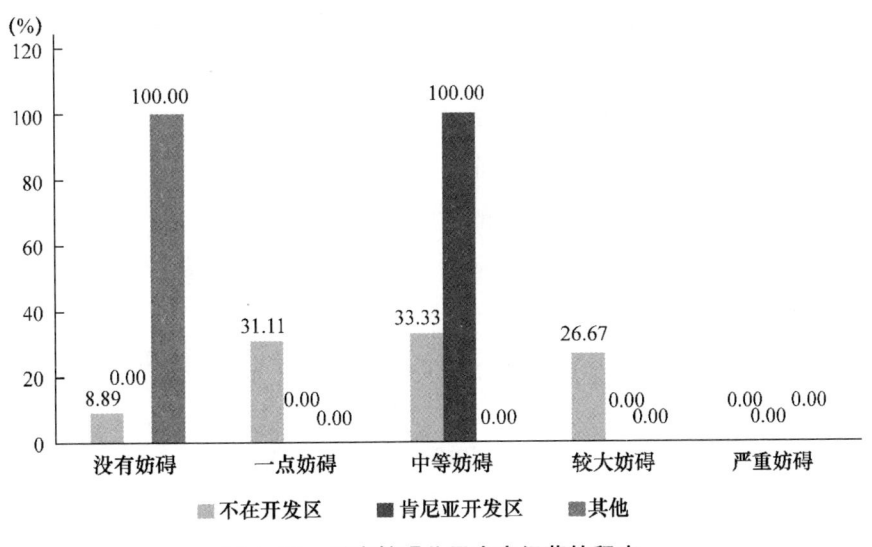

第四章　肯尼亚营商环境和中国企业投资风险分析　/　103

图 4-21　税率妨碍公司生产经营的程度

如图 4-22 所示，根据样本企业是否位于经开区来看税收征收对公司生产经营的影响：

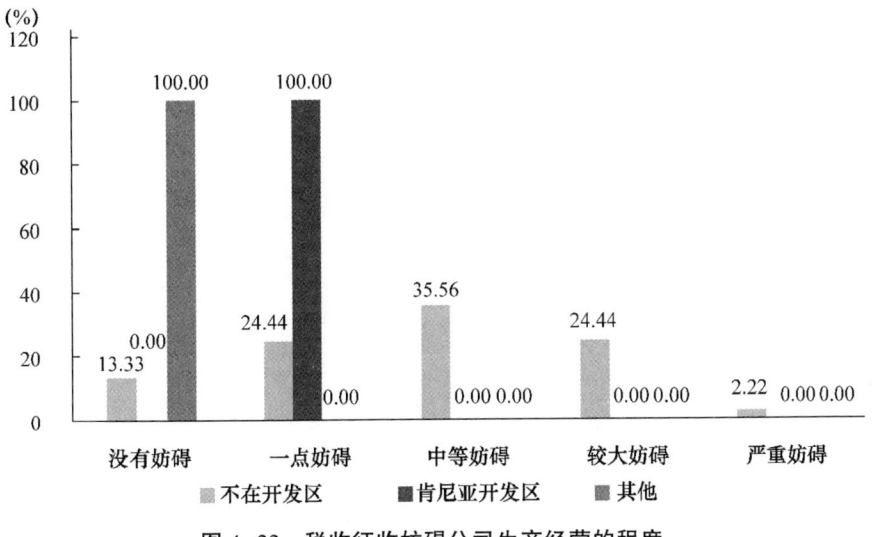

图 4-22　税收征收妨碍公司生产经营的程度

不在开发区的企业中，13.33%的企业不受妨碍，24.44%的企业受到一点妨碍，35.56%的企业受到中等妨碍，24.44%的企业受到较大妨碍，2.22%的企业受到严重妨碍。位于肯尼亚开发区的企业均受到一点妨碍。位于其他区域的企业均不受妨碍。

肯尼亚的税收征收对企业的生产经营也有一定影响，这种影响对开发区外的企业比较明显，而对开发区内的企业影响较轻，说明开发区的税收征收要比区外更加规范。

如图4-23所示，根据样本企业是否位于经开区来看工商许可对公司生产经营的影响：

不在开发区的企业中，17.78%的企业不受妨碍，44.44%的企业受到一点妨碍，26.67%的企业受到中等妨碍，11.11%的企业受到较大妨碍，没有企业受到严重妨碍。位于肯尼亚开发区的企业均受到中等妨碍。位于其他区域的企业均不受妨碍。

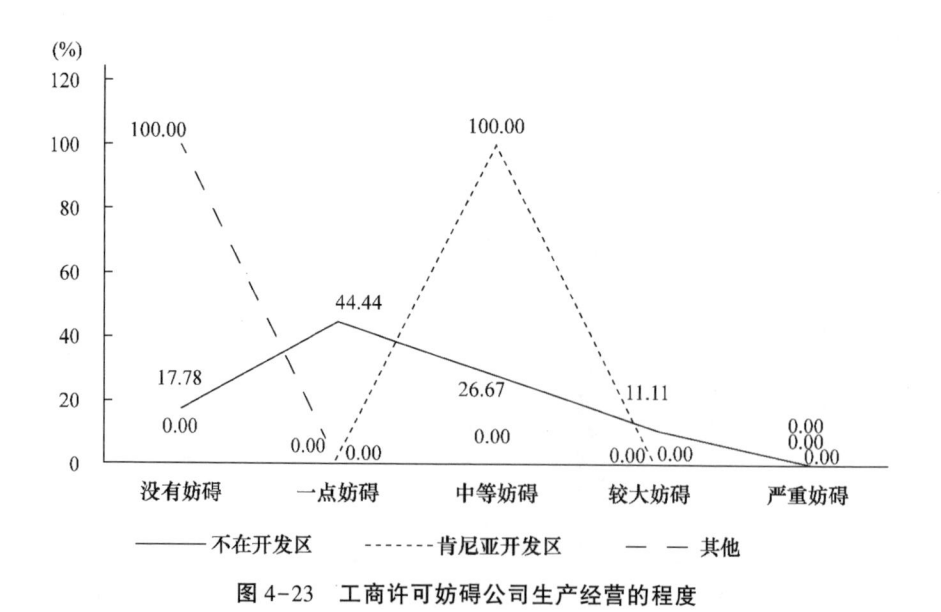

图4-23 工商许可妨碍公司生产经营的程度

肯尼亚的工商许可也会对企业的生产经营产生一定影响，其影响大于税收征管，这种影响对开发区内外的企业都存在，但是没有企业受到严重妨碍。

二 政治环境

如图 4-24 所示，根据样本企业是否位于经开区来看政治不稳定对公司生产经营的影响：

不在开发区的企业中，6.67%的企业不受妨碍，13.33%的企业受到一点妨碍，33.33%的企业受到中等妨碍，37.78%的企业受到较大妨碍，8.89%的企业受到严重妨碍。位于肯尼亚开发区的企业均受到严重妨碍。位于其他区域的企业均不受妨碍。

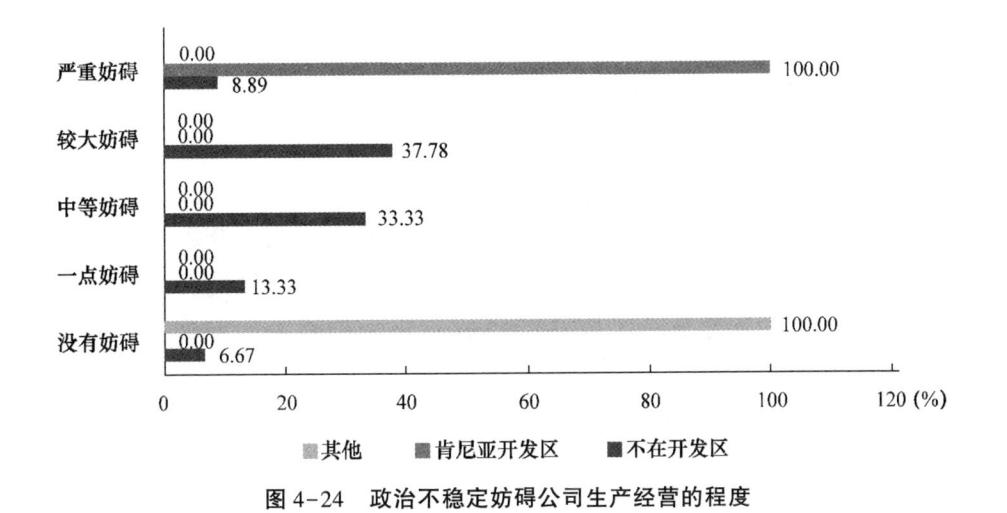

图 4-24 政治不稳定妨碍公司生产经营的程度

政治不稳定对外资企业意味着巨大的投资风险。以上数据及访谈情况表明，一部分样本企业虽对 2007 年肯尼亚的骚乱和恐惧记忆尤甚，但和其他企业一样，对当前肯局势还是基本持乐观态度。

如图 4-25 所示，根据企业样本是否位于经开区来看腐败对公司生产经营的影响：

不在开发区的企业中，4.44%的企业不受妨碍，8.89%的企业受到一点妨碍，24.44%的企业受到中等妨碍，48.89%的企业受到较大妨碍，13.33%的企业受到严重妨碍。位于肯尼亚开发区的企业均受到中等妨碍。位于其他区域的企业均不受妨碍。

```
严重妨碍  0.00
          0.00
          13.33
较大妨碍  0.00
          0.00
          48.89
中等妨碍  0.00
          100.00
          24.44
一点妨碍  0.00
          0.00
          8.89
没有妨碍  0.00
          100.00
          4.44
```

■ 其他　■ 肯尼亚开发区　■ 不在开发区

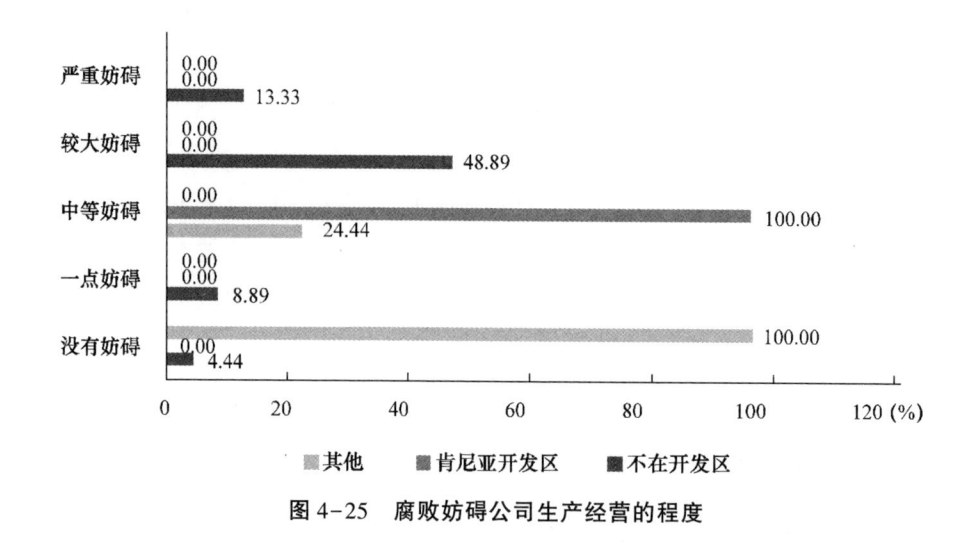

图 4-25　腐败妨碍公司生产经营的程度

由以上数据可见肯尼亚存在较为明显的腐败问题，并影响到企业的生产经营，特别是在开发区之外的企业受到非常明显的影响，而开发区内的企业同样受到腐败问题的影响，只是相对于开发区外，影响的程度不是那么严重。

如图 4-26 所示，根据样本企业是否位于经开区看土地许可对公司生产经营的影响：

不在开发区的企业中，42.22%的企业不受妨碍，20%的企业受到一点妨碍，28.89%的企业受到中等妨碍，8.89%的企业受到较大妨碍，没有企业受到严重妨碍。位于肯尼亚开发区的企业均受到较大妨碍。位于其他区域的企业均不受妨碍。

土地许可是企业比较关心的问题，开发区内外的企业的生产经营都受到土地许可问题的影响，在开发区外程度要低一些，而开发区内的企业均受到较大影响。这种情况一方面是由于开发区内的土地通常受到规划的限制，在土地购置和用途等方面都会有一定的限制；另一方面是开发区内的企业通常规模相对较大，用地需求大，也更容易出

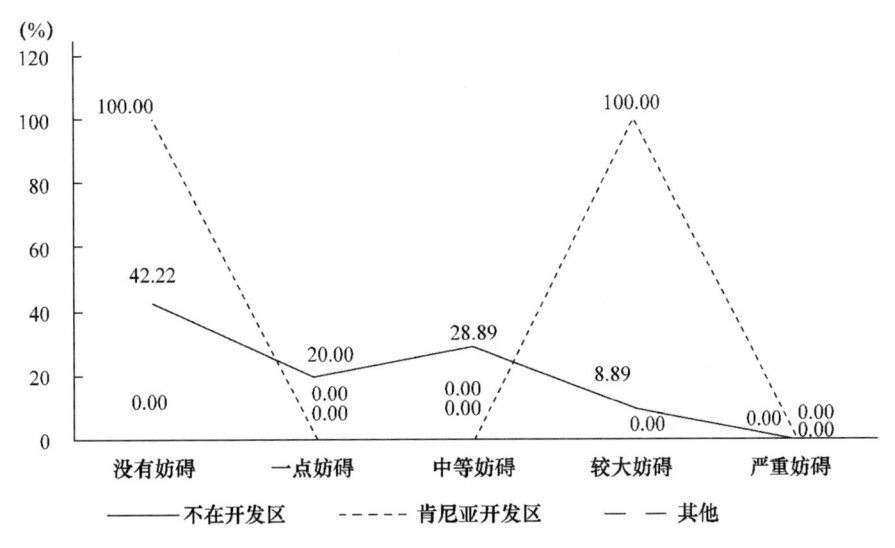

图 4-26 土地许可妨碍公司生产经营的程度

现土地许可方面的问题。

如图 4-27 所示,根据样本企业是否位于经开区看政府管制与审批对公司生产经营的影响:

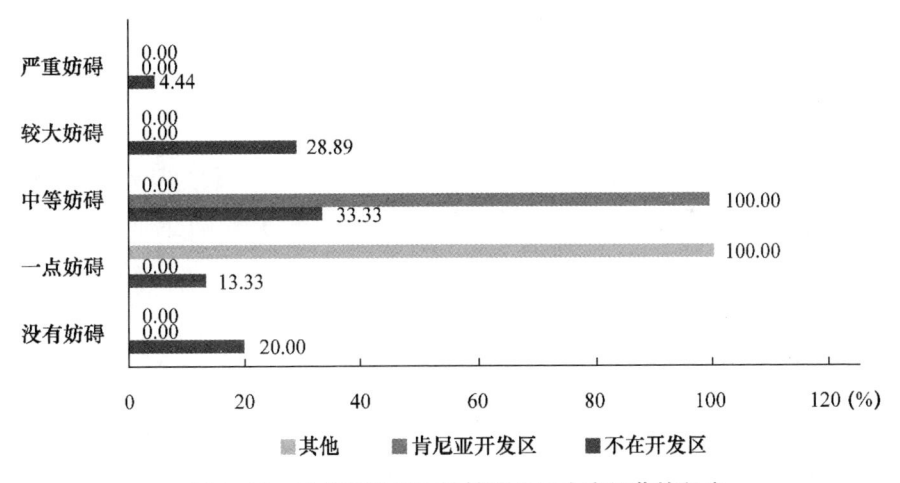

图 4-27 政府管制与审批妨碍公司生产经营的程度

不在开发区的企业中，20%的企业不受妨碍，13.33%的企业受到一点妨碍，33.34%的企业受到中等妨碍，28.89%的企业受到较大妨碍，4.44%的企业受到严重妨碍。位于肯尼亚开发区的企业均受到中等妨碍。位于其他区域的企业均受到一点妨碍。

政府管制与审批对企业的影响也比较明显，这种情况在开发区外要更严重一些，开发区内主要是受到中等程度的妨碍，说明开发区外的企业受到的政府管制要更多一些。

三 税率、税收和工商许可

如图4-28所示，从按行业划分的样本企业来看税率对企业生产经营的影响：

工业企业中，19.05%的企业受到一点妨碍，47.62%的企业受到中等妨碍，33.33%的企业受到较大妨碍，没有企业受到严重妨碍。服务业企业中，17.86%的企业不受妨碍，42.86%的企业受到一点妨碍，21.43%的企业受到中等妨碍，17.86%的企业受到较大妨碍，没有企业受到严重妨碍。

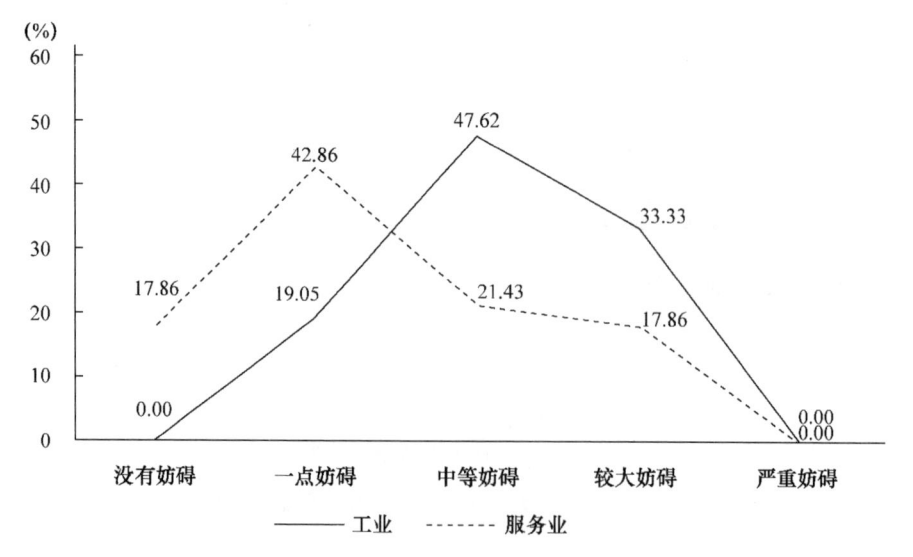

图4-28 按行业划分的税率妨碍企业生产经营的程度

从中资企业分布的不同行业看，工业企业生产经营受到税率的妨碍要比服务业企业严重。这种情况是正常的，大多数情况下世界各国对工业企业的税率都要比服务业高。

如图4-29所示，根据样本企业的行业划分观察税收征收对企业生产经营的影响：

工业企业中，28.57%的企业受到一点妨碍，38.10%的企业受到中等妨碍，28.57%的企业受到较大妨碍，4.76%的企业受到严重妨碍。服务业企业中，25%的企业不受妨碍，25%的企业受到一点妨碍，32.14%的企业受到中等妨碍，17.86%的企业受到较大妨碍，没有企业受到严重妨碍。

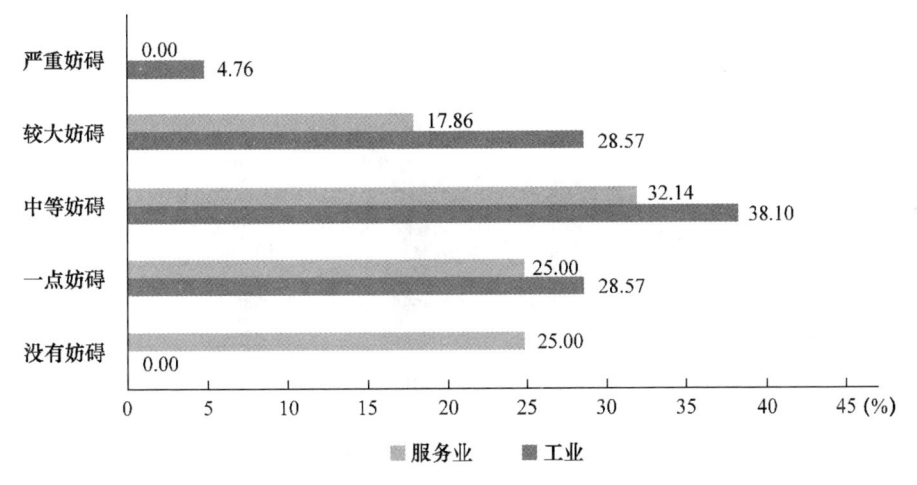

图4-29 按行业划分的税收征收妨碍企业生产经营的程度

从税收征管来看，工业企业和服务业的生产经营都受到明显影响，工业企业要更严重一些。税收征管影响企业生产经营的行业差异不明显，表明税收征管问题是企业面临的共同问题，主要和肯尼亚自身的生产经营环境相关。

如图4-30所示，按样本企业的行业划分看工商许可对企业生产经营的影响：

工业企业中，9.52%的企业不受妨碍，52.38%的企业受到一点妨碍，28.57%的企业受到中等妨碍，9.52%的企业受到较大妨碍，没有企业受到严重妨碍。服务业企业中，25%的企业不受妨碍，39.29%的企业受到一点妨碍，25%的企业受到中等妨碍，10.71%的企业受到较大妨碍，没有企业受到严重妨碍。

由以上数据，工商许可对企业生产经营的妨碍都不算严重，服务业和工业都没有明显的差别。主要是因为工商许可问题对企业来说不是一直存在的问题，只有在企业新设立和申报新的生产经营项目时才会出现。

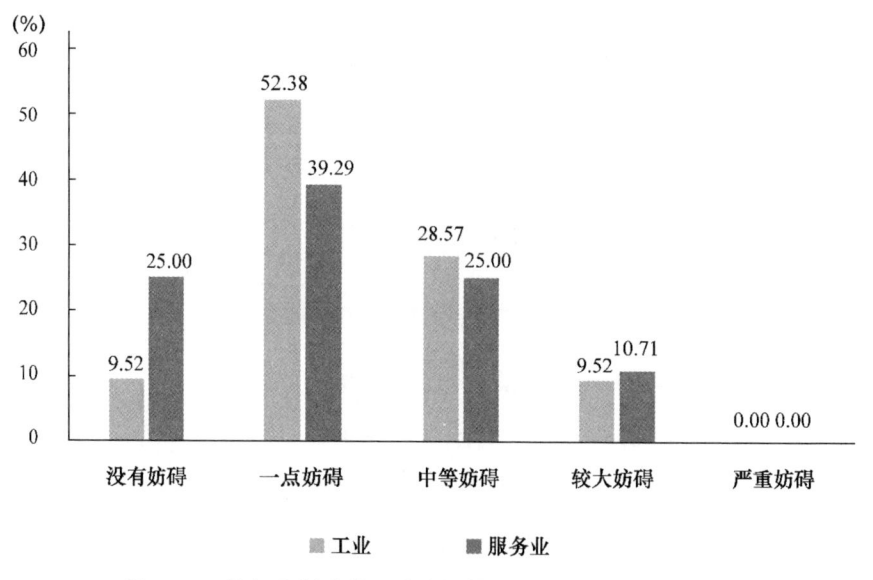

图 4-30 按行业划分的工商许可妨碍企业生产经营的程度

四 对肯尼亚政治稳定性和腐败的认知

企业投资需要有稳定的政治环境，保障投资周期内不会出现政治风险的影响，同时也需要有公平公正的营商环境。下面，我们来看企业对肯尼亚政治稳定性和腐败的认识。

如图 4-31 所示，按样本企业行业划分来看政治不稳定对企业生产经营的影响程度：

第四章　肯尼亚营商环境和中国企业投资风险分析 / 111

工业企业中，14.29%的企业不受妨碍，14.29%的企业受到一点妨碍，28.57%的企业受到中等妨碍，28.57%的企业受到较大妨碍，14.29%的企业受到严重妨碍。服务业企业中，3.57%的企业不受妨碍，10.71%的企业受到一点妨碍，32.14%的企业受到中等妨碍，46.43%的企业受到较大妨碍，7.14%的企业受到严重妨碍。

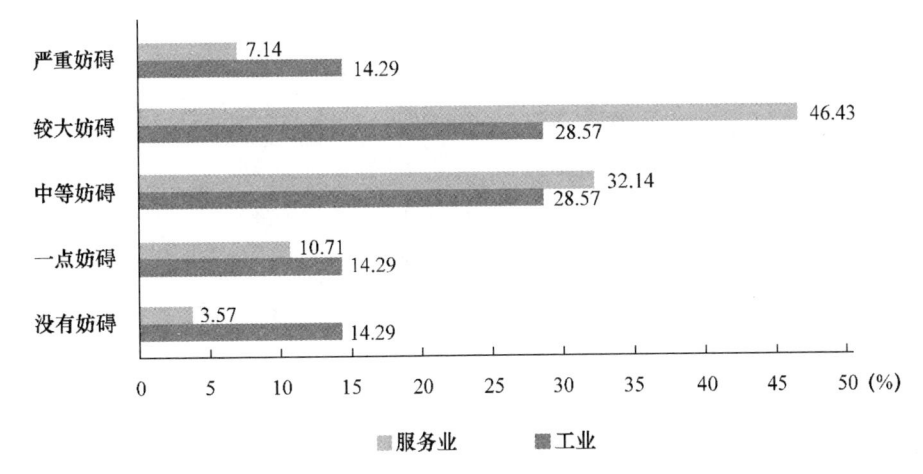

妨碍程度	服务业	工业
严重妨碍	7.14	14.29
较大妨碍	46.43	28.57
中等妨碍	32.14	28.57
一点妨碍	10.71	14.29
没有妨碍	3.57	14.29

图 4-31　按行业划分的政治不稳定妨碍企业生产经营的程度

企业的生产经营明显地受到政治不稳定的影响，这种影响主要是由于肯尼亚政权轮替导致对外资企业政策和态度缺乏延续性。此问题在实行西方式民主制度的国家一定程度上基本都存在。

如图 4-32 所示，按样本企业的行业划分来看腐败对企业生产经营的影响程度：

工业企业中，4.76%的企业不受妨碍，9.52%的企业受到一点妨碍，28.57%的企业受到中等妨碍，42.86%的企业受到较大妨碍，14.29%的企业受到严重妨碍。服务业企业中，7.14%的企业不受妨碍，7.14%的企业受到一点妨碍，21.43%的企业受到中等妨碍，53.57%的企业受到较大妨碍，10.71%的企业受到严重妨碍。

腐败对企业生产经营的妨碍是比较明显的，尤其是对于服务业企业更为严重。

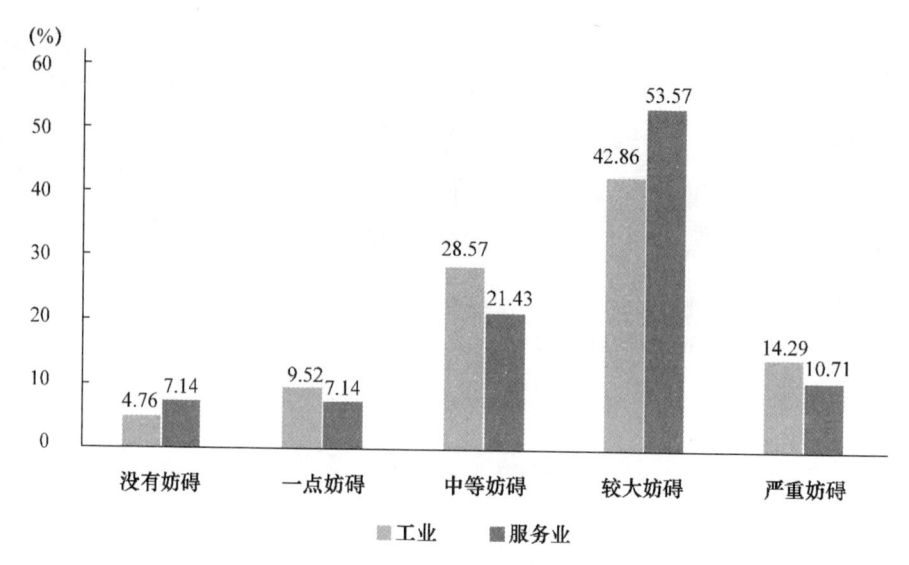

图 4-32　按行业划分的腐败妨碍企业生产经营的程度

如图 4-33 所示，按样本企业的行业划分来看土地许可对企业生产经营的影响：

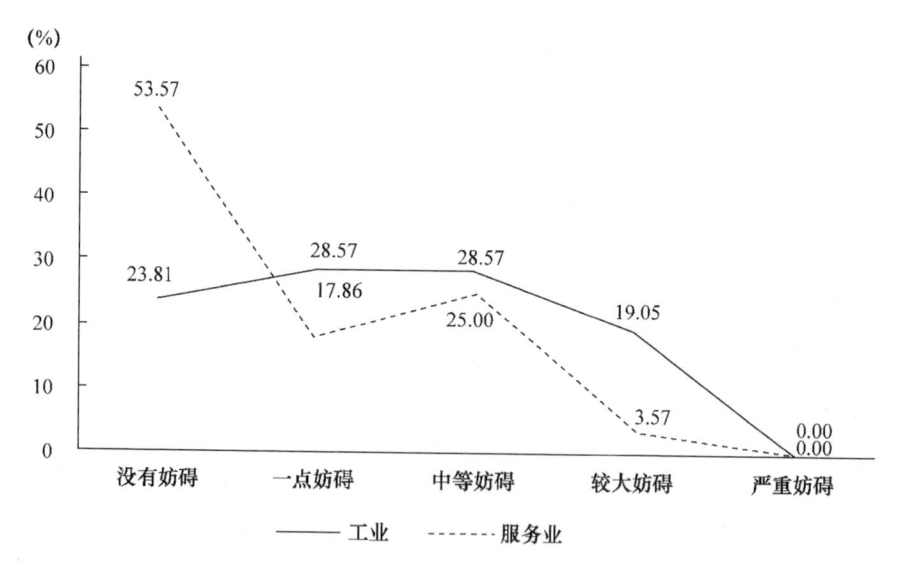

图 4-33　按行业划分的土地许可妨碍企业生产经营的程度

工业企业中，23.81%的企业不受妨碍，28.57%的企业受到一点妨碍，28.57%的企业受到中等妨碍，19.05%的企业受到较大妨碍，没有企业受到严重妨碍。服务业企业中，53.57%的企业不受妨碍，17.86%的企业受到一点妨碍，25%的企业受到中等妨碍，3.57%的企业受到较大妨碍，没有企业受到严重妨碍。

土地许可对企业也存在一定程度的妨碍，但不是企业会经常性面临的问题，只会在企业需要审批新的土地或者变更土地用途时存在。

如图 4-34 所示，按样本企业的行业划分来看政府管制与审批对企业生产经营的影响：

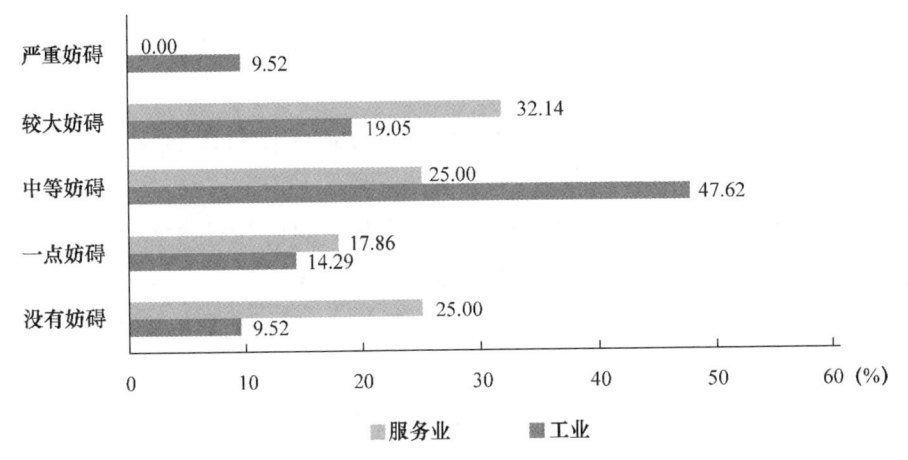

图 4-34　按行业划分的政府管制与审批妨碍企业生产经营的程度

工业企业中，9.52%的企业不受妨碍，14.29%的企业受到一点妨碍，47.62%的企业受到中等妨碍，19.05%的企业受到较大妨碍，9.52%的企业受到严重妨碍。服务业企业中，25%的企业不受妨碍，17.86%的企业受到一点妨碍，25%的企业受到中等妨碍，32.14%的企业受到较大妨碍，没有企业受到严重妨碍。

政府管制和审批对企业生产经营的影响在工业企业中表现得更加明显，这是由于工业企业本身比服务业企业受到更多的法律法规管制。

第四节 投资风险分析

企业在进行跨国投资之前都需要对投资风险进行评估，由于中国企业大规模走出去是2006年之后的事情，所以中国企业相对于欧美老牌跨国公司在风险评估和认知上还有较大差距。下面我们来看中国企业对在肯尼亚投资可能存在的风险的评估和认知。

一 中资企业投资可行性研究与考察情况

如表4-11所示，主要对样本企业赴肯尼亚投资的可行性考察情况进行观察。

从行业来看，工业企业中有90.48%的企业进行过肯尼亚投资的可行性考察，9.52%的企业未进行过肯尼亚投资的可行性考察；服务业企业中有88.46%的企业进行过肯尼亚投资的可行性考察，11.54%的企业未进行过肯尼亚投资的可行性考察。

从是否位于经开区来看，不在经开区的企业有88.37%进行过肯尼亚投资的可行性考察，11.63%未进行过肯尼亚投资的可行性考察；在肯尼亚经开区和其他区域的企业都进行过肯尼亚投资的可行性考察。

从有无女性高管来看，有女性高管的企业有90.32%进行过肯尼亚投资的可行性考察，9.68%未进行过肯尼亚投资的可行性考察；没有女性高管的企业有87.5%进行过肯尼亚投资的可行性考察，12.5%未进行过肯尼亚投资的可行性考察。

表4-11　　企业是否进行过肯尼亚投资的可行性考察状况　　（单位：%）

行业	有可行性考察	无可行性考察
工业	90.48	9.52
服务业	88.46	11.54

续表

行业	有可行性考察	无可行性考察
不在经开区	88.37	11.63
肯尼亚经开区	100.00	0.00
其他	100.00	0.00
有女性高管	90.32	9.68
无女性高管	87.50	12.50

总体上看，中国企业在对肯尼亚投资之前是具有明显的风险意识的，大多数企业都在投资之前对肯尼亚的投资环境进行了可行性考察，但是也有一小部分企业缺乏风险意识，在投资之前没有进行过考察。

如表4-12所示，主要就样本企业投资前的肯尼亚考察类型进行观察：

从行业来看，工业企业都进行过市场竞争调查，其中有78.95%的企业考察过肯尼亚外国直接投资法律法规，21.05%的企业未考察过肯尼亚外国直接投资法律法规；63.16%的企业考察过肯尼亚宗教、文化和生活习惯，36.84%的企业未考察过肯尼亚宗教、文化和生活习惯；84.21%的企业考察过肯尼亚劳动力素质，15.79%的企业未考察过肯尼亚劳动力素质；5.26%的企业进行过其他方面的考察，94.74%的企业未进行过其他方面的考察。服务业企业95.65%都进行过市场竞争调查，在这些企业中有78.26%的企业考察过肯尼亚外国直接投资法律法规，21.74%的企业未考察过肯尼亚外国直接投资法律法规；78.26%的企业考察过肯尼亚宗教、文化和生活习惯，21.74%的企业未考察过肯尼亚宗教、文化和生活习惯；78.26%的企业考察过肯尼亚劳动力素质，21.74%的企业未考察过肯尼亚劳动力素质；均未进行过其他方面的考察。

从是否位于经开区来看，不在经开区的企业有97.37%进行过市场竞争调查，在这些企业中有84.21%的企业考察过肯尼亚外国直接投资法律法规，15.79%的企业未考察过肯尼亚外国直接投资法律法规；73.68%的企业考察过肯尼亚宗教、文化和生活习惯，26.32%的企业未考察过肯尼亚宗教、文化和生活习惯；84.21%的企业考察过肯尼亚劳动力素质，15.79%的企业未考察过肯尼亚劳动力素质；2.63%的企业进行过其他方面的考察，97.37%的企业未进行过其他方面的考察。在肯尼亚经开区的企业都进行过市场竞争调查，都未对肯尼亚外国直接投资法律法规进行考察，都对肯尼亚宗教、文化和生活习惯、劳动力素质进行过考察，都未对其他方面进行考察。在其他区域的企业都进行过市场竞争调查，都对外国直接投资法律法规、肯尼亚宗教、文化和生活习惯、劳动力素质进行过考察，都未对其他方面进行过考察。

从有无女性高管来看，有女性高管的企业有96.43%进行过市场竞争调查，在这些企业中有82.14%的企业考察过肯尼亚外国直接投资法律法规，17.86%的企业未考察过肯尼亚外国直接投资法律法规；71.43%的企业考察过肯尼亚宗教、文化和生活习惯，28.57%的企业未考察过肯尼亚宗教、文化和生活习惯；78.57%的企业考察过肯尼亚劳动力素质，21.43%的企业未考察过肯尼亚劳动力素质；3.57%的企业进行过其他方面的考察，96.43%的企业未进行过其他方面的考察。没有女性高管的企业都进行过市场竞争调查，在这些企业中有71.43%的企业考察过肯尼亚外国直接投资法律法规，28.57%的企业未考察过肯尼亚外国直接投资法律法规；71.3%的企业考察过肯尼亚宗教、文化和生活习惯，28.57%的企业未考察过肯尼亚宗教、文化和生活习惯；85.71%的企业考察过肯尼亚劳动力素质，14.29%的企业未考察过肯尼亚劳动力素质，均未进行过其他方面的考察。

从考察的内容来看，中国企业最重视的是对肯尼亚市场的考察，无论何种类型的企业大都对肯尼亚的市场情况进行了考察。其次是重视对肯尼亚劳动力素质的考察，而对肯尼亚外国直接投资相关政策和法律的考察要略少一些。说明中国企业在肯尼亚更重视考察与生产经营直接相关的因素，而对政治、社会环境的考察要弱一些。此外，在开发区内的企业普遍比区外的企业进行了更多的考察,说明越大越规范的企业对海外投资有更好的风险评估意识。

表 4-12　　　　　企业投资前肯尼亚考察类型　　　　（单位:%）

分类	市场竞争调查		肯尼亚外国直接投资法律法规		肯尼亚宗教、文化和生活习惯		肯尼亚劳动力素质		其他方面考察	
	否	是	否	是	否	是	否	是	否	是
工业	0.00	100.00	21.05	78.95	36.84	63.16	15.79	84.21	94.74	5.26
服务业	4.35	95.65	21.74	78.26	21.74	78.26	21.74	78.26	100.00	0.00
不在经开区	2.63	97.37	15.79	84.21	26.32	73.68	15.79	84.21	97.37	2.63
肯尼亚经开区	0.00	100.00	100.00	0.00	0.00	100.00	0.00	100.00	100.00	0.00
其他	0.00	100.00	0.00	100.00	0.00	100.00	0.00	100.00	100.00	0.00
有女性高管	3.57	96.43	17.86	82.14	28.57	71.43	21.43	78.57	96.43	3.57
无女性高管	0.00	100.00	28.57	71.43	28.57	71.43	14.29	85.71	100.00	0.00

二　2018 年中资企业安全生产额外支付

如表 4-13 所示,主要考察 2018 年样本企业安全生产的额外支付情况:

从行业来看,工业企业中有 85.71% 的企业在安全生产方面有过额外支付,14.29% 的企业在安全生产方面没有过额外支付;服务业企业中有 50% 的企业在安全生产方面有过额外支付,50% 的企业在安全生产方面没有过额外支付。

从是否位于经开区来看,不在经开区的企业有 66.67% 的企业在安全生产方面有过额外支付,33.33% 的企业在安全生产方面没有过额外支付;在肯尼亚经开区的企业在安全生产方面都没有过额外支付;其他区域的企业在安全生产方面都有过额外支付。

从有无女性高管来看,有女性高管的企业有 62.50% 的企业在安全生产方面有过额外支付,37.50% 的企业在安全生产方面没有过额外支付;没有女性高管的企业有 70.59% 的企业在安全生产方面有过额外支付,29.41%的企业在安全生产方面没有过额外支付。

表 4-13　　　　　　　　2018 年企业安全生产额外支付　　　　（单位：%）

分类	安全生产有额外支付	安全生产无额外支付
工业	85.71	14.29
服务业	50.00	50.00
不在经开区	66.67	33.33
肯尼亚经开区	0.00	100.00
其他	100.00	0.00
有女性高管	62.50	37.50
无女性高管	70.59	29.41

肯尼亚由于临近政治、社会局势不稳定的索马里,存在一定程度的安全问题。很多企业都有安全方面的支出,安全支出较多的是工业企业和在经开区的企业,而服务业企业和不在经开区的企业安全支出较少,这反映经开区由于企业集中,工业企业雇佣人数较多而更重视安全问题,服务业企业分散相对来说安全方面的压力不大。

如表 4-14 所示,主要考察 2018 年样本企业的偷盗损失状况:

从行业来看,工业企业中有 76.19% 的企业发生过偷盗损失,23.81% 的企业未发生过偷盗损失;服务业企业中有 57.14% 的企业发生过偷盗损失,42.86% 的企业未发生过偷盗损失。

从是否位于经开区来看,不在经开区的企业有 68.89% 的企业发生过偷盗损失,31.11% 的企业未发生过偷盗损失;在肯尼亚经开区的企业都发生过偷盗损失;其他区域的企业都未发生过偷盗损失。

从有无女性高管来看,有女性高管的企业有 65.63% 的企业发生过偷盗损失,34.38% 的企业未发生过偷盗损失;没有女性高管的企业中有 64.71% 的企业发生过偷盗损失,35.29% 的企业未发生过偷盗损失。是否有女性高管和企业的偷盗损失状况没有联系。

以上数据表明肯尼亚的社会治安还有较大改进空间,大多数企业都发生过偷盗造成的损失，特别是工业企业和经开区企业，情况更为严重。

表 4-14　　　　　2018 年企业偷盗损失状况　　　　（单位：%）

分类	发生过偷盗损失	未发生偷盗损失
工业	76.19	23.81
服务业	57.14	42.86
不在经开区	68.89	31.11
肯尼亚经开区	100.00	0.00
其他	0.00	100.00
有女性高管	65.63	34.38
无女性高管	64.71	35.29

如图 4-35 所示，样本企业管理层对 2018 年肯尼亚政治环境的认识情况如下：

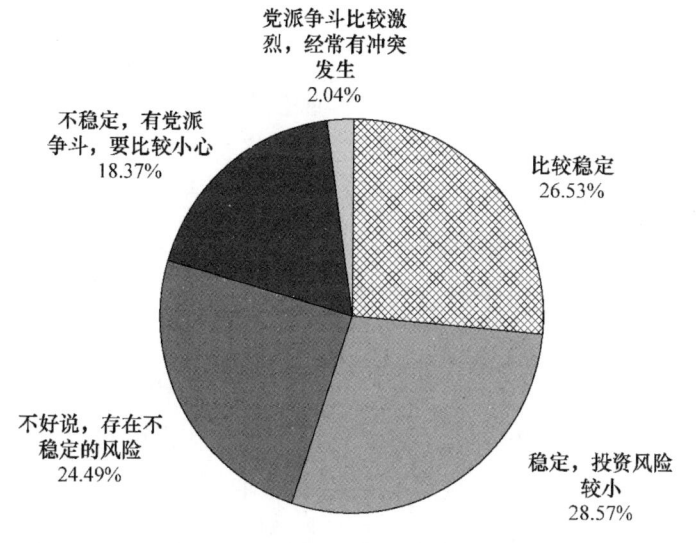

图 4-35　中资企业管理层认为 2018 年肯尼亚政治环境情况

- 党派争斗比较激烈，经常有冲突发生 2.04%
- 比较稳定 26.53%
- 稳定，投资风险较小 28.57%
- 不好说，存在不稳定的风险 24.49%
- 不稳定，有党派争斗，要比较小心 18.37%

在受访的中资企业管理层中,有 28.57% 认为肯尼亚政治环境稳定,投资风险小;26.53% 认为肯尼亚政治环境比较稳定;2.04% 认为肯尼亚党派争斗比较激烈,经常有冲突发生;18.37% 认为肯尼亚政治环境不稳定,有党派争斗,要比较小心;24.49 认为肯尼亚政治环境不好说,存在不稳定的风险。

总的来说,肯尼亚是非洲政治局势相对稳定的国家,虽然由于西方式民主制度,政治环境会发生变化,但总体上对投资企业没有造成较大影响。

三 中资企业未来一年的经营风险

表 4-15 显示样本企业未来一年经营风险主要方面及比重的预估:

从行业来看,工业企业大多认为未来一年最主要的经营风险来自市场竞争上升(71.43%)、政策限制加强(71.43%)和中资企业增多(42.86%),此外,在政治环境变化(33.33%)、资源获取难度增加(28.57%)、员工工资增长(19.05%)、研发后劲不足(14.29%)、优惠政策效用降低或到期(14.29%)和其他方面(4.76%)也存在风险;服务业企业最主要的风险来自市场竞争上升(82.14%)、政策限制加强(57.14%)和员工工资增长(42.86%),此外,在政治环境变化(35.71%)、中资企业增多(35.71%)、研发后劲不足(14.29%)、优惠政策效用降低或到期(14.29%)、资源获取难度增加(10.71%)、产品或服务无话语权(3.57%)和其他方面(3.57%)也存在风险。

从是否位于经开区来看,不在经开区的企业大多认为未来一年最主要的经营风险来自市场竞争上升(75.56%)、政策限制加强(64.44%)和中资企业增多(40%),此外政治环境变化(33.33%)、员工工资增长(31.11%)和资源获取难度增加(20%)等方面也存在风险;在肯尼亚经开区的企业大多认为未来一年最主要的经营风险来自市场竞争增加、政策限制加强和中资企业增多;其他区域的企业大多认为未来一年最主要的风险为员工工资增长、市场竞争加剧和产品或服务无话语权。

从有无女性高管来看，有女性高管的企业其主要风险来自市场竞争上升（78.13%）、政策限制加强（65.63%）、中资企业增多（40.63%）和员工工资增长（37.50%），此外，政治环境变化（28.13%）、资源获取难度增加（15.63%）和优惠政策效用降低或到期（12.50）等方面也存在风险。没有女性高管的企业其主要风险来自市场竞争上升（76.47%）、政策限制加强（58.82%）和政治环境变化（47.06%），此外，中资企业增多（35.29%）、资源获取难度增加（23.53）和员工工资增长（23.53%）等方面也存在较大风险。

表4-15　　　　企业未来一年经营风险主要方面及比重　　　（单位：%）

分类	员工工资增长	市场竞争上升	资源获取难度增加	研发后劲不足	政策限制加强	优惠政策效用降低或到期	政治环境变化	中资企业增多	产品或服务无话语权	其他方面
工业	19.05	71.43	28.57	14.29	71.43	14.29	33.33	42.86	0.00	4.76
服务业	42.86	82.14	10.71	14.29	57.14	14.29	35.71	35.71	3.57	3.57
不在经开区	31.11	75.56	20.00	15.56	64.44	15.56	33.33	40.00	0.00	4.44
肯尼亚经开区	0.00	100.00	0.00	0.00	100.00	0.00	0.00	100.00	0.00	0.00
其他	100.00	100.00	0.00	0.00	0.00	0.00	0.00	0.00	100.00	0.00
有女性高管	37.50	78.13	15.63	18.75	65.63	12.50	28.13	40.63	0.00	3.13
无女性高管	23.53	76.47	23.53	5.88	58.82	17.65	47.06	35.29	5.88	5.88

对于未来风险的看法，各种类型的企业都比较一致，最大的风险来自于市场竞争的加剧和政策限制的加强，这是因为随着肯尼亚经济的发展和市场扩大，新的外国投资者和本土企业会进入市场，对企业形成竞争压力，同时肯尼亚的法律法规也会不断完善，从而政策限制加强。相对来说，工资上升、资源获取等问题企业不是十分担心，肯尼亚的人均GDP不高，在很长时间内仍然可以保持较低的生产成本。政治环境也不会发生大的变化，这不是企业主要担心的风险问题。

第五章

肯尼亚中资企业雇佣行为与劳动风险分析

本章主要就肯尼亚中资企业的雇佣行为与未来劳动风险进行分析，包括三方面：首先，肯尼亚中资企业员工的构成。主要从生产工人、非生产员工、中高层管理人员、技术和设计人员以及员工的流动情况，分析样本中资企业的肯尼亚籍员工和中国籍员工的构成。其次，中资企业的雇佣行为分析。主要就样本企业高管的任命时间、对英语和斯瓦希里语的掌握程度、培训当地员工的次数和规模、对员工语言沟通能力以及其他相关能力的重视程度等方面进行考察。最后，肯尼亚中资企业劳资纠纷及处理。主要对样本企业与本地员工发生劳资纠纷涉及的时间、原因、人数以及解决途径进行分析。

第一节 员工构成分析

随着中国"一带一路"建设的不断推进，越来越多的中国企业走出国门，在境外投资，开拓海外市场。大部分中资企业在境外投资都会同时雇佣中国员工和本国员工，肯尼亚中资企业也一样，除中国员工外，很多企业还在当地雇佣了大量肯尼亚籍员工来进行生产，本小节主要就调研样本分析肯尼亚中资企业的员工构成情况。

一 中资企业员工构成情况

在肯尼亚中资企业的调查中,关于企业员工的构成,由表5-1可知,肯尼亚员工占比均值为76.69%,中资企业本地化情况较好。最大值达到96.67%。在肯尼亚员工占比最大值情况下,其他国家员工占比仅为3.33%,整个企业几乎全是肯尼亚员工。最小值也达13.73%,基本每个企业都有10%以上的肯尼亚员工。标准差较大,为19.22%,说明企业本地化水平差异较大。中国员工占比均值为23.31%,远低于肯尼亚员工占比的均值,低出53.38%。女性员工占比均值为32.89%,标准差为25.21%。可见,在肯尼亚中资企业中,女性员工的雇佣低于员工雇佣平均水平,在不同企业占比情况差别较大。调查样本企业中未接触到其他国家员工数据。

表5-1　　　　　　　　企业员工构成　　　　　　　　(单位:%)

分类	均值	标准差	最大值	最小值
女性员工占比	32.89	25.21	85.71	1.43
肯尼亚员工占比	76.69	19.22	96.67	13.73
中国员工占比	23.31	19.22	86.27	3.33
其他国家员工占比	0.00	0.00	0.00	0.00

可见,中资企业在肯尼亚更倾向于雇佣本地员工,这是由于雇佣肯尼亚当地员工的成本远低于雇佣中国员工,企业只是很难在肯尼亚雇佣到相关专业技术人员和管理人员的情况下,才会从中国雇佣相关技术管理人员。此外,中国企业在肯尼亚雇佣的员工中,女性员工的占比明显较低,一方面是因为当前在肯尼亚从事基础设施建设的企业比重较大,雇工偏向于男性。另一方面是肯尼亚女性的受教育和培训情况不如男性。

在肯尼亚中资企业调查中,就企业一线工人或生产员工的构成来看，由表5-2可知，企业一线员工或生产员工占比均值达51.34%，标准差很大，为36.65%，最大值达95%，最小值为0。在一线员工或生产员工中，肯尼亚员工占比均值达88.67%，最大值达100%，最小值为0。最高值情况下，企业一线员工或生产员工全部是肯尼亚籍。中国员工占比均值约为8.98%，其他国家员工为2.35%。

可见，在肯尼亚中资企业中，企业一线员工或生产员工绝大多数为肯尼亚人。一线员工或生产员工学历和教育水平要求不高，充分适应了肯尼亚整体教育水平不高的特点，促进了当地的就业，在一定程度上缓解了肯尼亚政府的就业压力。

表5-2　　　　　　　企业一线工人或生产员工构成　　　　（单位：%）

分类	均值	标准差	最大值	最小值
一线员工或生产员工占比	51.34	36.65	95.00	0.00
一线员工或生产员工中肯尼亚员工占比	88.67	20.99	100.00	0.00
一线员工或生产员工中中国员工占比	8.98	15.40	62.50	0.00
一线员工或生产员工中其他国家员工占比	2.35	10.14	57.14	0.00

在肯尼亚中资企业调查中，关于企业中高层管理员工构成问题，由表5-3可知，中高层管理员工占比均值为12.29%，最大值也仅40.0%，最小值为0.4%。中高层管理人员中，肯尼亚员工占比均值为22.98%，最大值为100%，最小值为0，标准差较大，为29.12%。中国员工占比均值为74.24%，最大值为100%，最小值也达0，标准差值较大，达30.76%。可见，整体上，在肯尼亚中资企业高层管理员工中，中国员工占大多数，肯尼亚员工占比较小。这与中高层管理员工学历和专业技术职能及教育水平要求较高有关，也与企业的规模、经营时间、需求、企业本地化重视程度有关。中资企业适当增加中高层管理人员肯尼亚员工占比，有利于中资企业的本地化管理和本地化运营水平的提升。

表 5-3　　　　　　　　企业中高层管理员工构成　　　　　　（单位：%）

分类	均值	标准差	最大值	最小值
中高层管理员工占比	12.29	11.09	40.00	0.40
中高层管理人员中肯尼亚员工占比	22.98	29.12	100.00	0.00
中高层管理人员中中国员工占比	74.24	30.76	100.00	0.00

在肯尼亚中资企业调查中，关于企业技术人员和设计人员构成，由表 5-4 可知，技术人员和设计人员占比均值为 8.92%，最大值为 55.0%，最小值为 0。在技术人员和设计人员中，肯尼亚员工占比均值为 46.74%，最大值 100%，最小值为 0，中国员工占比均值为 53.26%，最大值为 100%，最小值为 0。可见，在肯尼亚中资企业技术人员和设计人员中，肯尼亚员工比中国员工多，这与肯尼亚技术人员整体水平有关。另外，其标准差值达 33.98%，可见在肯尼亚中资企业中，技术人员和设计人员在每个企业的分布差别较大。

表 5-4　　　　　　　企业技术人员和设计人员构成　　　　　　（单位：%）

分类	均值	标准差	最大值	最小值
技术人员和设计人员占比	8.92	14.39	55.00	0.00
技术人员和设计人员中肯尼亚员工占比	46.74	33.98	100.00	0.00
技术人员和设计人员中中国员工占比	53.26	33.98	100.00	0.00

在肯尼亚的中企研发人员占比较低，这是因为在肯尼亚投资企业主要是商贸、基础设施建设和制造业企业。商贸企业本身不需要太多的研究开发人员，基础设施建设和制造业主要是利用中国成熟技术，只需要根据当地市场的需求对技术进行适当的改造，也不需要投入很多研发人员。在研发人员中，肯尼亚当地员工占比接近 50%，也说明肯尼亚能够提供部分从事研发工作的人员。

在肯尼亚中资企业调查中，关于企业非生产员工构成，由表 5-5 可知，非生产员工占比均值为17.33%，最大值为88.57%，最小值为0。在非生产员工中，肯尼亚员工占比均值为69.31%，最大值为100%，最小值为0，中国员工占比均值为30.69%，最大值为100%，最小值为0。可见在肯尼亚中资企业非生产员工中肯尼亚员工略多于中国员工。另外，其标准差值超过30%，可知肯尼亚中资企业中，非生产员工不同企业差别较大。在肯尼亚投资的中国企业非生产员工中中国员工的占比略高于生产一线员工，但总的比例达到三分之二，可见，中国企业在各类员工的雇佣中都十分重视对肯尼亚当地劳动力的雇佣。

表5-5　　　　　　　　　企业非生产员工构成　　　　　　　（单位：%）

分类	均值	标准差	最大值	最小值
非生产员工占比	17.33	23.75	88.57	0.00
非生产员工中肯尼亚员工占比	69.31	31.36	100.00	0.00
非生产员工中中国员工占比	30.69	31.36	100.00	0.00

在肯尼亚中资企业调查中，关于按企业规模大小划分的企业员工构成，由表5-6可知，中型企业女性员工占比均值高于小型企业和大型企业，依次分别为49.98%、40.86%、18.44%。其中，中型中资企业女性员工差别较大，标准差为26.37%，最大值为85.74%，最小值为10%；小型企业标准差最小，为18.70%，最大值为75%，最小值为8.33%，小型企业女性员工差别较小；就中高管理层来说，小型企业中高管理层员工的均值高于中、大型企业，分别为23.50%、14.78%和4.59%。大型企业中高管理层的员工比例虽小，但其差别不大，标准差值仅为3.40%，是表中标准差值最小的；就技术人员和设计人员来说，中型企业是三类企业中均值最低的，为6.84%，小型企业与大型企业技术人员和设计人员均值差不多，为9.40%和9.98%，但中型企业技术人员和设计人员的标准差值低于大、小型企业，其技术员和设计人员的差别较小；就非生产员工占比来说，小型

企业的非生产员工占比均值最大，为 27.17%，中型企业和大型企业占比均值较小，分别为 20.08% 和 10.34%。小型企业中非生产员工比例差别最大，标准差值达 29.82%，最大值达 75%，最小值为 0。

表 5-6　　　　　　按企业规模大小划分的企业员工构成　　　　（单位：%）

分类	企业规模类型	均值	标准差	最大值	最小值
女性员工占比	小型企业	40.86	18.70	75.00	8.33
	中型企业	49.98	26.37	85.71	10.00
	大型企业	18.44	19.37	66.67	1.43
中高管理层占比	小型企业	23.50	10.81	40.00	6.67
	中型企业	14.78	10.21	40.00	3.92
	大型企业	4.59	3.40	13.33	0.40
技术人员和设计人员占比	小型企业	9.40	17.58	50.00	0.00
	中型企业	6.84	12.05	40.00	0.00
	大型企业	9.98	14.23	55.00	0.00
非生产员工占比	小型企业	27.17	29.82	75.00	0.00
	中型企业	20.08	26.03	88.57	0.00
	大型企业	10.34	16.47	66.67	0.00

在女性员工雇佣方面，中小企业雇佣的比例较高，而大企业雇佣较小，主要是由于大企业中包含了很多基础设施建设类企业。中高管理层方面大企业的比例较低，主要是由于大企业的管理更加现代化，对管理人员的需求不大。在技术人员方面，大中小型企业没有明显差别，这是由于企业普遍都是使用成熟技术，对技术研发的需求较小。非生产性人员随大中小型企业递增，这是因为企业越大其管理和其他辅助服务就越具有规模优势。

二　中资企业人员流动情况

在肯尼亚中资企业调查中，关于企业全部人员流动情况的问题，由表 5-7 可知，就新增雇佣人员来说，大型企业的新增雇佣人员均值最高，达91.76，远远高于中型企业7.07和小型企业的0.58，当然，大型企业新增雇用人员的差别也较大，标准差高达127.42，最大值为440，最小值为0。可以看出，大型企业新增雇佣人员数量最多。

表5-7　　　　　　　　　　企业全部人员流动情况

分类	企业规模类型	均值	标准差	最大值	最小值
新增雇用人员	小型企业	0.58	1.00	3	0
	中型企业	7.07	7.51	30	0
	大型企业	91.76	127.42	440	0
辞职人员	小型企业	0.67	1.23	4	0
	中型企业	5.93	7.71	30	0
	大型企业	35.57	54.93	200	0
净流入人员	小型企业	-0.09	1.37	2	-4
	中型企业	1.14	12.28	30	-30
	大型企业	56.19	115.91	345	-150

就辞职人员来说，大型企业的辞职人员也远高于中型企业和小型企业，其均值达35.57，而中型企业和小型企业辞职人员的均值为5.93和0.67。同样，大型企业辞职人员差别较大，标准差达54.93，最大值为200，最小值为0。可以看出，大型企业辞职人员数量因企业不同差异较大。

就净流入人员来说，大型企业的净流入人员均值最高，其均值达56.19，而中型企业和小型企业辞职人员的均值为1.14和-0.08。大型企业人员流动性较大，新增雇员多，辞职人员也多。小型企业人员最稳定，新增雇佣人员比辞职人员少，因而其净流入量为-0.09。同样，大型企业净流入人员差别较大，标准差达115.91，最大值为345，最小值为-150。可见，大型企业的净流入人员也远高于中型企业和小型企业。

就以上数据，大型企业对肯尼亚的就业贡献是最大，大部分新增的就业都是由大型企业创造，但是大型企业雇佣人员的流动性也较大，不如中小企业稳定，这种情况主要与雇佣规模有关。

在肯尼亚中资企业调查中，企业中肯尼亚人员流动情况，由表5-8可知，就新增雇员而言，大型企业的新增雇佣人员均值最高，达80.19，远远高于中型企业5.93和小型企业的0.50，当然，大型企业新增雇用人员的差别也较大，标准差高达112.13，最大值为400，最小值为0。大型企业辞职的肯尼亚人员也远高于中型企业和小型企业，其均值达33.10，而中型企业和小型企业肯尼亚辞职人员均值为5.79和0.67。同样，大型企业每家企业辞职人员差别较大，标准差达51.97，最大值为180，最小值为0。可见，大型企业新增肯尼亚雇佣人员较多，辞职人员也最多，其流动性高于中型企业和小型企业；大型企业肯尼亚人员的净流入也远高于中型企业和小型企业，其均值达47.09，而中型企业和小型企业辞职人员的均值为0.14和-0.17，大型企业肯尼亚籍员工流动性较大，小型企业人员最稳定，新增雇用人员和辞职人员都较少，因而其净流入量为-0.17。同样，大型企业净流入人员差别较大，标准差达108.23，最大值为310，最小值为-150，大型企业新增肯尼亚雇用人员、辞职人员和净流入人员的变化比中型企业、小型企业都大。

表5-8　　　　　　　　企业肯尼亚人员流动情况

分类	企业规模类型	均值	标准差	最大值	最小值
新增雇用人员	小型企业	0.50	0.80	2	0
	中型企业	5.93	5.37	20	0
	大型企业	80.19	112.13	400	0
辞职人员	小型企业	0.67	1.23	4	0
	中型企业	5.79	7.47	29	0
	大型企业	33.10	51.97	180	0
净流入人员	小型企业	-0.17	1.34	2	-4
	中型企业	0.14	10.37	20	-29
	大型企业	47.09	108.23	310	-150

肯尼亚当地员工的流动性明显较高，这是由于肯尼亚员工大多数从事简单重复性工作，对工作岗位的依赖性不强。此外，一部分肯尼亚员工并没有长期工作的打算。当地员工的流动性太强会给企业带来困扰，即需要不断地培训新员工，增加新的培训成本。

在肯尼亚中资企业调查中，关于企业内中国人员流动情况的问题，由表5-9可知，就中国员工而言，大型企业的新增雇用人员均值最高，为11.57，高于中型企业的1.14，小型企业的0.08。大型企业新增雇用人员的差别也较大，标准差为23.42，最大值为100，最小值为0；大型企业辞职的中国员工也高于中型企业和小型企业，其均值达2.48，而大型企业辞职中国员工差别较大，标准差为4.58，最大值为20，最小值为0。大型企业中中国员工新增雇用人员和辞职人员多，其流动性相对较大；大型企业的净流入中国人员也远高于中型企业和小型企业，其均值为9.09，而中型企业和小型企业分别为1和0.08，人员都较稳定，新增雇佣人员和辞职人员都较少。同样，大型企业净流入人员差别较大，标准差达19.34，最大值为80，最小值为-2，说明一些大型企业辞职的中国员工多。但不管企业大小，中国员工的稳定性都要远远高于肯尼亚员工的稳定性，也远远高于整个企业员工的稳定性。

表5-9　　　　　　　　　　企业中国人员流动情况

分类	企业规模类型	均值	标准差	最大值	最小值
新增雇用人员	小型企业	0.08	0.29	1	0
	中型企业	1.14	2.66	10	0
	大型企业	11.57	23.42	100	0
辞职人员	小型企业	0	0	0	0
	中型企业	0.14	0.36	1	0
	大型企业	2.48	4.58	20	0
净流入人员	小型企业	0.08	0.29	1	0
	中型企业	1	2.75	10	-1
	大型企业	9.09	19.34	80	-2

总体而言，大多数中资企业除了管理层和核心技术人员以中国员工为主以外，其余岗位则以肯尼亚本地员工为主，本地化用工程度很高。一方面，由于国内派遣成本比较高，除了核心管理层和稀缺技术人员从中国派遣，基本上雇佣本地员工；另一方面，可能与肯尼亚的劳动力成本比较低有很大相关性。此外，大量雇佣本地员工有利于中资企业的本地化管理和运营。

第二节 雇佣行为分析

中资企业虽然雇佣大量肯尼亚本地员工，但由于肯尼亚教育水平，尤其是职业技术教育水平整体还滞后于肯尼亚工业化发展的需要，肯尼亚员工在技术、管理方面还不能满足肯尼亚中资企业的需要。此外，与中国员工相比，肯尼亚籍员工因为尚未接受过工业化洗礼，在多数样本中资企业中留下工作态度散漫、责任心不强的印象。所以在样本中资企业中，雇佣肯尼亚籍管理人员和技术人员的比例很低，大多为中国派驻，这不仅会增加企业劳动力成本，在一定程度上还会阻碍企业本地化进程，影响企业自身的发展。此外，语言、文化等方面的差异，也会给企业用工带来不便和意想不到的压力。因此，员工的招聘问题，以及对员工进行培训、提高员工综合能力是肯尼亚中资企业雇佣行为的重要考量。

一 中资企业中国派驻肯尼亚高管情况

在肯尼亚中资企业的调查中，中国派到肯尼亚高管的平均派遣时间，由图5-1可知，未满一年的占2.22%，一年到三年的占55.56%，四到六年的占33.33%，六年以上的占8.89%。可见中国派到肯尼亚的高管中，近六成的人驻扎时间为一年到三年，时间较长，四到六年的不到四成。可见，派遣时间多数为一到三年，其次为四到六年，大多数企业外派高管人员相对稳定。由中国派到肯尼亚的高管熟悉中国企业文化，业务水平高，但在语言、沟通能力方面有额外要求，且熟悉当地文化方面需要时间。然而，由上述数据看，中国派到肯尼亚企业的高管由于外派工作的性质，一般派遣时间不长，大部分只有一年到三年。

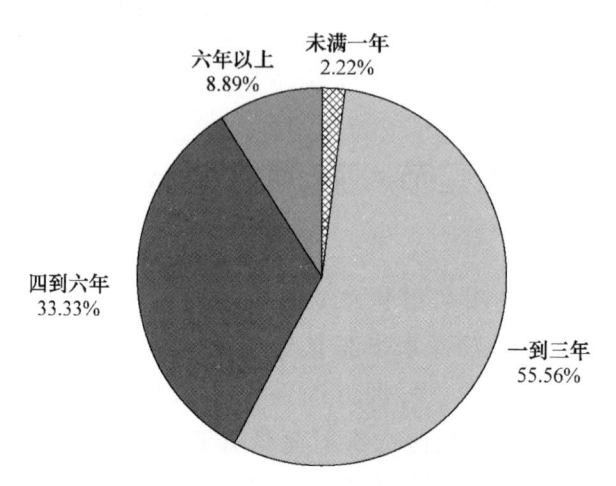

图 5-1　中国派到肯尼亚高管的平均派遣时间

在肯尼亚中资企业调查中，企业高管英语流利程度见表 5-10。按中资企业所属行业情况统计，工业企业高管英语非常流利的占 14.29%，流利的占 23.81%，可以交流的占 42.86%，会一点的占 19.05%，完全不会的没有，所有人都可以用英语交流；服务业企业高管英语非常流利的占 7.14%，流利的占 25.0%，可以交流的占 53.57%，会一点的占 14.29%，完全不会的没有。可见，服务业企业和工业企业高管英语流利程度差不多，服务业企业高管的英语更流利，这与服务业的行业性质有关，他们更需要直接的沟通和交流。

就企业所处位置而言，不在经开区的企业高管英语非常流利的占 11.11%，流利的占 26.67%，可以交流的占 53.33%，会一点的占 8.89%，完全不会的没有，大部分都流利；在经开区的企业高管英语非常流利、流利的、可以交流的占均比 0，会一点的占 100%，完全不会的没有；在其他地区的企业高管中，会一点的占 100%；经开区是肯尼亚政府为促进经济发展，划出的独立区域，享有许多优惠政策，只要企业满足条件，即可入驻，与其他地区交流沟通可以相对较少。

由以上数据，中国企业派驻的高管都至少具备一定的英语交流能力，这和国内英语教育水平的提高有关，此外在肯尼亚的中方派驻人员也存在年轻化的趋势，英语水平相对较好。因此，中企高管基本上不存在交流上的障碍，但能流利交流的比例也不高，外派人员的英语能力还有提升的必要。

表 5-10　　　　　　　　企业高管英语流利程度　　　　（单位：%）

分类	完全不会	会一点	可以交流	流利	非常流利
工业	0.00	19.05	42.86	23.81	14.29
服务业	0.00	14.29	53.57	25.00	7.14
不在经开区	0.00	8.89	53.33	26.67	11.11
肯尼亚经开区	0.00	100.00	0.00	0.00	0.00
其他	0.00	100.00	0.00	0.00	0.00

斯瓦希里语是肯尼亚最主要的民族语言，是肯尼亚民众最重要的沟通方式。由表 5-11 可知，工业企业高管斯瓦希里语非常流利的占 0，流利的占 0，可以交流的占 14.29%，会一点的为 52.38%，完全不会的占 33.33%；服务业企业高管斯瓦希里语非常流利的占 0，流利的占 3.57%，可以交流的占 7.14%，会一点的占 42.86%，完全不会的占 46.43%。可见，无论是工业还是服务业，企业高管的斯瓦希里语流利的十分稀少。近一半的高管会一点，且大多是在肯习得。

不在经开区的企业高管斯瓦希里语非常流利的为 0，流利的占 2.22%，可以交流的占 8.89%，会一点的占 51.11%，完全不会的占 37.78%；在经开区的企业高管斯瓦希里语非常流利的为 0，流利的也为 0，可以交流的占 100%，会一点的占 0，完全不会的占 0；其他区域的企业高管，对斯瓦希里语完全不会的占 100%。

由以上数据，不在经济开发区企业、在经开区企业、工业企业和服务业企业几个维度考察中，高管斯瓦希里语达到可以交流程度以上的比例总值都在10%左右。相对来说，英语为主流官方语言，所以中资企业高管的斯瓦希里语掌握情况几乎都是只会一点。只要懂英语，虽不懂斯瓦希里语也不影响交流。可见，中企大多数高管都没有学习斯瓦希里语，只有服务业中有部分高管学习过斯瓦希里语。主要原因是在肯尼亚英语的普及程度高，没有学习斯瓦希里语的必要性，而中国国内斯瓦希里语教学发展程度与中肯关系发展情况也有差距。但是，如果能够学习一些当地语言，也有利于企业高管与当地员工的交流，拉近和员工的距离。

表 5-11　　　　　　　　企业高管斯瓦希里语流利程度　　　　　（单位：%）

分类	完全不会	会一点	可以交流	流利	非常流利
工业	33.33	52.38	14.29	0.00	0.00
服务业	46.43	42.86	7.14	3.57	0.00
不在经开区	37.78	51.11	8.89	2.22	0.00
肯尼亚经开区	0.00	0.00	100.00	0.00	0.00
其他	100.00	0.00	0.00	0.00	0.00

二　中资企业的肯尼亚员工培训情况

在肯尼亚中资企业调查中，企业对当地员工培训的规模与次数见表 5-12。企业 2018 年对肯尼亚员工培训人数均值约为 244.29 人，各企业差别很大，标准差高达 823.59，最大值为 5000 人，最小值为 2 人。2018 年培训次数均值为 8.26 次，最大值为 36 次，最小值为 1 次。2018 年中资企业肯尼亚员工培训人数和次数都较多。其中，工业企业员工培训次数均值为 7.11，服务业企业员工培训次数均值为 9.22，高于工业企业，但培训次数标准差与工业企业相比，不相上下。按是否在经济开发区划分，不在任何经济开发区的企业员工培训次数均值为 8.72，其他地区的企业员工培训次数均值为 5，经济开发区则没有。无自身工会的企业员工培训次数均值为 8.87，是有自身工会的企业员工培训次数均值的 3 倍还多，标准差是 5 倍多。可见，没有自身工会的企业员工培训次数变化比较大。

表 5-12　　　　　　　　2018 年企业培训人员规模与次数

分类	均值	标准差	最大值	最小值
培训的肯尼亚员工人数	244.29	823.59	5000	2
培训的次数	8.26	8.76	36	1
工业企业员工培训次数	7.11	8.60	30	1
服务业企业员工培训次数	9.22	8.96	36	1
不在任何经济开发区的企业员工培训次数	8.72	8.91	36	1
本国经济开发区的企业员工培训次数	无	无	无	无
其他企业员工培训次数	5.00	0.00	5	5
有自身工会的企业员工培训次数	2.50	1.73	5	1
没有自身工会的企业员工培训次数	8.87	8.99	36	1

总体上看，中企培训当地员工的人数较多，培训次数也较多。这主要有两个方面的原因，一方面是肯尼亚职业教育发展程度较低，企业必须要通过培训使当地员工掌握工作技能；另一方面和肯尼亚当地员工的流动性大有关，因此企业需要多次进行员工培训。

在肯尼亚中资企业调查中，关于企业对员工培训的类型，由表 5-13 可知，肯尼亚中资企业对员工培训的类型有管理与领导能力、人际交往与沟通技能、写作能力、职业道德与责任心、计算机或一般 IT 使用技能、工作专用技能、英文读写、安全生产和其他能力等。

其中，工业企业，培训最多的是安全生产，占 68.42%，其次是工作专用技能，占 57.89%，再次是职业道德与责任心和人际交往与沟通技能，分别为 36.84% 和 31.58%；服务业企业培训最多的工作专用技能占 73.91%，其次是安全生产占 56.52%，再次是人际交往与沟通技能占 52.17%。工业生产最重要的是安全，工业企业非常重视这一点，把它放在首位来培训。工业企业和服务业企业对工作专用技能、安全生产、人际交往与沟通技能都较重视；对于不在经济开发区的企业，培训最多的是工作专用技能占71.79%，其次是安全生产占64.10%，再次是人际交往与沟通技能和职业道德与责任心，分别为41.03%和33.3%；对于在经济开发区的企业，培训最多的是安全生产，高达100%；就有无自身工会来说，有自身工会的企业，培训最多的是计算机或一般IT使用技能占50.03%，除英文能力之外，均占25.03%；没有自身工会的企业，培训最多的是工作专用技能为71.05%，其次是安全生产为65.79%，最后为人际交往与沟通技能和职业道德与责任心，分别为44.74%和36.84%。可见，几乎所有的中资企业都最重视安全生产的培训，其次为工作专用技能，管理与领导能力等其他能力。

表5-13　　　　　　　　企业对员工培训的类型　　　　　　　　（单位：%）

分类	管理与领导能力	人际交往与沟通技能	写作能力	职业道德与责任心	计算机或一般IT使用技能	工作专用技能	英文读写	安全生产	其他能力
工业	21.05	31.58	10.53	36.84	21.05	57.89	10.53	68.42	0.00
服务业	30.43	52.17	8.70	34.78	8.70	73.91	8.70	56.52	4.35
不在经开区	23.08	41.03	7.69	33.33	12.82	71.79	10.26	64.10	2.56
肯尼亚经开区	0.00	0.00	0.00	0.00	0.00	0.00	0.00	100.00	0.00
有自身工会	25.00	25.00	25.00	25.00	50.00	25.00	0.00	25.00	0.00
无自身工会	26.32	44.74	7.89	36.84	10.53	71.05	10.53	65.79	2.63

在肯尼亚中资企业的调查中，就企业没有正规培训的原因进行的调查，由图5-2可知，公司没有正规培训，最主要的原因是不需要，有42.85%的企业持此观点。其次认为是缺乏企业工作相关的培训项目、不知道、培训质量较低和对培训没有概念，均有14.29%的企业持此观点。

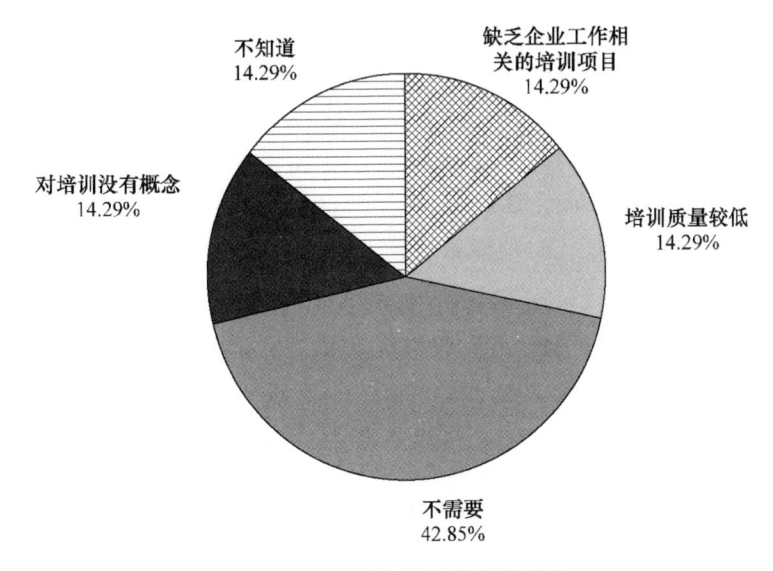

图 5-2 公司没有正规培训的原因

（饼图数据：不知道 14.29%；缺乏企业工作相关的培训项目 14.29%；培训质量较低 14.29%；不需要 42.85%；对培训没有概念 14.29%）

三 2018 年中资企业招聘遇到的问题

在肯尼亚中资企业的调查中，关于肯尼亚中资企业在 2018 年招聘中遇到的问题见表 5-14。

从行业划分的角度观察，工业企业方面，最大的招聘问题是缺乏所需的技能，该项的企业占比为 66.67%，其次是期望薪酬过高，占比为 38.10%，再次是对工作条件不满和交流困难，占比均为 19.05%，不存在求职者过少的情况；就服务业来说，有 67.86% 的企业认为应聘者缺乏所需的技能，其次是期望薪酬过高和交流困难，占比分别为 39.29% 和 17.86%。可见，无论是工业企业还是服务业企业，都认为招聘过程中遇到最大的问题是缺乏所需的技能，可见肯尼亚满足企业需要的人才较缺乏。

从区位来讲，位于肯尼亚经开区的企业都不存在上述情况，对不在肯尼亚经济开发区的企业来说，招聘过程中遇到的问题仍是缺乏所需的技能、期望薪酬过高和交流困难。

就是否有自身工会的企业来说，招聘过程中遇到的问题依然是缺乏所需技能、期望薪酬过高和交流困难。

表 5-14　　2018 年企业招聘遇到的问题类型　　（单位：%）

分类	求职者过少	缺乏所需技能	期望薪酬过高	对工作条件不满	交流困难
工业	0.00	66.67	38.10	19.05	19.05
服务业	7.14	67.86	39.29	10.71	17.86
不在经开区	2.22	71.11	40.00	11.11	17.78
肯尼亚经开区	0.00	0.00	0.00	0.00	0.00
其他	100.00	100.00	100.00	100.00	100.00
有自身工会	0.00	40.00	40.00	60.00	40.00
无自身工会	4.55	70.45	38.64	9.09	15.91

总体而言，缺乏所需技能是中资企业在肯尼亚招聘过程中遇到的主要问题，这与肯尼亚国情有关。人才匮乏，包括交流困难也与国家的教育情况有关，国家的教育结构和水平有待调整和提高。期望薪酬过高这个问题是企业招聘过程中普遍遇到的问题，所有企业都会遇到类似的问题。招聘过程中较少遇到求职者过少和对工作条件不满的情况，可见求职人数不少，只是满足条件的少。

四　中资企业高管对员工综合能力的态度

在肯尼亚中资企业调查中，有关企业主对本地员工语言沟通能力的重视程度调查，问卷内容为："你认为员工以下几方面的能力重要吗"，选项分别为"最不重要""不太重要""重要""很重要""最重要"。由图 5-3 可知，企业主认为中文听说能力最不重要的占 61.22%，认为重要的仅占 8.16%；认为英文听说能力最重要的占 67.35%，很重要的占 16.30%，重要的占 12.24%，可见，近七成的企业主认为英文听说能力重要；就沟通能力来说，超过九成的企业主认为重要，最重要的占比为 61.22%，很重要的占 24.49%，重要的占 12.24%。可见，相对于中文听说能力的高要求，英文听说能力更受重视。另外，几乎所有的企业主都强调语言沟通能力，因而在企业培训时也比较注重沟通能力的培训。

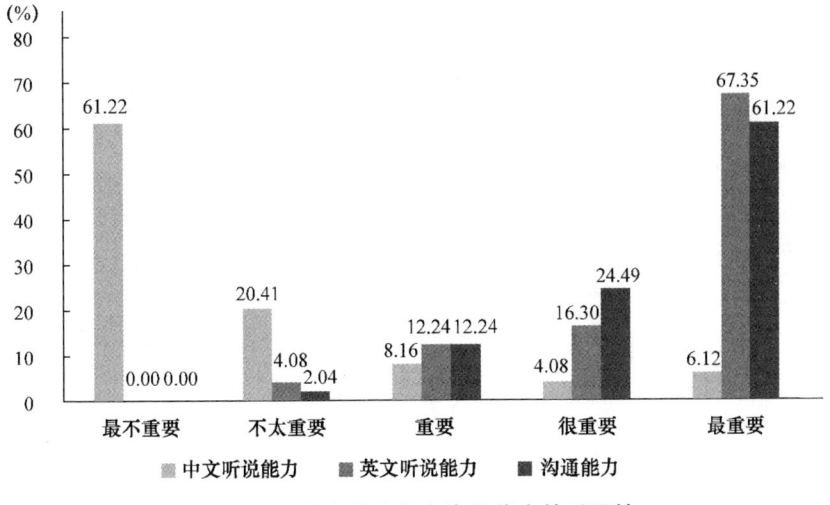

第五章　肯尼亚中资企业雇佣行为与劳动风险分析　/　139

图 5-3　企业主认为语言沟通能力的重要性

	最不重要	不太重要	重要	很重要	最重要
中文听说能力	61.22	20.41	8.16	4.08	6.12
英文听说能力	0.00	4.08	12.24	16.30	67.35
沟通能力	0.00	2.04	12.24	24.49	61.22

在调查中，由图 5-4 可知，企业主认为员工的时间管理能力、问题解决能力、独立工作能力、团队合作和相关技能都重要。其中，与工作相关的技能最受重视，其余依次为问题解决、独立工作、时间管理和团队合作，这与企业的类型有较大关系。

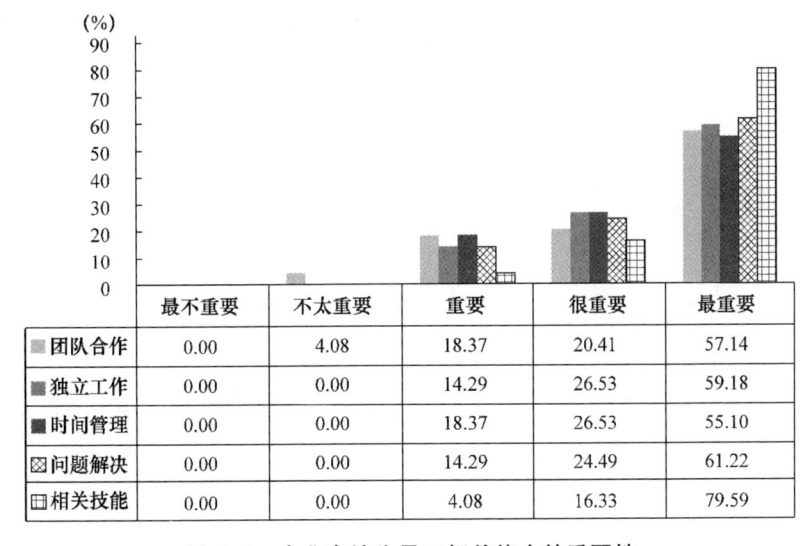

	最不重要	不太重要	重要	很重要	最重要
团队合作	0.00	4.08	18.37	20.41	57.14
独立工作	0.00	0.00	14.29	26.53	59.18
时间管理	0.00	0.00	18.37	26.53	55.10
问题解决	0.00	0.00	14.29	24.49	61.22
相关技能	0.00	0.00	4.08	16.33	79.59

图 5-4　企业主认为员工相关能力的重要性

第三节　劳资纠纷及处理效果分析

随着中国企业"走出去"战略的深入发展，及越来越多企业赴肯尼亚投资，中资企业在肯尼亚与当地员工因劳动合同、工资福利待遇以及环境和资源保护力度不足等问题引发的纠纷时有发生。为深入了解中资企业在肯尼亚与本地员工发生纠纷及纠纷处理情况，本小节就产生劳动争议的整体情况、原因和解决途径进行分析考察。

一　中资企业劳动争议情况

在肯尼亚中资企业劳动争议的时间持续度调查中，由图 5-5 可知，中资企业与本地员工产生最长劳动争议持续时间为 0 天的占 64.58%，大多数企业能在纠纷产生当天解决争议。劳动争议持续 1 至 7 天的占 31.25%，即近三成纠纷也能在短期内解决，不至于产生不良后果。劳动争议持续 7 天以上的较少，占比为 4.17%。劳动争议不可能杜绝，但能否顺利解决，会影响企业的生产经营、社会声誉，乃至国家形象。

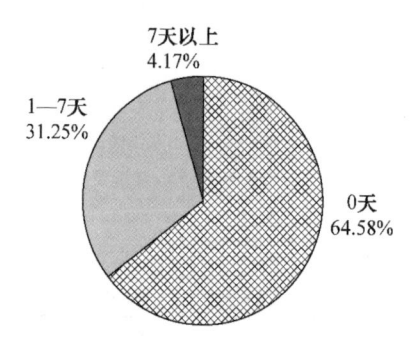

图 5-5　最长劳动争议的持续时间

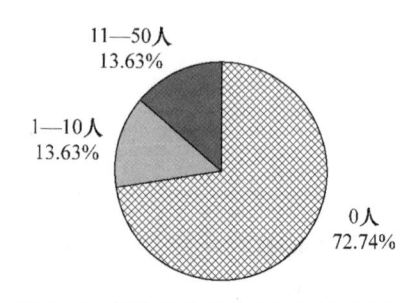

图 5-6　影响最大的劳动争议涉及人数

据肯尼亚中资企业调查数据，影响最大的企业劳动争议涉及的人数情况可见图5-6。其中，涉及0人的为72.74%，1至10人的占13.63%，11至50人的也占13.63%。也就是说，超过七成的中资企业没有发生过劳动争议，涉及争议人数不足10人和超过10人的劳动争议各占到一成多。可见，肯尼亚中资企业与肯当地员工发生劳动争议的事件相对较少，但还是存在参与人员众多的较大劳动纠纷事件。

二 中资企业劳动争议产生的原因

在肯尼亚中资企业调查中，涉及企业产生劳动争议的原因如表5-15所示。

从中资企业所属行业类型看，不管是工业企业还是服务业企业，劳动争议中工资纠纷争议占比较高，分别为88.89%和87.50%，其他原因也有但发生比例很小。相较而言，工业企业的工资纠纷略低于服务业，工业企业基本不存在劳动合同纠纷。

从有无女性高管的企业对比来看，有女性高管的企业工资纠纷较多，无女性高管的企业社会保障纠纷和因雇佣外籍员工引发冲突的情况较多。此外，有女性高管的企业存在部分因不满现有安全生产条件产生劳动争议的情况，无女性高管的企业则不存在。由于有女性高管的企业相对较少，该组数据结论有较大或然性。

从所处经济区域情况看，不在经济开发区的企业中，其工资纠纷占比为九成多，并且存在社会保障纠纷、雇佣外国人引发冲突及安全生产纠纷，但几乎没有涉及劳动合同的纠纷。其他地区的纠纷则几乎都是雇佣外籍员工引发的纠纷，占比为100%。值得一提的是，在经济开发区的企业几乎不存在上述原因引发的纠纷，可见，经济开发区企业相对来说有法可依，经营规范，有较好的纠纷防御处理机制。

在有自身工会的企业中，其工资纠纷占比为75%，雇佣外籍员工引发的冲突，占比为25%。在无自身工会的企业中，工资纠纷为92.31%，另有少量社会保障纠纷、安全生产纠纷和因雇佣外籍员工引发冲突。对比而言，建立了自己工会的企业纠纷相对较少。

表 5-15　　　　　企业产生劳动争议的原因　　　　　（单位：%）

分类	工资纠纷	社会保障纠纷	劳动合同纠纷	雇佣外籍员工引发冲突	不满现有的安全生产条件	环境和资源保护力度不足	其他原因
工业	88.89	0.00	0.00	11.11	0.00	0.00	0.00
服务业	87.50	25.00	0.00	12.50	12.50	0.00	0.00
不在经开区	93.33	13.33	0.00	6.67	6.67	0.00	0.00
肯尼亚经开区	无	无	无	无	无	无	无
其他	0.00	0.00	0.00	100.00	0.00	0.00	0.00
有女性高管	90.91	9.09	0.00	9.09	9.09	0.00	0.00
无女性高管	83.33	16.67	0.00	16.67	0.00	0.00	0.00
有自身工会	75.00	0.00	0.00	25.00	0.00	0.00	0.00
无自身工会	92.31	15.38	0.00	7.69	7.69	0.00	0.00

总体来看，在肯中资企业劳动争议的原因主要涉及工资纠纷、社会保障纠纷、雇佣外籍员工引发的冲突，也存在安全生产争议，但不多。后者与绝大多数企业重视安全生产培训有关，绝大多数企业，尤其是工业企业安全生产基本是过关的。此外，几乎没有劳动合同纠纷、因环境和资源保护力度不足而产生的争议或其他纠纷，可见在肯中资企业重视劳动合同问题，重视在肯尼亚的环境和资源保护，这是值得充分肯定的。

三　中资企业近三年劳动争议解决途径

在肯尼亚中资企业的调查中，企业近三年发生劳动争议的解决途径主要包括：采取与行业工会谈判解决、当地警察协助解决、中国商会居中调停法律途径解决等。

据表 5-16，在工业企业中，通过行业工会谈判解决的争议中，解决了的占 77.78%，通过当地警察协助解决的争议中，解决了的占 33.33%，通过法律途径解决了的争议占 11.11%，通过其他途径解决了的争议占 22.22%，通过中国商会居中调停争议的占 0。在服务业企业中，通过法律途径解决了争议的占 55.56%，通过行业工会谈判解决的争议中，解决了的占 33.33%，通过当地警察协助解决的争议中，解决了的占 33.33%，通过其他途径解决了争议的占 22.22%；没有通过中国商会居中调停的争议。可见，工业行业倾向于通过行业工会谈判、当地警察协助解决争议；服务业企业倾向于通过行业工会谈判、当地警察协助和法律途径解决争议。中国商会主要协调企业整体性问题，对解决企业内部当地员工纠纷问题有指导意义，但在具体纠纷调解中没有相应职能，作用不明显。

由于经开区企业样本没有纠纷，主要看不在经开区和其他区域企业情况。不在经济开发区的企业中，通过行业工会谈判解决的争议，解决了的占 56.25%，通过当地警察协助解决的争议中，解决了的占 37.50%，通过法律途径，解决了争议的占 37.50%，通过其他途径解决了争议的占 18.75%，没有通过中国商会居中调停的争议；其他地区企业的劳动争议，基本是通过其他途径解决，占到 100%。可见，不在经济开发区的企业中，主要由行业工会谈判解决争议，其次是当地警察协助、法律途径和其他途径。

有女性高管的企业劳动争议，通过行业工会谈判得到解决的占 63.64%，通过当地警察协助得到解决的占 27.27%，通过法律途径解决了的占 27.27%，通过其他途径解决了的占 18.18%，没有通过中国商会居中调停解决的争议；没有女性高管的企业劳动争议，通过行业工会谈判得到解决的占 42.86%，通过当地警察协助得到解决的争议占 42.86%，通过法律途径得到解决的争议占 42.86%，通过其他途径得到解决的占 28.57%。没有通过中国商会居中调停解决的争议。有女性高管似乎在行业工会谈判中有一定积极意义。

在自身有工会的企业劳动争议中，通过行业工会谈判得到解决的占 100%，通过当地警察协助得到解决的占 25%，没有其他途径解决的数据；在自身没有工会的企业劳动争议中，通过行业工会谈判得到解决的占42.86%，通过当地警察协助得到解决的占35.71%，通过法律途径解决的占42.86%，通过其他途径解决的占28.57%。没有通过中国商会居中调停解决的争议。可见，在有自身工会的企业中，工会谈判最见效。在没有自身工会的企业争议中，主要靠法律途径、工会谈判和当地警察协助解决。

表5-16　　　　　　　　　　企业近三年劳动争议解决途径

分类	与行业工会谈判解决		当地警察协助解决		中国商会居中调停		法律途径		其他途径	
	是	否	是	否	是	否	是	否	是	否
工业	77.78	22.22	33.33	66.67	0.00	100.00	11.11	88.89	22.22	77.78
服务业	33.33	66.67	33.33	66.67	0.00	100.00	55.56	44.44	22.22	77.78
不在经开区	56.25	43.75	37.50	62.50	0.00	100.00	37.50	62.50	18.75	81.25
其他	0.00	100.00	0.00	100.00	0.00	100.00	0.00	100.00	100.00	0.00
有女性高管	63.64	36.36	27.27	72.73	0.00	100.00	27.27	72.73	18.18	81.82
无女性高管	42.86	57.14	42.86	57.14	0.00	100.00	42.86	57.14	28.57	71.43
有自身工会	100.00	0.00	25.00	75.00	0.00	100.00	0.00	100.00	0.00	100.00
无自身工会	42.86	57.14	35.71	64.29	0.00	100.00	42.86	57.14	28.57	71.43

第六章

肯尼亚中资企业本地化经营与企业国际形象分析

本章将从在肯尼亚中资企业的本地化经营程度、中资企业对肯尼亚社会责任的履行情况、企业在肯尼亚的形象和认知度以及企业在肯尼亚的公共外交情况进行调查分析，以期得出在肯中资企业本地化经营的概况，进而全面了解在肯中资企业的国际形象。

第一节 本地化经营情况

一 中资企业的供销情况

如表6-1至表6-3所示，本次调查统计反映了各受访企业更换原材料供应商和产品经销商的一些基本情况。表6-1显示的是受访企业中表示更换过肯尼亚供应商的企业有17家，所有企业总计更换了90家，平均每个企业更换5.29家左右，最多的更换30家肯尼亚供应商。在更换肯尼亚经销商情况方面，有5家受访企业表示更换过，共更换过30家，平均更换6家左右，最多的企业更换了10家经销商。总体看来，受访中资企业更换供应商的情况更多一些，更换频率也更大。肯尼亚中资企业更换供应商的标准差和最大值大于更换经销商的水平，也说明更换供应商的中资企业内部差异较大。

表 6-1　　　　　　　肯尼亚供应商、经销商更换数量　　　　（单位：个）

分类	更换过的企业	更换数量	平均值	标准差	最大值	最小值
供应商	17	90	5.29	7.69	30	1
经销商	5	30	6.00	2.24	10	5

通常来说，供应商来自世界各地，包括中国本土，而经销商中肯尼亚当地企业或者中肯合资企业比较多。中国企业和经销商的关系明显比供应商稳定，说明中国企业和肯尼亚当地企业之间能够维持良好关系。

受访中资企业均表示除肯尼亚本土的供应商和经销商之外，他们也与其他国家的供应商和经销商有着广泛的合作。如表 6-2 所示，受访企业表示其另外的供应商来自除肯尼亚以外的 66 个国家，平均每个企业有 1.94 个不同国别的供应商，最多有 10 个国家的供应商。另外，受访企业的经销商总计来自 38 个不同国家，平均每个企业有来自 5.43 个不同国家的经销商，最多的达到 30 个国家。受访企业非肯尼亚供应商的数量差异并不大，标准差相差也较小，但个别企业有特别多的不同国家的供应商。就经销商来说，标准差较大，说明肯尼亚中资企业拥有的经销商数量个体差异较大。由此判断在受访的中资企业中，总体看来其生产和销售均较为全球化。

表 6-2　　　　　　　非肯尼亚供应商、经销商来源国　　　　（单位：个）

分类	来源国的国别数量	均值	标准差	最大值	最小值
供应商	66	1.94	1.91	10	1
经销商	38	5.43	10.85	30	1

另可见，中国企业在肯尼亚生产经营的来源国中包含其他国家的企业，但是其他国家的供应商明显少于经销商，可见中国企业具有明

显的销售国际化程度高于生产国际化程度的特征。

表6-3所示为受访中资企业的中国供应商和经销商情况，中国的供应商远多于中国经销商，企业合作的中国供应商高达544家，平均每个企业有中国供应商16.48家左右，经销商仅有48家，平均每个企业仅6.86家左右。调查显示，绝大部分的肯尼亚中资企业与国内原材料供应商合作紧密，相关合作成本较低，进货渠道便捷。中国供应商的标准差较大，说明肯尼亚当地中资企业与中国供应商合作的个体差异较大。中资企业合作的中国经销商较少，说明这些企业产品主要针对当地市场，因而与当地的经销商合作会比较多。

表6-3　　　　　　　　　中国的供应商、经销商数量

分类	中国的供应商、经销商数量	均值	标准差	最大值	最小值
供应商	544	16.48	24.99	99	1
经销商	48	6.86	7.63	20	1

而中资企业与中国国内供应商和经销商的关联都明显高于其他国家的情况，说明中国企业主要是利用国内的生产能力和销售体系，这一方面表明在外投资的中企基本上是利用国内已经存在的产业链，另一方面也反映出中国企业的国际化程度不足。

二　中资企业与合作方的纠纷

在肯尼亚中资企业的本地化过程和生产经营中，不可避免地会与合作方产生相关纠纷，所以调查中也统计分析了在肯尼亚中资企业发生经济纠纷的相关情况，如表6-4至表6-6所示。表6-4呈现的是处在不同类型城市中的中资企业发生经济纠纷的基本情况。总的来说经济纠纷的发生率都比较低，在肯尼亚的一般商业城市，没有与供应商或经销商发生经济纠纷的案例。在首都内罗毕，则有部分企业与其供应商发生纠纷的案例，但占比小于一成，约8.33%。

可见，中国企业与当地供应商和经销商之间的关系基本良好，大多数情况下没有发生纠纷，有利于中国企业当地的形象提升。

表 6-4　　　　　　　　　城市类型与经济纠纷情况　　　　　　　（单位：%）

分类	与供应商经济纠纷		与经销商经济纠纷	
	是	否	是	否
首都城市	8.33	91.67	0.00	100.00
商业城市	0.00	100.00	0.00	100.00

调查还从不同维度上统计了各类企业发生和解决经济纠纷的基本情况，如表 6-5 以及表 6-6 所示。表 6-5 呈现的是有女性高管的企业和没有女性高管的企业在发生和解决经济纠纷时的不同情况。在有女性高管的企业中，与供应商发生经济纠纷的企业占比 4.17%，都是因为商业合同引发的纠纷，没有与经销商发生经济纠纷案例。而在没有女性高管的企业中，与供应商发生经济纠纷的企业占比 13.33%，也没有与经销商发生过经济纠纷。总体来看，虽然经济纠纷的发生概率低，但受访企业还是存在与供应商发生经济纠纷的情况，在无女性高管的企业发生的概率较高。

表 6-5　　　　　　　企业高管性别与经济纠纷解决及其途径　　　　　　（单位：%）

分类	与供应商经济纠纷				与经销商经济纠纷			
	是	否	途径		是	否	途径	
			公司负责	按商业合同			公司负责	按商业合同
有女性高管	4.17	95.83	0.00	100.00	0.00	100.00	无	无
无女性高管	13.33	86.67	无	无	0.00	100.00	无	无

表 6-6 所示为有自身工会的企业和没有自身工会的企业发生和解决经济纠纷的情况差异。无自身工会的企业要比有自身工会的企业与

供应商发生的纠纷稍多一些，无自身工会的企业与供应商发生经济纠纷的占比为26.09%，有自身工会的企业与供应商发生经济纠纷的占比为25.00%。无论有无自身工会，企业均没有与经销商发生经济纠纷的情况。总体看来，无自身工会的企业更容易与供应商和经销商产生经济纠纷。推测可能是无自身工会的企业管理层与工人以及同行业领导交流较少，信息闭塞，决策较为武断，因而易发生经济纠纷现象。

表6-6　　　　企业工会、全国工会与经济纠纷解决及其途径　　　（单位：%）

分类	与供应商经济纠纷				与经销商经济纠纷			
	是	否	途径		是	否	途径	
			公司负责	按商业合同			公司负责	按商业合同
有自身工会	25.00	75.00	50.00	50.00	0.00	100.00	无	无
无自身工会	26.09	73.91	50.00	50.00	0.00	100.00	无	无

三　中资企业供销本地化情况

调查还从另一个角度统计了平均每家受访企业合作的肯尼亚与非肯尼亚供应商和经销商数量情况，如表6-7所示，反映中资企业供销商的本地化程度。结果显示，受访企业平均拥有10.02家肯尼亚供应商、17.12家非肯尼亚供应商，以及近17.75家肯尼亚销售商和4.65家左右非肯尼亚经销商。总的来说，无论是供应商，还是经销商，肯尼亚中资企业的本地化程度都很高，尤其就经销商而言，肯尼亚本地企业的平均数约为非肯尼亚企业的3.2倍。就供应商来说，非肯尼亚供应商多于肯尼亚供应商，应考虑肯尼亚制造业相对落后，大多原材料需从其他国家进口所致。但肯尼亚本地的经销商标准差均远高于非肯尼亚经销商，说明肯尼亚经销商本地化程度较高，但中资企业选择的经销商数量差异较大，两极分化较严重。

表 6-7　　　　　　　　　中资企业供销商本地化程度

		数量均值	标准差	最大值	最小值
肯尼亚	供应商	10.02	16.68	99	0
	销售商	17.75	31.50	99	0
非肯尼亚	供应商	17.12	25.71	99	0
	销售商	4.65	9.94	40	0

调查进一步统计了肯尼亚中资企业与肯尼亚本地供应商和非肯尼亚供应商的合作情况，如图6-1所示。有32.65%的企业没有肯尼亚本地供应商，有28.58%的企业没有非肯尼亚供应商。有四成左右企业有1—10家肯尼亚供应商，有32.65%的企业有1—10家非肯尼亚供应商。有18.37%的企业有11—20家肯尼亚供应商，有16.32%的企业有11—20家非肯尼亚供应商。有2.04%的企业有21—30家肯尼亚供应商，有6.13%的企业有21—30家非肯尼亚供应商。有16.32%的企业有30家以上非肯尼亚供应商，有6.13%的企业有30家以上肯尼亚供应商。综合看来，有三成左右的企业既没有肯尼亚供应商也没有非肯尼亚供应商。大多数企业的肯尼亚供应商和非肯尼亚供应商在10家以内，有21—30家的肯尼亚或非肯尼亚供应商的企业最少，超过30家供应商的企业，非肯尼亚供应商较肯尼亚供应商更多。由此可见，中资企业供销商本地化程度比较低，这与肯较低的工业化水平有密切联系。

图6-2呈现的是与中资企业合作的经销商的国别分布情况。在与肯尼亚经销商的合作方面，有45%的受访企业表示没有合作的肯尼亚经销商，有65%的企业表示没有非肯尼亚的经销商。有十家以内肯尼亚经销商的中资企业仅有25%，合作十家以内非肯尼亚经销商的企业有20%。有11—20家肯尼亚经销商的中资企业仅有5%，11—20家非肯尼亚经销商的企业有10%。有21—30家肯尼亚经销商的中资企业有10%，而有21—30家非肯尼亚经销商的企业一家都没有。有30家以上肯尼亚经销商的中资企业有15%，而有30家以上非肯尼亚经

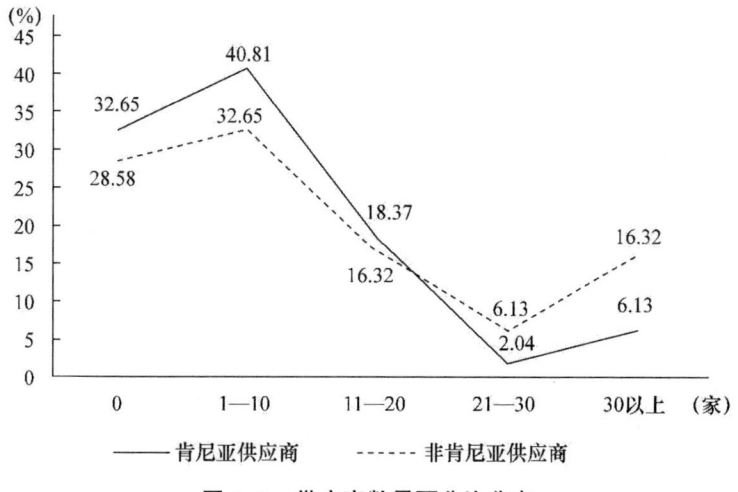

```
(%)
45
40          40.81
35  32.65       32.65
30       28.58
25
20              18.37
15                   16.32        16.32
10              16.32
 5                        6.13   6.13
 0                        2.04
    0   1—10  11—20  21—30  30以上 (家)
    —— 肯尼亚供应商    ---- 非肯尼亚供应商
```

图 6-1　供应商数量百分比分布

销商的企业只有 5%。综合以上情况，有接近一半的企业没有肯尼亚经销商，超过 60% 的企业没有非肯尼亚经销商。除此之外，多数企业的肯尼亚经销商和非肯尼亚经销商在 10 家以内，有 21—30 家的肯尼亚或非肯尼亚经销商的企业最少，超过 30 家经销商的企业，肯尼亚经销商较非肯尼亚经销商更多。总的说来，从企业产品的销售来看，本地化程度有待提升。

图 6-3 呈现的是中资企业与肯尼亚供应商及经销商合作开始时间的分布情况。2000—2005 年，中资企业与肯供应商进行的合作相对较少，仅有约 10%，2006—2010 年开始，合作的肯供应商开始增多，较前一个时间段翻了一番。肯尼亚中资企业与肯供应商合作的巅峰在 2011—2015 年，合作的供应商数量是前一个时间段的两倍，占比达到 37.51%。2016 年以来，合作的供应商开始减少，回落到 31.25%。与经销商的合作时间与供应商一样，在同一时间段达到峰值——有 45.46% 的企业是在 2011—2015 年间与肯尼亚经销商开始合作的，其次是在 2000—2005 年以及 2016 年以来合作得最多，合作最少的时间段在 2006—2010 年间，仅有 9.09%。据此推测，2011—2015 年之间有大批中资企业进驻肯尼亚，因而与供应商以及经销商的合作都出现了峰值。

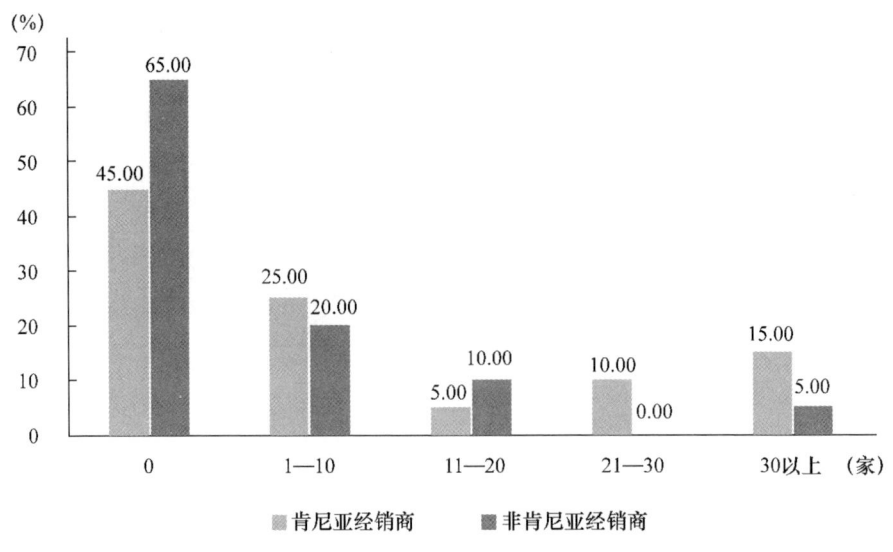

图6-2 肯尼亚及非肯尼亚销售商数量的百分比

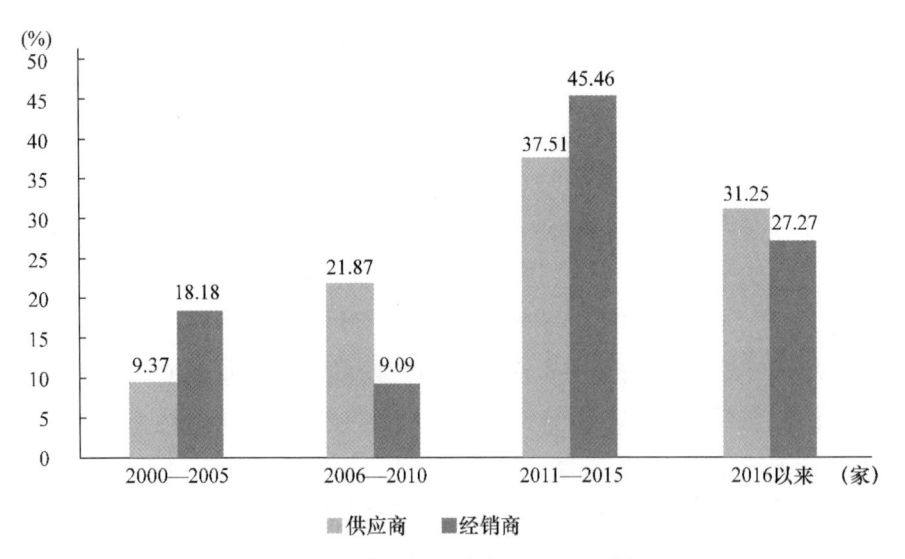

图6-3 肯尼亚供销商合作开始时间

可见，中国企业与肯尼亚当地供应商和经销商的合作总体呈现出上升趋势。一方面，中国企业在肯尼亚投资的规模越来越大，和肯尼亚当地供应商和经销商的合作不断增多。另一方面，虽然产业基础薄弱，但随着肯尼亚经济的发展，本地的生产企业和销售企业也在不断发展，从而增加了与中国企业合作的基础。可以预见，中国企业和肯尼亚企业之间的合作仍将不断增加。

图6-4呈现的是企业的固定资产来源国及其分布情况，除28.57%的企业没有新增设备之外，只有4.08%的企业表示其主要设备和其他固定资产来自中国和肯尼亚两个国家，另有26.53%的企业设备来自中国和非肯尼亚国家，有4.08%的企业，其设备同时来自中国、肯尼亚和非肯尼亚国家。只有2.04%的企业其设备只来自非肯尼亚国家。设备只来自中国的企业占比最高，达到了34.69%。结合图6-4可看出，在肯尼亚中资企业的固定资产主要来源于中国，此外，较多中资企业也使用非肯尼亚国家的机器设备，而只用非肯尼亚设备的企业数量极少。肯尼亚由于工业及制造业落后，很少有中企采购其机械设备，这在很大程度上影响了中企在肯尼亚的本地化程度。

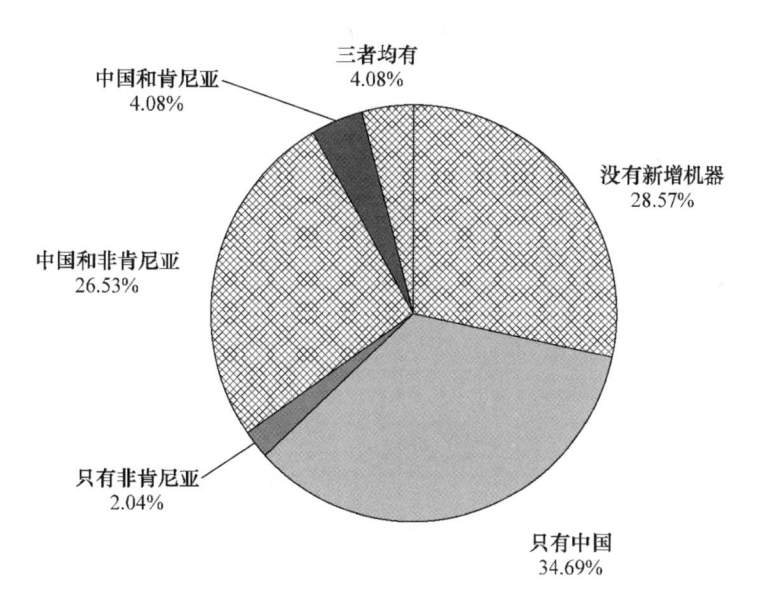

图6-4 企业固定资产来源国

四 中资企业肯尼亚员工情况

为完善企业本地化程度的分析,调查统计了各受访企业内肯尼亚员工的占比情况。如表6-8所示,受访企业中肯尼亚员工占总员工比例的均值为76.69%,占比极高。在中高层管理人员和技术人员中肯尼亚员工占比最低,均不到一成,分别为3.54%和4.79%。非生产类员工的占比约13.62%。而在一线员工和生产员工中肯尼亚员工占比则超过四成,达到46.55%。从受教育程度来看,受过中等教育的肯尼亚员工最多,占员工总数的34.52%,接受过大学本科及以上教育的员工其次,占比达18.37%,受过初等教育及以下的肯尼亚员工相对少,占比达14.45%。总体看来,受访企业大多都雇佣了相当数量的肯尼亚员工,占比近八成,就这一点来看,受访中资企业的本地化程度较高。当地员工的受教育水平相对较低,受过高等教育的本地员工占比不到一成,多数员工为一线工人,管理人员及技术人员数量较少。

表 6-8　　　　不同条件下的肯尼亚员工占总体的比例　　　　（单位：%）

分类	均值	标准差	最大值	最小值
肯尼亚员工占比	76.69	19.22	96.67	13.73
中高层管理员工中的肯尼亚员工占员工总人数的比例	3.54	7.40	40.00	0.00
技术人员和设计人员中的肯尼亚员工占员工总人数的比例	4.79	8.87	36.20	0.00
非生产员工中的肯尼亚员工占员工总人数的比例	13.62	21.86	88.57	0.00
一线员工或生产员工中的肯尼亚员工占员工总人数的比例	46.53	35.38	95.00	0.00
初等教育及以下的肯尼亚员工占员工总人数的比例	14.45	22.60	86.67	0.00
中等教育的肯尼亚员工占员工总人数的比例	34.52	30.71	99.58	0.00
大学本科及以上的肯尼亚员工占员工总人数的比例	18.37	23.57	93.33	0.00

第二节 社会责任履行情况

企业在创造利润、对股东和员工承担法律责任的同时，还要承担对消费者、社区和环境的责任，企业的社会责任是一种道德意识形态理论，主要讨论政府、股份有限公司、机构及个人贡献社会的责任，并以公益活动作为核心概念。本节主要从在肯中资企业的社会责任履行情况、员工的福利情况、社会责任的海外宣传三个方面观察其社会责任。

一 中资企业社会责任履行情况

图 6-5 所示的是受访中资企业对当地各项社会责任的履行概况。结果显示中资企业在肯尼亚履行其社会责任的首要方式是直接捐钱，公益慈善捐赠次之。此外，教育援助也占到了一定的比重，达 59.38%。另外也有一些受访企业表示会在当地进行一些基础设施及社会服务设施建设工作，或进行一些当地落后领域的项目培训，这几块领域占比分别达到了 31.25%、28.13%、28.13%。接下来水利设施建设及文体交流活动也有一定投入，占比分别达 25%、18.75%。相应来说，卫生援助、文体设施援助实施得较少，仅有 10% 左右。肯尼亚中资企业实施最少的项目是修建宗教设施，占比仅有 3.13%。总体看来，在肯尼亚中资企业履行其在肯尼亚的社会责任的主要方向更加侧重于直接捐款、公益慈善两方面，并积极开展教育援助、基础设施和社会服务设施等项目，修建宗教、文体设施等工程项目做得较少。

可见，在肯中国企业十分重视维护和当地社区和民众的关系，通过积极承担社会责任，提升企业在当地的形象，但如何更好地履行社会责任，具体形式还有进一步研究和提升的空间。

表 6-9 呈现的是不同类型企业为履行社会责任而采取相应措施的比较情况。首先，在企业有无参与制定国际标准这一维度下，没有参与制定国际标准的企业比参与制定国际标准的企业更加重视设置专门

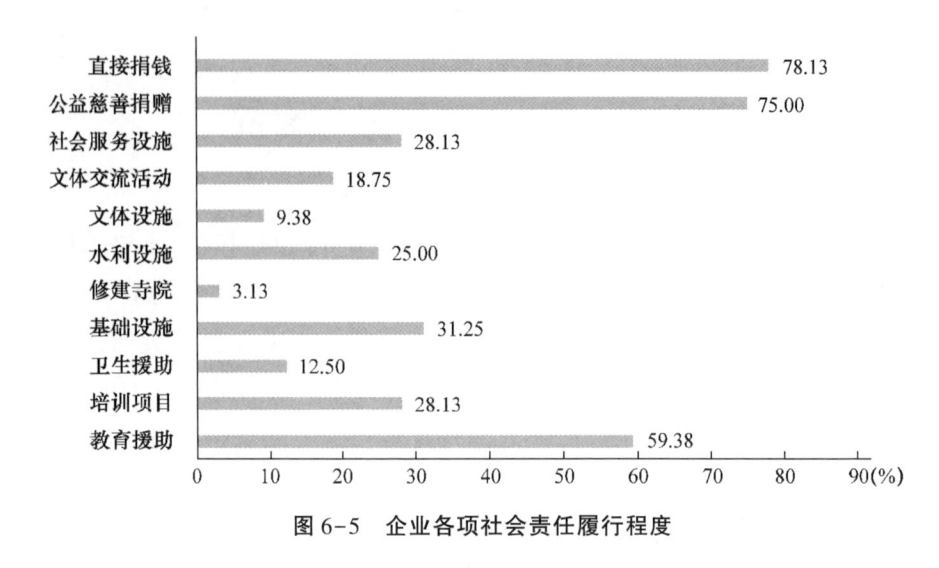

```
直接捐钱        78.13
公益慈善捐赠    75.00
社会服务设施    28.13
文体交流活动    18.75
文体设施        9.38
水利设施        25.00
修建寺院        3.13
基础设施        31.25
卫生援助        12.50
培训项目        28.13
教育援助        59.38
```

图 6-5 企业各项社会责任履行程度

社会责任办公室或主管，有43.75%没有参与国际标准制定的企业设立了与企业社会责任相应的办公室或主管，参与制定国际标准的企业只有40%。然而，参与了国际标准制定的企业有60%制定了社会责任和企业公益行为相关的规章制度，没有参与国际标准制定的企业相应的占比只有50%。在社会责任支出变化这一块，参与国际标准制定的企业社会责任支出增加的占比显著高于没有参与国际标准制定的企业。

就工业和服务业来看，工业企业在设置专门社会责任办公室或主管以及制定社会责任和企业公益行为相关的规章制度以及年度公益计划、企业社会责任支出增加这四块都显著高于服务业企业。工业企业相应的占比高达42.86%、52.38%、52.38%、72.73%，而服务业企业只有14.29%、14.29%、10.71%、33.33%。

在企业是否位于肯尼亚经济技术开发区这一维度下，在设置专门社会责任办公室或主管以及制定社会责任和企业公益行为相关的规章制度上，以及在企业年度公益计划和社会责任支出增加这一块，位于经开区的企业强于不在经开区的企业，在经开区的企业占比都是100%。但是，不在经开区的企业的占比只有22.22%、26.67%、

26.67%、66.67%。

最后，就有无自身工会这一维度而言，与前一个领域一样，有自身工会的企业在设置专门社会责任办公室或主管、制定社会责任和企业公益行为相关的规章制度以及年度公益计划、社会责任支出增加等四块都显著强于无自身工会企业。有自身工会的企业相应的占比除支出变化外，全部都为100%，而无自身工会的企业只有18.18%、22.73%、20.45%、66.67%。

就肯尼亚中资企业而言，无论从哪个维度来看，都履行了一定的企业社会责任，并且社会责任的支出都呈现持平或增长的趋势。在企业是否参与制定国际标准、有没有位于经济开发区、有无自身工会，是服务业还是工业这几个维度下，没有参与国际标准制定、不位于经开区、无自身工会以及服务业企业在这几个指标的占比都低于参与国际标准制定、在经开区、有自身工会的企业及工业企业。据推测，上述指标较低的企业可能进驻肯尼亚较晚，没有工会、没有制定国际标准也没有进驻工业园区，所以相应的企业社会责任制度体系还不完善，但为了追赶同行业领先者，因而企业社会责任支出也有明显上升趋势，而同行业领先者企业社会责任制度体系已比较完善，每年的企业社会责任支出增加值都很稳定。

表6-9　　　　　　　　企业社会责任履行程度　　　　　　（单位：%）

分类	设置专门社会责任办公室或相应主管		建立了社会责任、企业公益行为准则的规章制度		是否在公司年度计划中制订年度公益计划		2015—2018年企业社会责任支出变化	
	是	否	是	否	是	否	不变	增加
参与国际标准制定	40.00	60.00	60.00	40.00	60.00	40.00	0.00	100.00
没有国际标准制定	43.75	56.25	50.00	50.00	50.00	50.00	37.50	62.50
工业	42.86	57.14	52.38	47.62	52.38	47.62	27.27	72.73
服务业	14.29	85.71	14.29	85.71	10.71	89.29	66.67	33.33

续表

分类	设置专门社会责任办公室或相应主管		建立了社会责任、企业公益行为准则的规章制度		是否在公司年度计划中制订年度公益计划		2015—2018年企业社会责任支出变化	
	是	否	是	否	是	否	不变	增加
不在经开区	22.22	77.78	26.67	73.33	26.67	73.33	33.33	66.67
经济开发区	100.00	0.00	100.00	0.00	100.00	0.00	0.00	100.00
其他	0.00	100.00	0.00	100.00	0.00	100.00	无	无
有自身工会	100.00	0.00	100.00	0.00	100.00	0.00	40.00	60.00
无自身工会	18.18	81.82	22.73	77.27	20.45	79.55	33.33	66.67

二 中资企业员工福利情况

调查中比较了不同企业对员工提供福利的情况，如表6-10所示。在企业有无参与国际标准制定这一维度下，参与国际标准制定的企业比没有参与国际标准制定的企业加班更多，有80%参与了国际标准制定的企业有加班现象，没有参与国际标准制定的企业只有75%。没有参与国际标准制定的企业有75%为员工提供午餐并设有餐厅，而参与国际标准制定的企业相应的占比只有60%。同时，有81.3%没有参与国际标准制定的企业为员工提供住宿，而参与国际标准制定的企业相应的占比只有40%。在是否有员工文体活动中心这一块，没有参与国际标准制定的企业有员工文体活动中心的占比依然高于参与国际标准制定的企业，多出10个百分点。

就工业和服务业来看，工业企业在加班、为员工提供午餐并设有食堂、为员工提供住宿、有员工文体活动中心这几块都显著领先于服务业企业。工业企业相应的占比高达76.19%、71.43%、71.43%、47.62%，而服务业企业只有71.43%、42.86%、28.57%、25%。

在企业是否位于肯尼亚经济技术开发区这一维度下，在加班这个指标下，位于经开区的企业多于不在经开区的企业，占比分别为100%和75.56%。为员工提供午餐并设有食堂这个领域，不在经开区企业为55.56%，在经开区的企业为0。在为员工提供住宿这一块，在经开区的企业要显著弱于不在经开区的企业,在经开区企业的占比为 0,远低于不在经开区企业的 48.89%。同样,在是否有员工文体活动中心这一块,不在经开区企业显著多于在经开区的企业,多出约 35.56%,在经开区的企业为 0。

最后,就有无自身工会这一维度而言,有自身工会的企业在加班、为员工提供午餐并设有食堂、为员工提供住宿、有员工文体活动中心这几个指标中都多于无自身工会企业。有自身工会的企业相应的占比高达 80%、80%、80%、60%,而无自身工会的企业只有 72.73%、52.27%、43.18%、31.82%。

表 6-10　　　　　　　　企业福利待遇比较　　　　　　　（单位:%)

分类	是否有加班		是否有员工食堂或午餐安排		是否提供员工宿舍		是否有员工文体活动中心	
	是	否	是	否	是	否	是	否
参与国际标准制定	80.00	20.00	60.00	40.00	40.00	60.00	40.00	60.00
没有参与国际标准制定	75.00	25.00	75.00	25.00	81.25	18.75	50.00	50.00
工业	76.19	23.81	71.43	28.57	71.43	28.57	47.62	52.38
服务业	71.43	28.57	42.86	57.14	28.57	71.43	25.00	75.00
不在经开区	75.56	24.44	55.56	44.44	48.89	51.11	35.56	64.44
经济开发区	100.00	0.00	0.00	100.00	0.00	100.00	0.00	100.00
其他	0.00	100.00	100.00	0.00	0.00	100.00	100.00	0.00
有自身工会	80.00	20.00	80.00	20.00	80.00	20.00	60.00	40.00
无自身工会	72.73	27.27	52.27	47.73	43.18	56.82	31.82	68.18

在肯尼亚的中资企业,无论从哪个维度来看,都为员工提供了一定的社会福利。在企业有没有位于经济开发区、有无自身工会,是服务业还是工业这几个维度下,服务业企业、无自身工会的企业在这几

个指标的占比都低于工业企业、有自身工会的企业。然而，在是否参与国际标准化制定这个维度，针对是否加班这一指标，参与国际标准化制定的企业加班比率高于没有参与国际标准化制定的企业，其他指标，参与国际标准化制定的企业均低于未参与国际标准化制定的企业。在企业是否位于经开区这一维度下，除加班外，不在经开区企业的几个指标均高于在经开区的企业。据推测，上述指标较低的企业可能进驻肯尼亚较晚，没有工会，所以相应的企业社会福利体系还不完善，因而相应员工福利指标都较同行业领先者低，同时，工业企业包含较多建筑企业及制造业企业，为追求经济效益，加班多于服务类企业属正常现象。

可见，中国企业对社会责任的履行程度日益提高，并且也逐渐地制度化和常态化，有不少企业建立专门负责社会关系维护的主管和专门部门，建立相关的规章制度，并且还纳入到年度计划。这反映了中国企业海外生产经营日益成熟，重视维护和当地的社会关系。但是也有一部分企业没有建立相应的机制，期望在未来有所改善。

与员工的聚餐情况也是反映企业文化和企业形象的重要因素之一，为全面探讨企业对肯尼亚当地社会责任的履行情况，着重调查分析了企业安排肯尼亚员工参与聚餐的情况，如表 6-11 所示，绝大多数企业都与肯尼亚员工聚餐过。与当地员工聚餐有助于更好地增加企业与员工之间的了解，员工会更增加对企业的认同感。数据显示，参与国际标准制定以及有自身工会的企业与肯尼亚员工聚餐的比率达到了 100%，而没有参与国际标准制定及无自身工会的企业比率只有 87.5% 和 84.09%。此外，服务业企业及不在肯尼亚开发区的企业与肯尼亚员工聚餐的比率也低于工业企业和在经济开发区的企业。据推测，工业企业多为建筑业和制造业，工人上班时间较长，与中方员工接触较多，有较多时间与中方聚餐。参与国际标准制定及有工会的企业，企业制度健全，公司文化较好，与肯尼亚员工聚餐频率较高。在经开区的企业及有工会的企业，平时与当地员工接触较多，聚餐的概率也更大。

大部分中国企业都存在加班情况，特别是开发区的企业100%存在加班的情况，可能会引起工会和员工的不满，因此中国企业需要处理好加班问题。提供食宿的中国企业也比较多，说明中国企业重视改善员工的福利。但是，文体活动方面中企虽也有一定的重视，但重视程度不如其他方面。

表6-11　　　　　　　企业与肯尼亚员工聚餐情况比较　　　　（单位：%）

分类	与肯尼亚员工聚餐	未与肯尼亚员工聚餐
参与国际标准制定	100.00	0.00
没有国际标准制定	87.50	12.50
工业	90.48	9.52
服务业	82.14	17.86
不在经开区	86.67	13.33
经济开发区	100.00	0.00
其他	100.00	0.00
有自身工会	100.00	0.00
无自身工会	84.09	15.91

三　中资企业社会责任的海外宣传

表6-12呈现了不同类型企业对于其履行社会责任情况进行海外宣传的比较。总体来看，没有参与国际化标准制定的企业会更加注重海外社会责任的宣传。就工业企业和服务业企业来说，工业企业更重视海外宣传，相较服务业企业，海外社会责任的宣传多出约16.93%。而在经开区的企业要远比不在经开区和其他地区的企业更加注重社会责任的海外宣传。从有无自身工会的企业社会责任的海外宣传情况比较来看，有自身工会的企业也要好于无自身工会的企业。

可见，中国企业虽然积极履行当地社会责任，但进行过海外宣传的比例不高，这方面中企还需要提高国际宣传意识，积极树立良好的国际形象。

表6-12　　　　　企业对社会责任进行过海外宣传比较　　　　（单位：%）

分类	对企业社会责任海外宣传过	对企业社会责任未海外宣传
参与国际标准制定	40.00	60.00
没有国际标准制定	43.75	56.25
工业	42.86	57.14
服务业	25.93	74.07
不在经开区	34.09	65.91
经济开发区	100.00	0.00
其他	0.00	100.00
有自身工会	60.00	40.00
无自身工会	30.23	69.77

在调查中还请受访中资企业对相关国家企业履行国际社会责任进行了评价，1分为最不为肯尼亚居民所接受，10分为肯尼亚居民最欢迎，如图6-6所示。得分最高的为在肯尼亚的中国企业，平均分为7.04分。其次为英国、日本、美国的企业，英国的分与中国极为接近，约7分，日本、美国得分分别为6.61分和6.3分。德国也得到了6.2分，与美国相差无几。接下来印度也有近6.2分。法国则有些差强人意，仅得到5.93分。评分最低的为在肯尼亚俄罗斯企业，平均得分为4.63分。这一评分反映出在肯尼亚中资企业在国际社会责任方面做得较好，由于对肯尼亚当地居民来说是外来企业，居民对企业的态度和评价很大程度上影响着企业在肯尼亚的生产运营，所以我国在肯尼亚中资企业在履行相关国际社会责任上受到的较好评价，能为自己在肯尼亚的顺利生产经营创造良好的环境条件。俄罗斯企业因为在肯尼亚极少，较少从事企业社会责任海外宣传，因而评分较低。

(分)

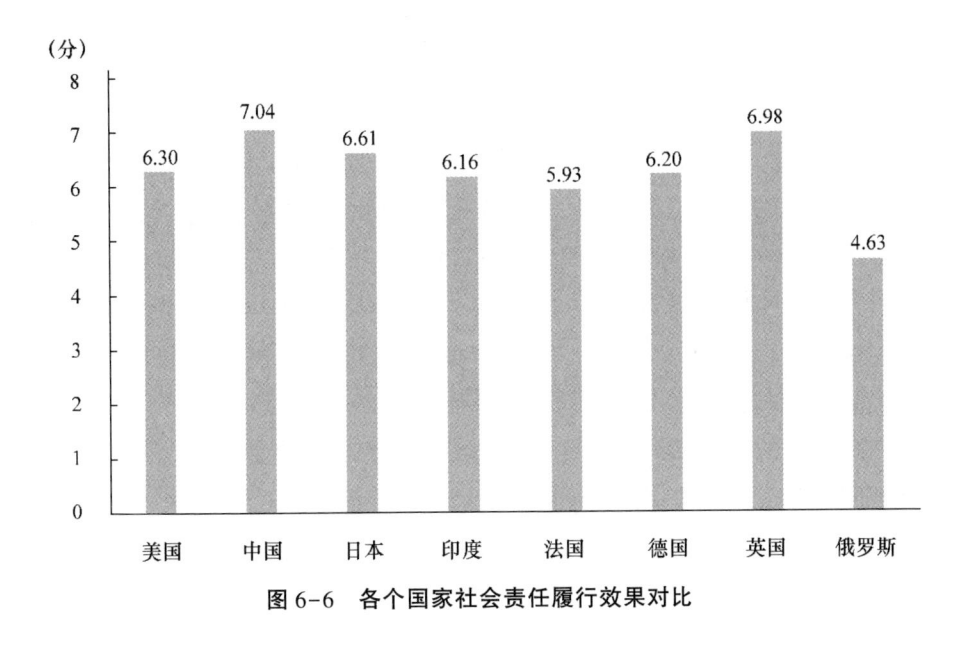

美国	中国	日本	印度	法国	德国	英国	俄罗斯
6.30	7.04	6.61	6.16	5.93	6.20	6.98	4.63

图 6-6　各个国家社会责任履行效果对比

可见，中国企业在肯尼亚履行社会责任的情况是受到当地居民认可的，得到的当地居民评价高于其他国家的企业。

第三节　形象传播及认可度分析

企业形象传播主要是指企业以外部公众作为传播对象，通过积极而主动的对外传播方式阐明企业的宗旨和目标形象，传达企业为实现公众价值所做出的努力。在企业形象传播中，产品/服务、广告、公关活动、CI 设计等是最常用的对外传播方式。

本节将从企业宣传手段、肯尼亚方面对企业产品的满意度以及对中资企业在肯尼亚投资的态度等三个方面分析调查在肯尼亚中资企业的形象及其在肯尼亚的认可度。

一 中资企业形象传播情况

本部分首先调查分析在肯尼亚中资企业主要选择的企业形象宣传手段，如图6-7所示，企业首要选择的还是肯尼亚本地媒体进行宣传，占比达到了53.06%，其次肯尼亚新媒体微信这一方式在肯尼亚中资企业也占有较大比重，占比达40.82%，这一方式侧重于用最流行的传媒方式来展示企业实力和产品质量并进行企业形象的塑造和宣传。另外，肯尼亚新媒体推特或脸书、肯尼亚华人媒体这两种宣传方式也是被频繁使用的宣传手段，占比都达到了38.78%。使用率最低的宣传手段为只做不说，占比18.37%。一方面，这可能由于中资企业对于微信等社交平台使用频繁，用其进行宣传内容的管理较为便捷。另一方面，脸书和推特在当地市场占有率很高，对其相关的宣传内容以及宣传方式都较为熟悉，所以在新媒体的宣传平台上中资企业也会较多选择推特或脸书这两个社交平台。但作为更正式、更传统的宣传方式，肯尼亚当地媒体仍是中资企业进行宣传的首要方式。

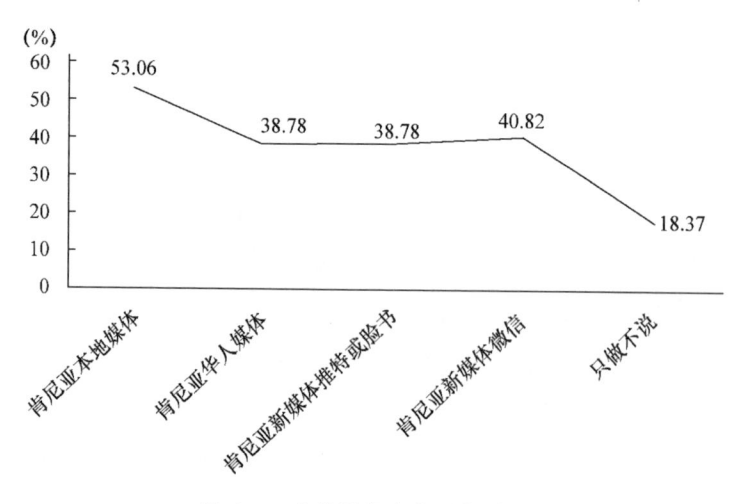

图6-7 企业形象宣传手段对比

调查进一步统计了受访企业使用和拥有社交账号的情况,如图6-8所示。有34.7%的企业表示没有相关的社交媒体公众账号,另有30.62%的企业表示其拥有账号的数量只有一个,有2—6个公众号的企业占比为28.57%,极少数企业拥有超过六个的社交账号。在大数据和信息化的时代,通过社交账号进行企业形象的塑造和宣传是高效且生动的宣传方式,在社交媒体网络平台上进行适当的形象宣传是十分必要的。

总体上看,中国企业形象宣传更多采用传统的当地媒体方式。随着肯尼亚当地移动通信的普及,中国企业也需要更加重视运用各种移动新媒体宣传,特别是推特和脸书等世界性媒体,有助于在世界范围内宣传自己提升中国企业的形象。

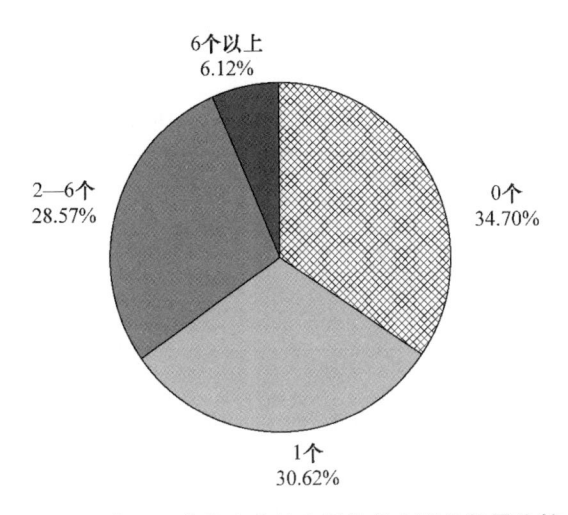

图6-8 肯尼亚中资企业社交媒体公众账号数量比较

二 中资企业在肯尼亚的认可度

调查还邀请了受访企业在调查中为其产品和服务在肯尼亚的认可度进行评分,在1—10分范围内,1分为最不认可,10分为最认可,评分结果如表6-13所示。注册超过五年的企业,平均为其产品和服务在肯尼亚的认可度评8分,注册低于五年的企业平均评分为7.1

分，企业注册时长对其产品认可度的影响并不大。另外，工业企业和服务业企业、在经开区和不在经开区的企业在平均评分上的差异也并不明显。稍微明显的数据差异发生在参与了国际标准制定的企业和没参与国际标准制定的企业之间，以及有自身工会和没有自身工会的企业之间。参与国际标准制定的企业为其产品在肯尼亚的认可度评分为9分，而没有参与国际标准制定的企业给出的评分为7.88分。有自身工会的企业给出的评分是8.4分，无自身工会企业给出的评分是7.52分。对于这一差异，可以推测参与国际标准制定的企业在产品质量上往往有着更为严苛和更高标准的要求，所以给出的评分较高。有工会的企业公司制度健全，工会工人与公司领导交流的机会更符合需要，产品可能会更符合需要，因而相较于无工会企业评分更高。

表6-13　　　　　中资企业产品在肯尼亚的认可度对比　　　　（单位：分）

分类	均值	标准差	最大值	最小值
注册超过五年	8.00	1.31	10	6
注册低于五年	7.10	2.17	10	4
参与国际标准制定	9.00	0.00	9	9
没有国际标准制定	7.88	1.75	10	4
工业	8.14	1.59	10	4
服务业	7.21	1.81	10	4
不在经开区	7.67	1.77	10	4
经济开发区	8.00	0.00	8	8
其他	6.00	0.00	6	6
有自身工会	8.40	0.89	9	7
无自身工会	7.52	1.82	10	4

可见，随着中国产业的成长，中国产品的技术水平和质量不

断提高,产品已经摆脱了过去价廉质差的形象,得到肯尼亚民众的高度认可。但我们也要注意到中国产品形象的最小值为 4 分,说明也有部分产品不受到认可,而这些产品会影响到中国产品的整体形象。

调查中,还就受访企业员工对其他国家在肯尼亚的国际形象进行了评价,评分结果如表 6-14 所示。在肯尼亚形象评分较高的国家为英国和中国,得分分别为 7.24 分和 6.92 分,其次为日本、美国和德国,得分分别为 6.75 分、6.69 分和 6.64 分。接下来是法国和印度企业,评分分别为 6.22 分和 6.07 分。根据评分可见中国在肯尼亚有着较好的国家形象。英国由于是肯尼亚殖民时代的宗主国,至今合作最多,影响力较大,因而国家形象也较好。印度在肯尼亚企业相对不多,社会认知度较低,因而可能导致国家形象评分较低。

表 6-14　　　　　　　　国家形象打分对比　　　　　　　　(单位:分)

分类	均值	标准差	最大值	最小值
美国	6.69	1.78	10	1
中国	6.92	1.51	10	4
日本	6.75	1.66	10	4
印度	6.07	1.88	10	1
法国	6.22	1.57	10	3
德国	6.64	1.68	10	3
英国	7.24	1.68	10	4

调查还统计了企业认为肯尼亚当地居民对其在肯尼亚投资所持态度的情况,如图 6-9 所示。有 65.3% 的企业表示肯尼亚居民对他们在肯尼亚的投资是欢迎的,另有 14.29% 的肯尼亚居民对于中资企业是持比较欢迎的态度,有 18.37% 的肯尼亚居民对于中资企业是持无所谓的态度,持不欢迎态度的肯尼亚居民仅有 2.04%。由此看出,绝大

部分的肯尼亚居民对于中资企业进入到肯尼亚是持积极态度的,极少有人表示拒绝和排斥,除了肯尼亚居民本身对外资企业的态度之外,每个企业的生产经营方向以及企业形象也是影响肯尼亚居民对企业评价的重要因素。

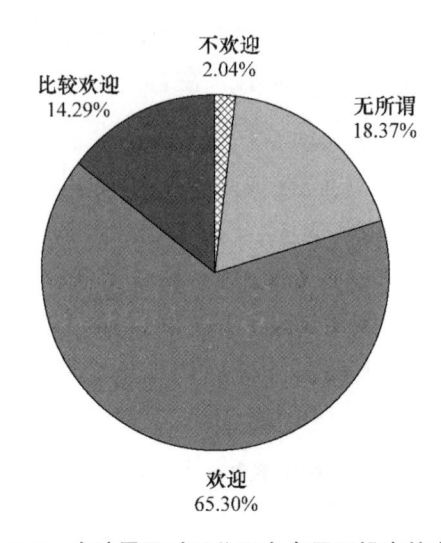

不欢迎 2.04%
比较欢迎 14.29%
无所谓 18.37%
欢迎 65.30%

图 6-9　当地居民对于公司在肯尼亚投资的态度

可见,大部分肯尼亚居民基于中肯合作的成效,对中国企业的投资持欢迎态度,反映了肯尼亚国家和居民期望通过与中国的经贸合作加快经济发展,改善人民生活的愿望,这是中国企业投资肯尼亚的有利条件。

第四节　公共外交分析

随着中国综合国力的显著增长和国际影响力的明显提升,尤其是"一带一路"倡议的实施,中国企业"走出去"的步伐明显加快,程度不断加深。为有效保障海外利益,中国企业自觉不自觉地开展了公共外交实践。特别是党的十八大报告明确提出"扎实推进公共和人文外交，维护我国海外合法权益"后，中国企业公共外交意识逐渐加强。①

本节将从受访中资企业与肯尼亚各类高层领导的往来情况以及企业对肯尼亚政局形势的不同看法进行调查，从而得出关于肯尼亚中资企业在肯尼亚公共外交情况的观察。

一 中资企业与肯尼亚企业的往来情况

表6-15呈现的是不同类别的受访企业与肯尼亚同类企业高层管理者的往来情况。在工业企业中，与肯同类企业高管有往来的企业有57.14%，表示往来密切的有38.1%，较少往来的有4.76%，没有往来的一家都没有。在服务业企业中，表示有往来的企业有29.63%，往来频繁的有22.22%，较少往来的有18.52%，没有往来的企业有29.63%。总体看来，工业企业与肯尼亚同类企业高管的往来要比服务业企业密切。另外，从企业是否处在经开区这一维度来看，所有处在肯尼亚经开区的企业都表示与肯尼亚同类企业高管有往来或往来频繁，没有往来的一家都没有。不在肯尼亚经开区的企业有68.89%表示与同类企业高管有往来，但往来频繁的企业也有26.67%，往来较少的有13.33%，没有往来的仅17.78%。由此可以推测，工业企业更需要与同行业高管交流，互通有无，了解市场行情和市场的变化。同时，不在肯尼亚经开区的企业由于信息不对称，加之各企业分散，同行业高管之间的交流相较在经开区的企业会少一些。

表6-15　　企业与肯尼亚同类企业的高层管理者的往来情况　　（单位：%）

分类	没有往来	较少往来	有往来	往来频繁
工业	0.00	4.76	57.14	38.10

---

① 魏修柏、杨立华：《中国企业公共外交的现状、特点与模式：基于企业案例的研究》，2018年3月23日，中国网（http://news.china.com.cn/world/2018-03/23/content_50741590_0.htm）。

续表

分类	没有往来	较少往来	有往来	往来频繁
服务业	29.63	18.52	29.63	22.22
不在经开区	17.78	13.33	42.22	26.67
经济开发区	0.00	0.00	100.00	0.00
其他	0.00	0.00	0.00	100.00

总体上看，中国企业较为重视和肯尼亚当地企业家之间的往来，这有助于中企与当地企业建立社会网络，同时构建企业家之间的信任关系，有利于促进中企与当地企业的合作。

二 中资企业与肯尼亚政府的往来情况

调查还统计了受访企业与其所在地行政长官的往来情况，如表 6-16 所示。有 57.14% 的工业企业表示与所在地行政长官有来往，来往频繁的有 28.57%，而表示来往较少的工业企业占 9.52%，没有往来的企业有 4.76%。服务业企业方面，表示有往来的仅占 42.86%，往来频繁的占一成左右，往来较少的占两成左右，没有来往的有 25%。可以推测，由于工业企业需要了解政府法律法规以及政策的变动，所以在其运营过程中会较多涉及与政府的往来，在这一调查结果上，工业企业与当地行政长官的交往比服务业企业要频繁得多。

从企业所处区域这一维度来看，没有一家处在肯尼亚经开区的企业表示与当地行政长官有往来，而持相同态度的不在任何经开区的企业有 53.33%。另外所有位于肯尼亚经开区的企业表示与当地行政长官较少接触，没有企业表示来往频繁。表示没有往来的不在经开区的企业占比达 15.56%，往来较少的有 15.56%，往来频繁的也是 15.56%。可以推测，由于不在经开区的企业缺乏相关政策的帮助和扶持，所以需要自身主动与肯尼亚政府行政长官加深交往、交流来促进自身企业在肯尼亚的稳定发展。

表 6-16　　　　　　企业与所在地的行政长官的往来情况　　　（单位：%）

分类	没有往来	较少往来	有往来	往来频繁
工业	4.76	9.52	57.14	28.57
服务业	25.00	21.43	42.86	10.71
不在经开区	15.56	15.56	53.33	15.56
经济开发区	0.00	100.00	0.00	0.00
其他	0.00	0.00	0.00	100.00

中国企业和当地政府行政长官之间的往来也比较频繁，这种往来有助于理解肯尼亚的发展诉求，争取政府的支持。

表 6-17 呈现的是各类型受访企业与肯尼亚行业部门相关领导的往来情况。与行业部门相关领导往来密切的工业企业为 28.57%，有一定往来的占近六成，另外有一成左右工业企业表示较少往来，有 4.76% 的企业没有往来。在受访服务业企业中，与相关领导往来频繁的企业有 14.29%，与行业部门相关领导有往来的企业有 32.14%，有 32.14% 的企业表示较少往来，21.43% 的企业表示与行业部门相关领导没有往来。可见绝大部分工业企业都与行业部门相关领导有往来，部分工业企业与行业部门的相关领导来往密切。服务业企业则较少有与行业部门相关领导往来密切的企业，还有近四分之一的企业与行业部门的相关领导没有来往。

从企业所处区域来看，不在经开区的企业有 17.78% 的企业与相关行业部门的领导往来频繁，46.67% 的企业表示有来往，较少往来的有 22.22%，也有 13.33% 的企业表示没有往来。处在肯尼亚经开区的企业，没有企业表示与相关领导来往密切，所有的企业表示与行业部门相关领导较少往来，没有一家企业与行业部门相关领导没有往来。由此看来，不位于经开区的企业大部分与肯尼亚行业部门的政府领导有往来，与之联系更为密切。

表 6-17　　　　企业与肯尼亚行业部门的政府领导的往来情况　　　（单位：%）

分类	没有往来	较少往来	有往来	往来频繁
工业	4.76	9.52	57.14	28.57
服务业	21.43	32.14	32.14	14.29
不在经开区	13.33	22.22	46.67	17.78
经济开发区	0.00	100.00	0.00	0.00
其他	0.00	0.00	0.00	100.00

调查也分析了受访企业与当地规制或行政管理部门主要领导的往来情况，如表 6-18 所示。在受访的工业企业中，28.57% 的企业表示与当地规制或行政管理部门的主要领导往来频繁，有 57.14% 的企业表示与当地规制或行政管理部门主要领导有一定往来，往来较少的企业不到一成，没有往来的企业仅有 4.76%。而在服务业企业中，有 11.11% 的企业表示与之来往频繁，有 33.33% 的企业表示有一定往来，与相关领导往来较少的企业有 37.04%，18.52% 的企业与当地规制或行政管理部门的主要领导没有来往。可见工业企业与相关领导的来往比服务业多一些。

对于处在不同区域的企业来说，有 47.73% 的不在经开区的企业表示与相关领导有往来，有 15.91% 的企业表示与之来往频繁，有 25% 的企业表示与之往来较少，也有 11.36% 的企业与当地规制或行政管理部门的主要领导没有往来。处在肯尼亚经开区的企业与相关领导有来往的一家都没有，所有企业表示与相关领导来往较少。总的来说，不在经开区的企业与相关领导的来往比在经开区的企业多一些。

表 6-18　　　企业与当地规制或行政管理部门的主要领导的往来情况　（单位：%）

分类	没有往来	较少往来	有往来	往来频繁
工业	4.76	9.52	57.14	28.57
服务业	18.52	37.04	33.33	11.11

续表

分类	没有往来	较少往来	有往来	往来频繁
不在经开区	11.36	25.00	47.73	15.91
经济开发区	0.00	100.00	0.00	0.00
其他	0.00	0.00	0.00	100.00

综合以上四个表格，与服务业企业相比，工业企业更加注意与相关领导和高层的往来，这是因为工业企业大部分是为享受相关政策或工程合作而进入的肯尼亚，当合作协议达成之后，在日常生产经营中需更频繁地与相关领导和高层接触，而服务业企业则完全相反，他们不需要频繁接触相关高层和领导就可以获取对自身生产经营有用的信息和资源，可以在同行间相互交流使自己在肯尼亚立足和发展。

对于不同区域的企业来说，不在经开区的企业由于分布较分散，所以能够享受的优惠和照顾政策相对就比较少，企业相关信息获得的渠道也较少，资源和人脉需要企业自己去经营并向政府争取，所以这类企业与相关高层的来往频率相对较高。

三 中资企业对肯尼亚政治环境的认识

图 6-10 主要体现了企业管理层对肯尼亚政治环境的评估。从图中数据可以看到，有 28.57% 的企业管理者认为肯尼亚政治稳定，投资风险较小，有 26.53% 的企业管理者认为肯尼亚政治环境比较稳定，也就是说，有超过半数的企业管理层对肯尼亚政治局势持乐观态度，认为投资肯尼亚的政治风险较小。

此外有 24.49% 的企业管理者认为当前政治环境具有不确定性，存在不稳定风险。认为肯尼亚政治不稳定，有党派斗争，需谨慎投资的管理者有 18.37%。只有极少管理者认为肯尼亚党派斗争激烈，经常发生冲突。

党派争斗比较激烈，
经常有冲突发生
2.04%

不稳定，有党派
争斗，要比较小心
18.37%

比较稳定
26.53%

不好说，存在不
稳定的风险
24.49%

稳定，投资风险
较小
28.57%

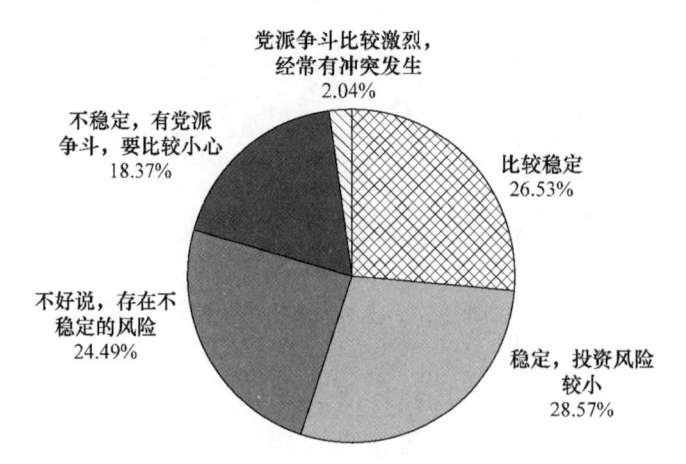

图 6-10　企业管理层认为肯尼亚政治环境情况

四　中资企业与肯尼亚在野党的交往情况

调查还统计了受访企业与肯尼亚最大在野党的交往情况，以更完整地呈现和分析企业的公共外交情况。

图 6-11 按不同行业显示了在肯中资企业与肯尼亚最大在野党的交往情况。从图中可以看到，约三成工业企业与该党派没有联系，有四成多的工业企业与该政党往来不多，不到两成的工业企业与该政党有往来，仅 6.25% 的企业与该政党往来频繁。服务业方面，有八成中资企业与该政党没有往来，有 5% 的企业与该政党往来不多，15% 的企业表示有往来，没有企业表示与该政党往来频繁。根据这一数据差异推测，由于服务业企业大多是与肯尼亚当局政府所进行的项目合作，所以只有极少情况会有要和肯尼亚最大在野党进行接触的需要，而工业企业则因其经营方向，或多或少会与不同的政治群体产生联系，所以与该政党的往来与服务业相比较要多一些，但总体看来，大多数企业与肯尼亚最大在野党都没有交集。

图 6-12 呈现的则是处在不同经济区域的企业与上述政党的交往情况。所有在肯尼亚经开区的企业都与该政党没有联系。有 24.24% 不在经开区的企业与该政党往来不多，15.15% 表示与该政党有往来，没有企业表示与该政党有频繁往来。据此推测，对于不在经开区的企

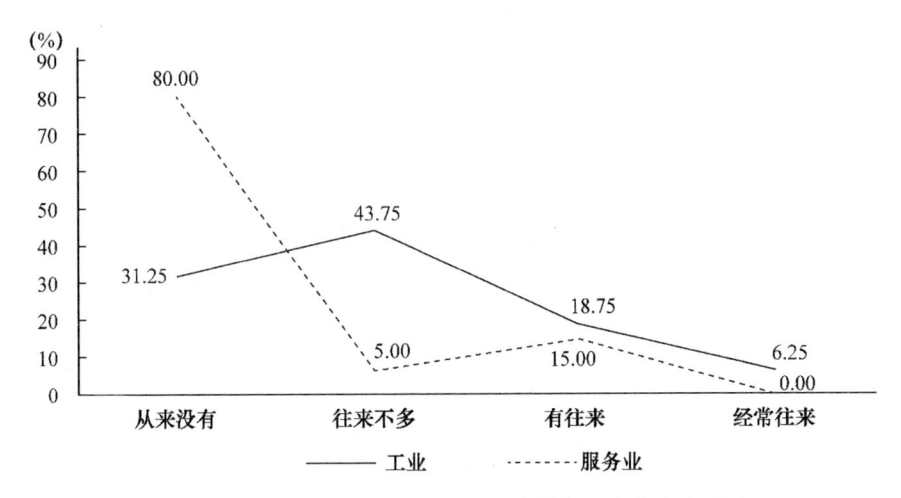

图 6-11　按行业划分的企业与该政党的领导交往程度对比

业来说，由于其不处在经开区，该类型企业的日常生产和经营活动所需的资源和人脉就需要其自己去经营和构建，所以在调查中呈现出不在经开区的企业与肯尼亚最大在野党交往略频的情况，但总体来看，绝大部分企业与该政党是没有交往的。

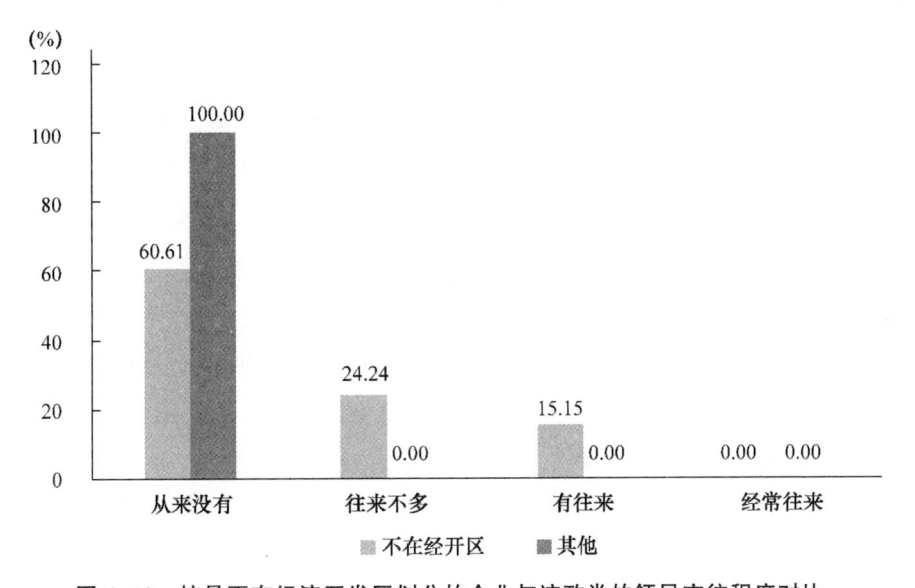

图 6-12　按是否在经济开发区划分的企业与该政党的领导交往程度对比

小　　结

本章着重调查分析了中资企业在肯尼亚的本地化程度和企业国际形象的相关状况。首先调查分析了企业本地化经营的程度。通过比较发现，在肯尼亚的中资企业与中国国内供应商联系密切，其次是肯尼亚的供应商和产品经销商，但国际化程度还不高。中企与肯尼亚当地企业的合作主要受制于肯尼亚的产业发展水平，随着肯尼亚的发展，企业的本地化程度有所提高。在雇员方面，受访企业均有相当数量的一线员工或生产员工为当地人，体现了在肯尼亚中资企业较高的本地化程度。

其次，调查统计了在肯尼亚中资企业对于当地社会责任的履行情况。除直接捐钱和社会公益外，在肯尼亚中资企业履行其在肯尼亚的社会责任的主要方向更加侧重于教育援助、基础设施建设等层面。在受访企业中，大多数企业都重视履行相关社会责任，并且向制度化方向发展，中国企业的形象日益提升。同时，中国企业在员工福利方面也有一定程度的提升。

调查还统计分析了在肯尼亚中资企业的形象传播以及其服务和产品在肯尼亚的认可度的相关情况。结果显示，在肯尼亚中资企业更多地选择传统媒体进行海外宣传，还需要加强运用新媒体进行企业形象的相关宣传。关于企业产品和服务在肯尼亚的认知度方面，受访企业均表示其服务和产品在肯尼亚能够受到较高的认可，并且肯尼亚居民对于受访企业到当地进行投资和生产经营大部分都持欢迎态度。

最后，调查分析了在肯尼亚中资企业的公共外交情况。总体看来，中资企业和当地企业家、政府和相关部门主管官员都有密切的交流，有助于推动中资企业与当地政府和当地企业的合作，并构建良好的社会关系网络。

第七章

肯尼亚中资企业员工的职业发展与工作条件

近年来，许多中国企业赴非洲肯尼亚投资设厂，吸引了许多劳动力到中资企业工作，这一举措大大带动了当地劳动力市场的发展，对当地居民的就业产生了巨大的影响。本章基于调研的数据分析，对在肯尼亚的中资企业本地员工的个人和家庭收入以及个人的工作现状进行描述、分析和总结。主要调研内容包括职业经历和工作环境、工作时间与职业培训和晋升、参与工会组织和社会保障情况、个人和家庭收入及家庭地位和耐用品等几个方面，通过量化分析，从不同角度了解肯尼亚员工的工作现状及家庭生活状况。

第一节　职业经历和工作环境

为了保证本次调研样本数据的真实性和准确性，需要选择合适的员工作为员工样本，因此在调研问卷的一开始就会通过几个过滤问题来选择员工样本，只有在进入中资企业工作一年且属于该企业长期雇佣的肯尼亚籍员工才能作为合格的员工样本。但考虑到目前在肯尼亚的许多中资企业属于近几年刚赴肯尼亚投资并开拓非洲市场的企业，因此问卷中也包括部分在企业工作尚未满但接近一年的员工。

肯尼亚在非洲拥有不少受过高等教育、技术娴熟且颇受用人单位欢迎的劳动者，这是一件值得骄傲的事；这些适龄劳动者曾在国内和世界各地机构中接受过教育和培训。除了本地区15岁及以上的青少年识字率最高外，全国43所大学每年为社会输送6万名人才——几乎肯尼亚的每个郡都设有大学。可见，受过教育的适龄劳动者是助力国家实施工业化政策的关键，这让投资者在行业较低的薪资水平下接触到许多具备创新能力、多语言能力，且受过良好教育的劳动人员。

肯尼亚的就业市场受2007年《就业法案》《劳动关系法》《工伤法案》《职业健康与安全法》的规范。肯尼亚也是国际劳工组织的成员。投资者可以通过临时雇佣、定期聘任制、终身聘任制或服务合同与肯尼亚员工建立雇佣关系，前提是双方必须签署一份有效期超过三个月的书面合同。雇主还需要向全国医院保险基金和国家社会保障基金登记，以促进其雇员的社会福利。政府还为基层员工制定了最低工资标准并定期修订以反映生活成本。例如内罗毕、蒙巴萨和基苏木的技术工人规定最低工资为每月124.16美元。

一 应聘、入职情况

图7-1为调查所展现的员工在企业的工作时长分布状况，有效样本数为1130。从工作时长的变化可分为三个阶段：工作不足一年、工作一年到六年、工作六年以上。工作不足一年百分比为近两成（17.61%）；显而易见，工作一年到六年的员工人数呈现逐渐降低的趋势：工作一年近三成（28.32%），工作两年近一成（14.16%），工作三年近一成（11.50%），工作四年、工作五年、工作六年都不足一成（7.17%、5.13%和3.98%），工作六年以上的百分比为近一成（11.95%）。由此可以分析得出，肯尼亚中资企业员工的工作时长按百分比排序主要为工作一年、工作不足一年、工作两年、工作六年以上和工作三年，特别是工作一年和工作不足一年的本地员工较多。这显示了肯尼亚中资企业当地员工工作不稳定的特点。

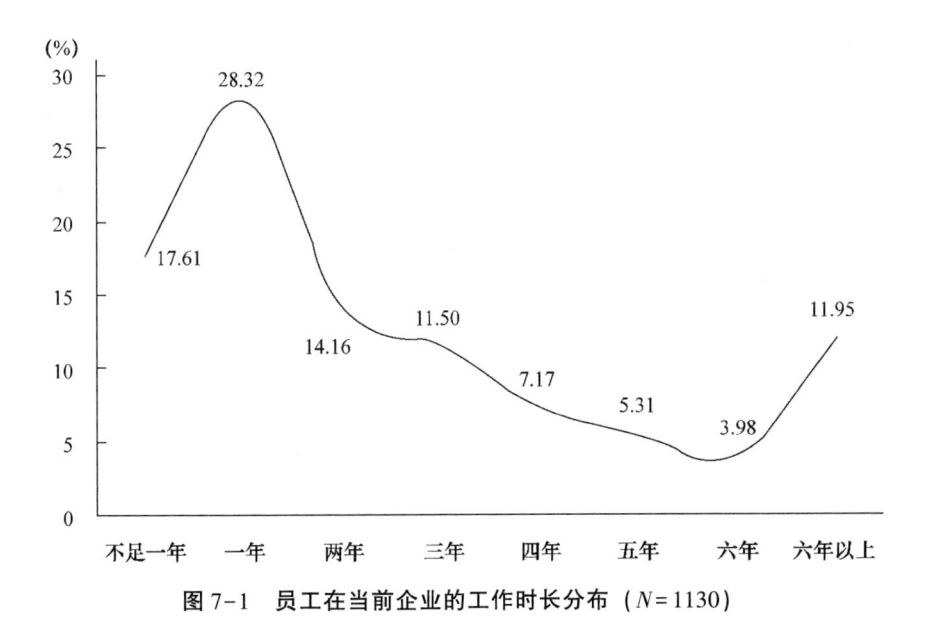

```
(%)
30        28.32
25
20
     17.61
15            14.16   11.50                        11.95
10                         7.17
 5                               5.31    3.98
 0
   不足一年  一年   两年   三年   四年   五年   六年  六年以上
```

图 7-1 员工在当前企业的工作时长分布（N=1130）

表 7-1 主要展现员工通过哪些不同的途径获得工作的情况，有效样本数为 1138。通过频数、百分比整体分析得出，通过亲戚朋友介绍（39.81%）和直接来企业应聘（38.14%）是主要的途径，频数分别为 453 和 434；其他获得工作的主要途径都未超过一成，按照由多到少的顺序排列分别为雇主直接联系员工、招聘广告、在职业介绍机构登记求职、学校的就业中心、参加招聘会、其他方式。由此可以分析得出，通过亲戚朋友介绍或和雇主直接联系的方式是肯尼亚中资企业本地员工获取工作的最主要途径。这在一定程度上说明在中资企业肯尼亚员工比较认同当前企业的工作环境、企业文化、薪酬奖励制度等，他们具有较高的工作满意度，因此才会介绍自己的亲戚朋友前来企业上班谋职。换言之，已在中资企业工作的肯尼亚员工无形之中成了企业宣传招聘最好的媒介，当地员工通过口口相传的方式使得企业的本地员工队伍不断壮大。然而，这样的方式也有一定的局限性，在肯尼亚的中资企业招聘本地员工的方式还较单一，还应加强其他途径例如通过学校就业中心招聘的方式，这不仅有利于找到符合企业自身

发展需要的人才，还有利于企业招聘过程中建立高校与企业之间的联系，符合企业长远发展的需要。

表7-1　　　　　　　　员工获得现工作的主要途径　　　　　　（单位:%）

途径	频数	百分比
在职业介绍机构登记求职	28	2.46
参加招聘会	20	1.76
通过学校就业中心	25	2.20
看到招聘广告	64	5.62
通过亲戚朋友介绍	453	39.81
直接来企业应聘	434	38.14
雇主直接联系你	110	9.67
其他	4	0.35
总计	1138	100.00

如前所述，很多的肯尼亚员工是通过在中资企业工作的亲戚朋友介绍而获得现工作的。表7-2主要描述员工家人在企业的数量情况，有效样本数为111。数据显示，最普遍的是有近六成（56.76%）员工有一个家人在本企业，占整体的一半以上；有接近一成（9.01%）的员工有四个及以上家人在本企业。由此可以分析得出，有一个家人在本企业的现象在肯尼亚中资企业本地员工中较为普遍。虽四个及以上家人是最少的，但所占比例并不低，这反映了绝大多数员工都认同或喜欢自己所在的工作环境及薪酬福利制度。但过多的亲戚在同一中资企业中的情况也应得到高度重视。

表7-2　　　　　　　　员工家人在本企业的数量　　　　　　（单位:%）

有几个家人在本企业	频数	百分比
一个	63	56.76

续表

有几个家人在本企业	频数	百分比
两个	22	19.82
三个	16	14.41
四个及以上	10	9.01
总计	111	100.00

二 工作环境

人才是企业最重要的资源，人才的选拔和任用是一个企业生存的关键。因此，企业要做好人力资源管理，注重培养人才、运用人才，并为优秀的员工提供有竞争力的环境和待遇，在吸引本地人才、留住本地人才等方面多下一番功夫，才能为企业的长期发展奠定坚实的基础。

对在肯中企员工工作环境的调查，主要集中于员工日常工作的电脑使用状况。表7-3主要体现了按性别划分的员工日常工作使用电脑状况，有效样本数为1138。按性别分析得出，男性员工未使用电脑的人数要远大于使用电脑的人数；女性员工使用电脑人数要略低于未使用电脑的人数。由此可以分析得出，女性员工约有一半在日常工作中使用电脑，而男性员工只有约四分之一在日常工作中使用电脑。这也体现出在肯尼亚的中资企业中，男性员工相较女性员工所从事体力劳动工作比例较大。

表7-3　　　　按性别划分的员工日常工作使用电脑状况　　　（单位：%）

日常工作是否使用电脑	男	女
是	23.52	44.17
否	76.48	55.83
总计	100.00	100.00

N = 1138。

三 工作时间

工作时间是指劳动者为履行工作义务,在用人单位从事工作或者生产的时间,劳动者或用人单位不遵守工作时间的规定或约定,要承担相应的法律责任。它可以促进现代化科学技术的发展,提高工作效率和劳动生产率,同时又是劳动者实现休息权的法律保障。通过了解肯尼亚员工在中资企业的工作时间能从侧面直观地了解中资企业的管理模式和员工的工作状况。

表7-4主要表现员工按性别划分的管理人员与非管理人员分布状况,有效样本数为1136。从性别角度分析,男性员工约为管理人员的一成(10.49%),非管理人员近九成(89.51%);女性员工也是管理人员的一成(11.96%),非管理人员近九成(88.04%)。通过比较可以发现,男性员工管理人员和女性员工管理人员占各自性别比例相差不多。从本地管理人员数量上分析,无论男性还是女性员工的管理人员均占员工总数约十分之一。

表7-4　　　　　　按性别划分的管理人员与非管理人员分布　　　　（单位：%）

是否是管理人员	男	女
管理人员	10.49	11.96
非管理人员	89.51	88.04
总计	100.00	100.00

$N=1136$。

由于工作内容的区别和工作职务的特殊性,因此管理人员和非管理人员每周每月的工作天数存在差异,关于工作时间的部分具体在问卷中体现的问题为"上月平均每周工作天数几天"。如表7-5所示,表现了中资企业员工管理人员与非管理人员上月平均每周工作天数的差异状况,有效样本数为1134。从管理人员分析,最多的为上月平均每周工作6天,占管理人员的六成(63.71%),其次为工作5天和

7天，分别为两成（18.55%）和近两成（16.94%），工作1—3天的状况没有；从非管理人员分析，最多的为上月平均每周工作6天，占非管理人员近六成（59.60%），其次为工作7天的为三成（30.99%），工作1—3天的极少。由此可以分析得出，在中资企业中的管理人员大多每周工作6天，没有工作1—3天的状况；在中资企业的非管理人员大多每周工作6天，极少工作1—3天的状况；工作7天的状况非管理人员要高于管理人员，工作5天的状况管理人员要高于非管理人员。

表7-5 管理人员与非管理人员上月平均每周工作天数的差异 （单位：%）

上月平均每周工作天数	管理人员	非管理人员
1	0.00	0.10
2	0.00	0.40
3	0.00	0.20
4	0.81	0.59
5	18.55	8.12
6	63.71	59.60
7	16.94	30.99
总计	100.00	100.00

$N=1134$。

四　职业培训和职业晋升

职业晋升或发展机会是体现职业生涯发展的一个重要方面，对于向上层社会流动有着重要作用。新员工入职培训是企业给新雇员提供有关企业的基本背景情况，使新员工了解所从事工作的基本内容与方法，使他们明确自己的工作职责、程序、标准，并向他们初步灌输企业及其部门所期望的态度、规范、价值观和行为模式等，从而帮助他们顺利地适应企业环境和新的工作岗位，使他们尽快进入工作角色。

问卷中涉及了有关肯尼亚员工职业培训的问题，在问卷中的具体问题为"进入本企业以来，是否就以下能力进行过专门培训或进修（多选题）"，其回答选项包括"管理技能""人际交往""写作能力""职业道德与责任心""中文读写""英文读写""计算机技能""技术性技能""安全生产""其他""没有培训"等11个选项。

关于入职后的培训内容，按性别划分，表7-6主要表现按性别划分的员工入职后的培训内容，有效样本数是1138。通过按员工性别划分入职后的培训内容分析，男性员工没有培训占一半以上，为53.57%；男性员工在培训或进修的内容中安全生产最普遍，为25.49%，约占培训或进修内容的一半。除技术性技能和计算机技能分别为12.32%和5.91%外，其余培训技能所占比例都较低；女性员工没有培训的约占一半，为47.85%；女性员工在培训或进修的内容中安全生产最普遍，为21.17%；除计算机技能和技术性技能分别为8.59%和10.12%外，其余培训技能所占比例都较低。由此可以分析得出，无论男性或女性员工都有约一半未受到企业的培训，这一现象应引起企业的重视。从培训内容分析，按性别略有差异。男性员工培训内容主要集中于安全生产（25.49%）、技术性技能（12.32%）、职业道德与责任心（10.59%）、人际交往技能（10.10%）及管理技能（8.87%）；女性员工培训内容分布主要为安全生产（21.17%）、人际交往技能（17.79%）、职业道德与责任心（12.27%）、管理技能（11.96%）及技术性技能（10.12%）等。这种性别间的差别主要与其从事的职业有关。而有的培训内容，如中文读写技能，可以适当加强，这样才能促进员工与企业之间更好地沟通和交流，更好地传播企业文化。

表7-6　　　　　按性别划分的员工入职后的培训内容（多选题）　　　（单位：%）

入职后培训或进修内容	男	女
管理技能	8.87	11.96

续表

入职后培训或进修内容	男	女
人际交往技能	10.10	17.79
写作能力	3.94	7.36
职业道德与责任心	10.59	12.27
中文读写	2.71	6.44
英文读写	4.80	6.44
计算机技能	5.91	8.59
技术性技能	12.32	10.12
安全生产	25.49	21.17
其他	2.09	2.45
没有培训	53.57	47.85

$N=1138$。

问卷中还涉及了有关员工最近一次参加培训的问题，在问卷中的具体问题为"最近一次参与培训的内容是（可多选）"，其回答选项同上题。表7-7表现了按性别划分的员工最近一次的培训内容，有效样本数为543。从性别分析得出，无论是男性还是女性员工最近一次培训最多的都是安全生产，男性员工约为一半（51.60%）和女性员近四成（39.05%）；其次为技术性技能，男性员工为两成（23.53%）和女性员工为两成（21.89%）。总体而言，在问卷设计的11个培训选项中，针对企业最近一次培训，无论男性还是女性员工都集中在安全生产和技术性技能方面。由此进一步说明肯尼亚中资企业对本地化人才的培训还基本处于满足企业基本需要的初级阶段，没有形成系统规范的职业培训体系与制度，是急需引起重视与亟待改进的部分。肯尼亚中资企业对本地员工的培训内容应更多样化，改变现存培训内容较为单一的问题，立足长远。

表 7-7　　按性别划分的员工最近一次的培训内容（多选题）　　（单位：%）

最近一次培训的内容	男	女
管理技能	15.78	20.71
人际交往技能	20.05	28.40
写作能力	8.29	11.24
职业道德与责任心	19.52	18.34
中文读写	5.88	10.65
英文读写	9.36	13.02
计算机技能	6.68	14.20
技术性技能	23.53	21.89
安全生产	51.60	39.05
其他	2.67	2.37
没有培训	6.95	5.33

$N=543$。

总体而言，在问卷涉及的 11 个培训选项中，无论是在入职培训还是最近一次培训中，各企业对员工进行培训内容最多的是安全生产与技术性技能这两项，在这两部分培训中男性员工占比都高于女性员工。剩下的几项培训内容企业都较少组织，甚至还有一些企业没有对员工进行任何培训。总体上分析肯尼亚中资企业对本地员工的培训还应进一步强化。培训进修是一种提高雇员的业务能力、跨文化沟通能力与沟通技巧有效且常用的方法。通过培训或进修不仅能提高企业的生产率，还能提高员工的忠诚度。企业通过对员工的培训，对内可以增强企业的向心力和凝聚力，对外则可以提高企业的竞争力。

因此，中资企业应注重进一步完善员工培训制度，加强对本地员工的开发与培训，尤其是对企业招聘的管理人员来说，应侧重培训期管理能力、沟通能力、时间管理能力、语言技能等多个方面，对他们进行更多的企业文化培训，让他们能够真正融入企业，理解并热爱企业。

本次问卷中对于职业晋升状况的调查，问题设置为："进入这家企业是否获得过职位晋升"，回答为"是"和"否"两个选项。如表7-8所示，表现了员工按性别划分的职业晋升状况，有效样本数为1136。从男性员工进入本企业后是否有职业晋升分析，有近两成（16.79%）的男性员工有晋升，不足整体的五分之一；从女性员工进入本企业后是否有职业晋升分析，有近两成（19.33%）的女性员工有晋升，大约占整体的五分之一。由此可以分析得出，企业的男性、女性员工约占整体五分之一得到晋升，整体上的女性员工要略高于男性员工的晋升状况。由此可知，在职业发展方面肯尼亚员工性别差异不是很明显。从晋升员工的整体分析，本地员工晋升率不足五分之一，这样不利于本地员工的工作积极性和稳定性，不利于企业本土化长期发展。

表7-8　　　　按性别划分的员工的职业晋升状况　　　　（单位：%）

进入本企业后是否有职业晋升	男	女
是	16.79	19.33
否	83.21	80.67
总计	100.00	100.00

$N=1136$。

第二节　工会组织与社会保障

工会组织是劳动者权益的代表，在现代各种社会组织中，工会是由劳动者组成的特殊的社会组织。作为劳动者群体的代表，工会成为市场经济中劳动关系的重要组成部分，成为劳动力所有者的代表。而社会保障是以国家或政府为主体，依据法律，通过国民收入的再分配，对公民在暂时或永久丧失劳动能力以及由于各种原因而导致生活困难时给予物质帮助，以保障其基本的生活制度。本节内容主要集中于对在肯中资企业肯尼亚员工加入工会的情况及社会保障情况的调查。

一 肯尼亚员工加入工会情况

企业工会是工会的重要组织基础和工作基础，是企业工会会员和职工合法权益的代表者和维护者。肯尼亚《劳动关系法》(The Labour Relations Act)规定，工会是管理和协调雇员和雇主之间关系的雇员协会。为了保护自身利益，员工享有加入（或退出）工会的自由，雇主不得以任何理由、借口强迫或诱使员工加入（或退出）工会。肯尼亚中央工会组织（The Central Organisation of Trade Unions）是肯尼亚唯一的全国性工会组织，成立于1965年，依据肯尼亚2007年版《劳工机构法》(The Labour Institutions Act)开展活动。目前，肯尼亚中央工会组织下辖36个注册登记的成员工会组织，会员总人数约100万。与肯尼亚工会组织相对应的组织称为肯尼亚雇主协会（Federation of Kenya Employers），主要为管理和协调雇主和雇员之间的关系而设。①

本次问卷也涉及了部分关于肯尼亚员工加入中资企业工会情况的问题，在问卷中具体体现为问题"所在的企业是否有企业工会？是否加入了企业工会"，回答选项为"是""否"。由表7-9所示，表现按性别划分的员工加入企业工会状况，有效样本数为138。对按性别划分的员工加入企业工会状况进行分析，男性员工加入工会的要略低于未加入工会的；女性员工加入工会的也低于未加入工会的。从整体分析，加入工会的员工比例要略低于未加入工会的员工。然而加入工会的员工有效样本数偏低，可以基本推断出大多数肯尼亚的中资企业本地员工并未加入企业的工会组织，或企业没有工会组织。

---

① 《肯尼亚工会简介（第二十九期）》，2014年11月20日，中华人民共和国驻肯尼亚共和国大使馆经济商务参赞处网站（http://ke.mofcom.gov.cn/article/tzwl/201411/20141100804235.shtml）。

表7-9　　　　　按性别划分的员工加入企业工会状况　　　　（单位：%）

本人是否加入企业工会	男	女	总计
是	46.32	55.81	49.28
否	53.68	44.19	50.72

$N=138$。

"行业工会"通常是指由同一行业的工人组成的劳工组织，其目的是在工资、福利和工作条件方面（通过集体谈判）促进其成员的利益。主要反映和解决本行业职工需要解决的共同性问题，具有强制力量。由于诸多原因所致，企业工会的协调解决能力受到许多限制，因此部分劳动者在出现纠纷的苗头后或者发生争议之后，往往会选择向行业工会申诉以寻求解决办法，因此，问卷中对员工加入行业工会的状况也有所涉及。

表7-10表现了按性别划分的肯尼亚员工加入行业工会状况，有效样本数为1132。从性别划分分析，男性、女性员工未加入行业工会基本一致，大致在九成多分别为92.95%和92.90%。从整体来看，未加入行业工会的也是九成多（92.93%）。当地没有行业工会情况很少，基本上可以忽略不计。由此可见，在当地存在行业工会情况下，中资企业员工却只有不足一成（5%）加入当地行业工会。这说明了中资企业员工未加入当地行业工会的情况十分普遍。

表7-10　　　　　按性别划分的员工加入行业工会状况　　　　（单位：%）

本人是否加入行业工会	男	女	总计
是	4.83	5.56	5.04
否	92.95	92.90	92.93
当地没有行业工会	2.23	1.54	2.03

$N=1132$。

表7-11表现了管理人员与非管理人员加入行业工会的状况，有

效样本数为586。从管理人员分析，在当地有工会的情况下，没有加入行业工会的占绝大多数为九成（90.24%），加入行业工会的仅有不到一成（9.76%）；从非管理人员分析，仅有少量由于当地没有行业工会而未加入行业工会，没有加入行业工会的占绝大多数为九成多（93.15%），加入行业工会的仅不足一成（4.56%）。由此可以分析得出，中资企业的员工无论是管理人员还是非管理人员，在当地存在行业工会的条件下，绝大多数都没有加入行业工会。

表7-11　　　　　管理人员与非管理人员加入行业工会状况　　　　（单位：%）

是否加入行业工会	管理人员	非管理人员
是	9.76	4.56
否	90.24	93.15
当地没有行业工会	0.00	2.28
总计	100.00	100.00

$N=586$。

二　肯尼亚员工享有的社会保障情况

社会保障是民生之安，关系着每一个员工及其家庭的福祉。此次问卷中涉及的社会保障主要包括：医疗保险、养老保险、养老金等。

这部分具体在问卷中体现的问题为"这份工作为您提供了哪些社会保障（多选题）"，回答选项包括"医疗保险""养老保险""其他""不清楚"。表7-12表现中资企业员工管理人员与非管理人员是否享有社会保障状况，有效样本数为1134。从管理人员分析，享有社会保障的近七成（69.11%），未享有社会保障的超三成（30.89%）；从非管理人员分析，享有社会保障的近五成（49.55%），未享有社会保障的超五成（50.45%）。由此可以分析得出，管理人员比非管理人员享有更好的社会保障，且目前肯尼亚的中资企业对非管理人员的社会保障还不够重视，需要在今后有针对性地加以改进，以维护员工的合法权益，增强现代企业意识。

表 7-12　　　　　管理人员与非管理人员是否享有社会保障　　　（单位：%）

是否享有社会保障	管理人员	非管理人员
是	69.11	49.55
否	30.89	50.45
总计	100.00	100.00

$N=1134$。

接下来就管理人员与非管理人员享有的社会保障类型的差异分析，表 7-13 表现管理人员与非管理人员享有的社会保障类型，有效样本数为 586。从管理人员分析，主要享有社会保障类型为养老保险、医疗保险，分别约占总数的一半（51.76%）和九成（92.94%）；从非管理人员分析，主要享有医疗保险、养老保险，分别为 94.21% 和 43.51%。由此可以分析得出，管理人员与非管理人员享有的社会保障类型主要为医疗保险和养老保险。

表 7-13　　　管理人员与非管理人员享有的社会保障类型（多选题）　（单位：%）

享有哪些社会保障	管理人员	非管理人员
医疗保险	92.94	94.21
养老保险	51.76	43.51
其他	1.18	2.00
不清楚	1.18	1.60

$N=586$。

社会保障是劳动力再生产的保护器，是社会发展的稳定器，是经济发展的调节器。此外，社会保障可以解除劳动力流动的后顾之忧，使劳动力流动渠道通畅，有利于调节和实现人力资源的高效配置。员工在没有后顾之忧的情况下，才能全心全意为企业付出与服务，中资企业只有根据当地法律尽快完善社会保障体系，真正做到以人为本，以增进员工福利为宗旨，才能真正维护好肯尼亚员工的切身利益，给员工提供经济保障与服务保障。

几乎绝大多数企业的员工都会因为各种原因产生纠纷或者诉求，当劳动者认为自身权利受到侵犯时往往会通过不同的方式来解决纠纷，这部分内容具体在问卷中体现的问题为"如果认为本企业没有履行劳动法规，最有可能采取什么方式解决纠纷"，回答选项见表7-14。由表7-14可知，管理人员、非管理人员解决纠纷的方式区别不大，有效样本数为1118。从管理人员分析，解决纠纷方式由多到少依次为找企业管理部门投诉、没有采取任何行动、找企业工会投诉，分别为近七成（72.36%）和不足一成（8.13%、6.50%）；从非管理人员分析，解决纠纷方式由多到少依次为找企业管理部门投诉、没有采取任何行动、向劳动监察部门投诉，分别为近七成（67.34%）、近两成（15.08%）、不足一成（5.23%）。由此可以分析得出，管理人员、非管理人员解决纠纷的方式主要为找企业管理部门投诉，仅有少量的员工没有采取任何行动，员工解决纠纷找工会投诉和向劳动监察部门投诉较少。

表7-14　　　　管理人员与非管理人员解决纠纷方式的差异　　　　（单位：%）

最有可能采取的解决纠纷方式	管理人员	非管理人员
找企业管理部门投诉	72.36	67.34
找企业工会投诉	6.50	4.22
找行业工会投诉	2.44	2.81
向劳动监察部门投诉	4.07	5.23
独自停工、辞职	4.07	2.41
参与罢工	0.81	2.01
上网反映情况	0.81	0.80
没有采取任何行动	8.13	15.08
其他	0.81	0.10
总计	100.00	100.00

$N=1118$。

综上所述，当中资企业的肯尼亚员工认为自身权利受到侵犯时，一般会先选择向企业管理部门投诉，基本上没有人会选择在网上反映情况或者擅自罢工、辞职等激烈的方式。这也能从一个侧面说明肯尼亚员工对中资企业管理部门有较高的信任度，能够在发生问题第一时间去找企业管理部门反映问题，这是一个值得肯定的现象。

接下来的问卷对企业是否按时发放工资的情况进行了调查。在问卷中具体的问题为"这家企业有未按时给您结算工资超过一个月的情况吗？最长一次拖欠了多长时间"。由表7-15可知，主要表现了中资企业管理人员与非管理人员工资拖欠状况，有效样本数为1132。工资拖欠情况以1个月的时间为标准，有超过1个月、未拖欠工资/拖欠未超过一个月的情况。从管理人员分析得出，员工工资拖欠超过一个月的为不足一成（5.65%），员工工资拖欠/拖欠未超过一个月的为超过九成（94.35%）；从非管理人员分析，员工工资拖欠超过一个月的为不足一成（5.26%），员工工资拖欠/拖欠未超过一个月的为超过九成（94.74%）。因此，无论在管理人员还是非管理人员中，超过九成的员工工资没有拖欠情况或者拖欠情况没有超过一个月。中资企业工资支付情况总体良好，但应重视未结算工资超过1个月的情况，这不仅会影响中资企业信誉和形象，还会对本地员工造成不良的影响。

表7-15　　　　　　管理人员与非管理人员工资拖欠状况　　　　　（单位：%）

未结算工资超过1个月	管理人员	非管理人员
超过一个月	5.65	5.26
未拖欠工资/拖欠未超过一个月	94.35	94.74
总计	100.00	100.00

$N=1132$。

综上所述，肯尼亚中资企业员工工资拖欠的情况虽少但仍然存在，这需要引起重视并进一步改善。肯尼亚中资企业要严格遵守肯尼亚在雇佣、解聘、社会保障等方面的规定，依法与肯尼亚员工签订雇佣合同，按时足额发放员工工资，缴纳各类社会保险和补贴等，对员工进行必要的技能培训；在日常生产经营中要重视与工会组织保持必要的沟通，了解员工的思想动态，进行必要的疏导，发现问题及时解决；要建立和谐的企业文化，邀请工会成员参与企业管理，增强员工主人翁意识，激发并保护员工的积极性，凝聚员工的智慧和创造力。

第三节　个人和家庭

一　个人收入

收入作为衡量职业的重要指标，在问卷中体现为问题"每月的工资收入是多少"，单位为肯尼亚货币肯尼亚先令。正如国内外的大部分问卷调查一样，收入在任何地区都是比较敏感和隐私的话题，在肯尼亚也不例外。在问卷样本量为867人情况下，个体的工资最低收入为9600肯尼亚先令，最高收入工资为30000肯尼亚先令以上，标准差是2000肯尼亚先令，这表明肯尼亚中资企业员工的收入差距较大。

为了便于统计描述，由表7-16可知，将肯尼亚员工的月收入层次分为："最低收入群体"（9600—14840肯尼亚先令）、"较低收入群体"（14841—18700肯尼亚先令）、"中等收入群体"（18701—23600肯尼亚先令）、"较高收入群体"（23601—30000肯尼亚先令）、"最高收入群体"（30001肯尼亚先令及以上），共五个群体，有效样本数为867。将"最低收入群体""较低收入群体"进行加总得到"中等以下收入群体"，将"最高收入群体"与"较高收入群体"进行加总得到"中等以上收入群体"。

从收入分配的差异性分析，由表7-16可知，中等以下收入群体（9600—18700肯尼亚先令）占比近四成（38.76%）；中等收入群体（18701—23600肯尼亚先令）近两成（19.38%）；中等以上收入群体（23601肯尼亚先令以上）近四成（41.87%）。由此可以分析得出，肯尼亚中资企业员工整体工资水平在样本量中多居于中高收入群体。此外，在9600—30000肯尼亚先令区间，男性员工的区间人数占比随工资水平呈不断增高趋势，而女性员工的区间人数占比随工资水平呈不断降低趋势。在30001肯尼亚先令及以上区间，女性员工的区间人数占比要高于男性员工。所以，肯尼亚中资企业员工中，女性员工收入相较于男性员工的收入，两极分化现象更为明显。

表7-16　　　　　　　按性别划分的员工月收入层次分布　　（单位：肯先令、%）

性别	9600—14840	14841—18700	18701—23600	23601—30000	30001及以上
男	17.29	18.54	20.40	25.55	18.22
女	25.33	21.78	16.44	12.89	23.56
总计	19.38	19.38	19.38	22.26	19.61

$N=867$。

不同的年龄段意味着处于职业生涯的不同阶段，对于收入也有着重要影响，接下来分析不同年龄组员工之间月收入分布差异，表7-17主要表现中资企业按年龄组划分的员工月收入分布状况，有效样本数为868。从年龄组分析得出，在18—25岁年龄区间，员工月收入主要为9600—14840先令区间，占该收入区间的超三成（32.16%）；在26—35岁年龄区间，员工月收入主要为30001先令及以上，占该收入区间的超两成（23.83%）；在36岁及以上年龄区间，员工月收入主要为23601—30000先令区间，占该收入区间的近三成（26.56%）。从整体情况来看，在23601—30000先令区间的各年龄段人数占比较多，约占整体的两成（22.35%）。此外，在9600—14840先令区间，随着年龄的增长该区间员工占比分布越来越少；在18701—23600先令区间和23601—30000区间，随着年龄的增长该区间员工占比分布越来越多。

表7-17　　　　　　　按年龄组划分的员工月收入分布　　（单位：肯先令、%）

年龄组	9600—14840	14841—18700	18701—23600	23601—30000	30001及以上
18—25岁	32.16	23.35	14.54	17.62	12.33

续表

年龄组	9600—14840	14841—18700	18701—23600	23601—30000	30001 及以上
26—35 岁	14.92	17.82	20.49	22.94	23.83
36 岁及以上	14.58	18.23	22.40	26.56	18.23
总计	19.35	19.35	19.35	22.35	19.59

$N=868$。

通过分析不同教育程度的收入差别,可以看出受教育程度对于收入的重要影响。表7-18主要表现按受教育程度划分的员工月收入分布状况,有效样本数为868。从最高学历分析,未受过教育的员工收入主要集中在9600—14840肯尼亚先令之间的占近四成(38.46%);小学学历的员工收入主要集中在9600—14840肯尼亚先令之间的占近四成(35.76%);中学或专科学历员工收入主要集中在23601—30000肯尼亚先令之间的占近三成(23.71%);本科及以上收入主要集中在30001肯尼亚先令及以上区间的占近六成(55.81%)。从整体分析得出,中等收入以下及中等收入员工,占肯尼亚中资企业所有学历层次的员工群体的五分之三。因此,肯尼亚中资企业各个学历层次收入集中在中等收入、中等收入以下的群体。但受教育程度对员工收入有直接影响,受教育程度越高,越有可能享受高薪收入,也越有可能拉开和其他员工的收入差距。

表7-18　　　　按受教育程度划分的员工月收入分布　　(单位：肯先令、%)

最高学历	9600—14840	14841—18700	18701—23600	23601—30000	30001 及以上
未受过教育	38.46	7.69	23.08	7.69	23.08
小学学历	35.76	16.36	22.42	20.61	4.85
中学或专科学历	17.65	22.99	20.14	23.71	15.51
本科及以上	3.88	8.53	11.63	20.16	55.81
总数	19.35	19.35	19.35	22.35	19.59

$N=868$。

表 7-19 主要表现按出生地划分的员工收入分布状况，有效样本数为 867。按员工出生地进行分析，农村出生的员工，收入区间主要集中在 23601—30000 肯尼亚先令，约占整体的四分之一（24.60%）；而相对较少的是 30001 肯尼亚先令及以上部分，不足五分之一（17.46%）；城市出生的员工，月收入在 30001 肯尼亚先令及以上占近四分之一（22.59%），而较少的为月收入 18701—23600 肯尼亚先令占不足五分之一（17.91%）。由此可以分析得出，月收入在 30001 肯尼亚先令及以上的员工，出生在城市的比例要高于出生在农村的比例。

表 7-19　　　　　　　　按出生地划分的员工月收入分布　　　（单位：肯先令、%）

农村或城镇	9600—14840	14841—18700	18701—23600	23601—30000	30001 及以上
农村	17.66	20.04	20.24	24.60	17.46
城市	21.76	18.46	17.91	19.28	22.59
总计	19.38	19.38	19.26	22.38	19.61

$N=867$。

表 7-20 主要表现了中资企业管理人员与非管理人员的月收入分布状况，有效样本数为 866。从管理人员分析，主要集中在最高收入群体（30001 肯尼亚先令及以上），有近六成的员工（59.57%），而月收入最少的低收入群体（9600—14840 肯尼亚先令）仅为不足一成（4.26%）；从非管理人员分析，月收入分布相差不大，较高收入群体（23601—30000 肯尼亚先令）超两成（23.32%），相对较多，而在最高收入群体（30001 肯尼亚先令及以上）为超一成（14.51%），占比明显最小。从整体来看，主要集中在 23601—30000 肯尼亚先令，占超两成（22.40%）。由此可以分析得出，肯尼亚中资企业管理人员月收入水平集中在中等以上收入水平（23601 以上肯尼亚先令）占整体管理人员超七成（74.46%）；而非管理人员月收入水平集中在中等以下收入

（9600—18700肯尼亚先令）占整体非管理人员超四成（41.58%）。这说明在肯尼亚中资企业管理人员的工资要普遍高于非管理人员，同时也能说明在肯尼亚中资企业的高薪群体绝大多数都是管理岗位人员。

综上所述，在中资企业工作的肯尼亚员工收入差距较大，大部分属于其中的中低收入阶层，员工收入与在肯中资企业的类型及员工岗位、受教育程度、工作熟练程度有较大关系，与出生地、性别没有直接联系。

表7-20　　　　　管理人员与非管理人员的月收入分布　（单位：肯先令、%）

是否是管理人员	9600—14840	14841—18700	18701—23600	23601—30000	30001及以上
管理人员	4.26	11.70	9.57	14.89	59.57
非管理人员	21.24	20.34	20.60	23.32	14.51
总计	19.40	19.40	19.40	22.40	19.40

$N=866$。

二　家庭收入

接下来对肯尼亚员工家庭年收入状况进行对比分析。

表7-21主要表现了中资企业员工家庭年收入状况，有效样本数为717。按照家庭年收入分布区间所占百分比分析，家庭年收入在中等的（150001—240000肯尼亚先令）占整体超两成（22.04%）；家庭年收入在中等以上的（240001以上肯尼亚先令）占整体的近四成（37.8%）；家庭年收入在中等以下的（20000—150000肯尼亚先令）占整体的超四成（40.17%）。由此可知，肯尼亚中资企业员工家庭收入差距较大，其中大部分家庭收入主要集中在中等收入以下区间、中等收入以上区间，而中等收入区间较少。这说明，肯尼亚中资企业员工家庭收入两极分化较大，这在一定程度上反映出肯员工收入的差距及其对家庭、社会的影响。

表 7-21　　　　　　　　　家庭年收入状况　　　　　（单位：肯先令、%）

家庭年收入	频数	百分比
20000—96000	141	19.67
96001—150000	147	20.50
150001—240000	158	22.04
240001—400000	151	21.06
400001 及以上	120	16.74
总计	717	100.00

$N=717$。

第四节　家庭地位和耐用消费品

本节从主观认同的家庭社会经济地位、客观实际的家庭耐用消费品拥有情况等两个方面进行观察，从而对当前中资企业肯尼亚员工的家庭基本情况有一个直观的了解。

一　家庭地位

家庭是组成社会的最小单元，也是最重要、最基本、最核心的经济组织，同时也是人们最重要的精神家园。现有的诸多研究成果表明，人们对许多社会现象和社会现实的看法和态度，更多的是取决于自我认定的社会经济地位，而不是客观上的经济收入水平，这说明人们在主观上自我认同的社会阶层比客观上的收入阶层更具有解释力。因此，肯尼亚调查问卷采集了肯尼亚员工对自己家庭经济情况的主观认识。问卷中具体的问题为"人们有时候会谈论家庭社会经济状况处于上层或底层，设想一个 10 级的台阶，第 1 级代表社会经济地位最低，第 10 级代表最高，您认为您当前的家庭社会经济地位应该位于以下第几个台阶上"，回答选项有"1 到 10 个阶层"。第二个问题是为了了解肯尼亚员工在进入中资企业之前对自己家庭经济社会地位的自评情况,再通过定量化分析,从而客观地了解该员工在进入中资企业工作之后生活质量是否有所好转。

通过访问发现,许多肯尼亚员工的自评相对保守,大多数受访者认为自己的家庭经济状况"一般"。从数据进行分析,无论是城市员工还是农村员工,主观上对自己家庭经济状况的满意度均较低。这一定程度上反映出在肯中资企业员工普遍来自较低的社会阶层。

表7-22主要表现员工当前和进入企业时的家庭社会经济地位自评状况。从总体上看,员工当前自评的家庭社会经济地位要略高于最初进入企业时的状态。最初进入中资企业时,员工的家庭社会经济地位自评平均分为5.16(标准差为2.00)。而当前的家庭社会经济地位平均分略有提高为5.35(标准差为1.90),上升了0.19。由此分析得出,肯尼亚员工进入中资企业后,家庭社会经济地位略有改善。

表7-22　　　　　当前和进入企业时的家庭社会经济地位自评　　(单位:个 %)

时间点	样本量	均值	标准差	最小值	最大值
当前	1118	5.35	1.90	1	10
进入企业时	1121	5.16	2.00	1	10

二　拥有耐用消费品情况

随着肯尼亚经济社会的发展,肯尼亚人民的生活得到了一定程度的改善和提高,由此,肯尼亚普通家庭和民众对家电的需求也保持着稳定的增长势头。接下来对中资企业肯尼亚员工的家庭耐用消费品拥有情况进行具体的数据分析,从而对员工的家庭经济状况有一个更为全面客观的了解。

问卷调查所涉及的家电主要有电视、手机、冰箱、摩托车和汽车等五类家庭耐用消费品。电视作为获取外界信息,增加生活乐趣和丰富娱乐活动的主要电器,几乎成了现代肯尼亚家庭必备且基本都拥有的电器;手机是现代社会人与人之间交流和交换信息的重要终端,因此也是肯尼亚人手必备的电器之一；因为肯尼亚独特的气候条件，使用冰箱或冰柜来给食物保鲜是人民生活质量的体现；内罗毕城市街巷较窄，单行道较多，且摩托车轻便易行，摩托车便成了肯尼亚人最主要的交通工具；汽车相对于摩托车而言，能给全家的便捷出行带来极大的便利，但因为价格等因素，许多中等及中等以下收入阶层的家庭都较难承受此项支出，因此汽车在肯尼亚家庭的普及率也并不高。

表7-23主要表现了按受教育程度划分的家庭耐用消费品拥有率状况，有效样本数为1134。按受教育程度分析得出，未受过教育的肯员工家庭消费品拥有率由高到低为手机、电视、冰箱、摩托车和汽车，分别为全部拥有（100.00%）、整体的超四成（43.75%）、近三成（25.00%）、近两成（18.75%）和超过一成（12.50%）；小学学历的消费品拥有率由高到低为手机、电视、摩托车、冰箱和汽车，分别为超八成（83.19%）、近四成（35.78%）、近一成（8.62%）、不足一成（3.45%）和（1.72%）；中学或专科学历的消费品拥有率由高到低为手机、电视、冰箱、汽车和摩托车，分别为超九成（91.49%）、超六成（64.35%）、超两成（20.84%）、近一成（9.74%和9.51%）；本科及以上学历的消费品拥有率由高到低为手机、电视、冰箱、汽车和摩托车，分别为超九成（91.18%）、超八成（81.55%）、超七成（70.41%）、超三成（30.36%）和不足一成（8.28%）。由此可以分析得出，手机和电视是肯尼亚中资企业员工在各个学历层次的员工最需要的家庭耐用消费品。汽车、电视、冰箱的拥有率一定程度上与受教育程度呈正相关关系。

表7-23　　　　按受教育程度划分的家庭耐用消费品拥有率　　　　（单位：%）

受教育程度	汽车	电视	摩托车	手机	冰箱
未受过教育	12.50	43.75	18.75	100.00	25.00
小学学历	1.72	35.78	8.62	83.19	3.45
中学或专科学历	9.74	64.35	9.51	91.49	20.84

续表

受教育程度	汽车	电视	摩托车	手机	冰箱
本科及以上	30.36	81.55	8.28	91.18	70.41
总计	11.19	60.76	9.28	89.87	24.73

$N=1134$。

表7-24主要表现了员工按出生地划分的家庭耐用消费品拥有率状况，有效样本数为1131。按家庭出生地来看，农村出生的员工消费品拥有率由高到低分别为手机、电视、冰箱、摩托车和汽车，分别为占整体的近九成（89.17%）、近六成（56.29%）、近两成（18.59%）、不足一成（9.37%和7.88%）；城市出生的员工消费品拥有率由高到低分别为手机、电视、冰箱、汽车和摩托车，分别为占整体超九成（90.85%）、近七成（67.79%）、超三成（34.16%）、近两成（16.37%）和不足一成（9.21%）。由此可以分析得出，手机和电视是员工家庭最主要的耐用消费品，而员工出生在城市更注重电视和冰箱的消费。通过对比可以发现，肯尼亚家庭耐用消费品拥有率在汽车和冰箱上的城乡差异较为明显。

表7-24　　　　按出生地划分的家庭耐用消费品拥有率　　　（单位：%）

出生地	汽车	电视	摩托车	手机	冰箱
农村	7.88	56.29	9.37	89.17	18.59
城市	16.37	67.79	9.21	90.85	34.16
总计	11.23	60.83	9.31	89.83	24.73

$N=1131$。

表7-25表现了员工按月收入划分的家庭耐用消费品拥有率的状况，有效样本数为868。按消费收入划分分析，在9600—14840肯尼亚先令，手机和电视拥有率最高为近九成（86.90%）、近五成（47.62%）；在14841—18700肯尼亚先令，手机和电视拥有率最高为

近九成（87.50%）、超五成（51.19%）；在 18701—23600 肯尼亚先令，手机和电视机拥有率最高为超九成（90.48%）、近六成（58.93%）；在 23601—30000 肯尼亚先令，手机和电视拥有率最高为 95.88%、69.07%；在 30001 先令及以上，手机、电视和冰箱拥有率较高，分别为超九成（94.71%）、近九成（87.65%）、超六成（64.12%）。由此可以分析得出，在 9600—30000 肯尼亚先令，手机和电视拥有率较高；在 30001 肯尼亚先令及以上，手机、电视和冰箱拥有率较高。因此，手机和电视是员工家庭消费品拥有率的主力，而冰箱则成为家庭收入达到一定程度后的需求热点。

表 7-25　　　　按月收入划分的家庭耐用消费品拥有率　（单位：肯先令、%）

月收入	汽车	电视	摩托车	手机	冰箱
9600—14840	4.76	47.62	5.99	86.90	7.74
14841—18700	5.95	51.19	9.52	87.50	14.29
18701—23600	5.36	58.93	7.74	90.48	16.07
23601—30000	5.15	69.07	12.89	95.88	19.59
30001 及以上	35.29	87.65	14.71	94.71	64.12
总计	11.18	63.13	10.27	91.24	24.31

$N=868$。

随着全球信息化的发展，肯尼亚民众能够紧跟潮流的步伐，对移动电话的需求率和使用率大为提高。在此次的调研活动中，肯尼亚的 4G 网络令人印象深刻。与此同时，调研发现肯尼亚家庭汽车拥有率很低，这体现出肯尼亚员工家电存在基本耐用消费品普及率较高，但是高档家电普及率较低，城乡家电普及率差异较大的现状，这些状况都反映了有少部分肯尼亚员工具有较高的购买力，同时存在一定的地区贫富差距，部分员工只能保障正常的生活，这在一定程度上体现了肯尼亚工业社会发展初期的消费特征。随着肯尼亚经济发展、民生改善、人民生活水平的不断提高，肯尼亚民众的购买力将不断增强，肯尼亚民众对汽车、空调等高档家庭耐用消费品的需求会有极大的提升空间。

三　拥有耐用消费品的原产国分布情况

中国与肯尼亚自1963年12月14日建交以来，两国友好合作关系发展顺利。肯尼亚是中国在东非的重要合作伙伴，近年来双方在经贸、文化、教育等领域的合作不断加强。自建交以来，中国为肯尼亚援建的主要项目有卡通都医院、莫伊国际体育中心、中非联合研究中心、内罗毕大学孔子学院、肯雅塔大学语言文化中心等。中肯于1978年签订贸易协定，2001年签订投资保护协定，2011年3月成立双边贸易、投资和经济技术合作联合委员会。据肯海关数据，2018年双边贸易额达37.4亿美元，其中中方出口额36.33亿美元，中方进口额1.1亿美元。中方主要出口机电设备、电子类产品、服装和纺织纱线、钢铁及其制品等，主要进口矿砂、农产品、皮革制品等。[①]按理说，规模如此巨大的双边贸易应该早就使中国品牌在肯尼亚占据一席之地，但事实并非如此。中国的商品尚未在肯尼亚市场树立良好的品牌形象，许多涉华的不法商业行为也造成了部分肯尼亚民众对中国品牌抱有消极的看法，认为中国商品虽然价廉物却不美，或是质量不好或多是假货，因此在家庭耐用消费品的选择上主要以选择中国中低端商品居多，而高端商品仍以美国、日本制造为主。此外，还有部分肯尼亚民众不认识或不熟悉中国品牌，即使自己正在使用"中国制造"的商品，但其本人并不知情。

肯尼亚员工对品牌的选择实际上包含了对品牌的认可、喜爱和信任，也能体现肯尼亚民众对当今各国品牌喜爱与信任程度。接下来通过下列图表分析肯尼亚家庭拥有耐用消费品的原产国分布情况，从而了解当下肯尼亚家庭对各国品牌的认知与喜爱情况。

---

① 《中国同肯尼亚的关系》，2019年3月，中华人民共和国驻肯尼亚大使馆（https://www.fmprc.gov.cn/ce/ceke/chn/sbgx/t830096.htm）。

图 7-2 主要表现员工家庭拥有轿车/吉普车/面包车的原产国百分比分布状况，样本总数为 127。从整体可以分析得出，日本制造的轿车/吉普车/面包车最受欢迎，占整体六成多（62.20%）；中国制造的轿车/吉普车/面包车普及程度最高，位列第二位，占整体两成多（25.98%）；印度制造的轿车/吉普车/面包车所占比例最少，整体上不足一成（3.15%）；由此可以分析得出，日本制造的轿车/吉普车/面包车普及程度最高，最受员工欢迎，印度制造的轿车/吉普车/面包车尚未得到员工的认可，中国制造的轿车/吉普车/面包车有一定市场，有较大的发展潜力。

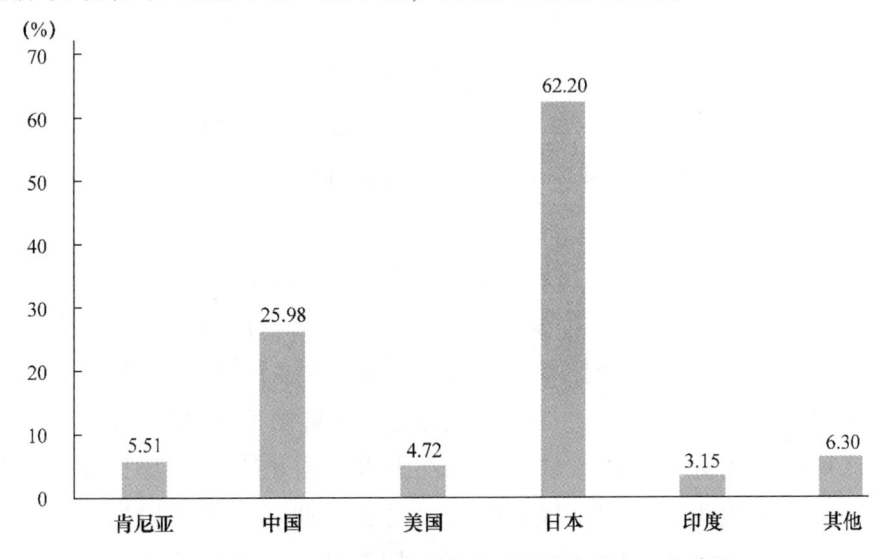

图 7-2 家庭拥有轿车/吉普车/面包车的原产国百分比分布（多选题）（$N=127$）

图 7-3 主要体现员工家庭拥有彩色或黑白电视的原产国百分比分布情况，样本总数为 689。由整体可以分析得出，中国制造的彩色或黑白电视占三分之二以上，占整体近八成（76.20%）；日本制造的彩色或黑白电视远落后于中国，占整体近一成（9.72%）；肯尼亚和美国制造的彩色或黑白电视都不足一成（4.35% 和 3.05%）。由此可以分析得出，中国制造彩色或黑白电视受肯尼亚中资企业本地员工欢迎，而肯尼亚和美国制造的彩色或黑白电视所占比例较少。日本制造的电视占比较小的情况大概与价格有关。

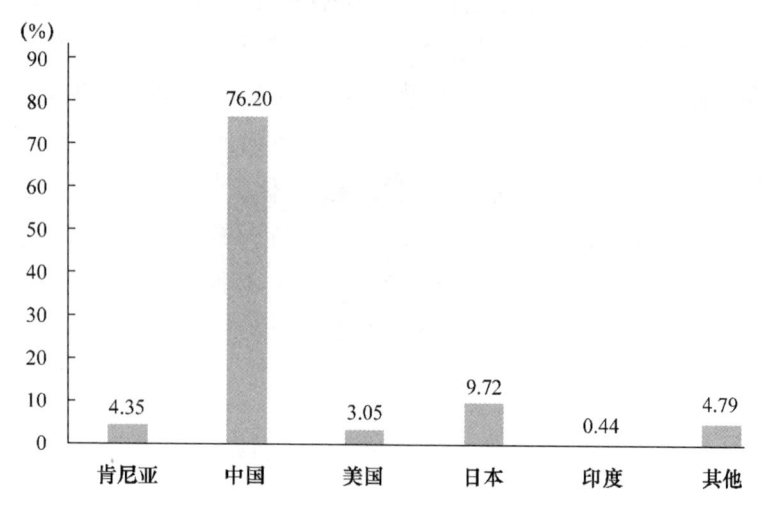

```
(%)
90
80    76.20
70
60
50
40
30
20
10   4.35         3.05    9.72   0.44   4.79
    肯尼亚  中国   美国   日本   印度   其他
```

图7-3 家庭拥有彩色或黑白电视的原产国百分比分布（多选题）（$N=689$）

图7-4主要体现员工家庭拥有滑板车/摩托车/轻便摩托车的原产国百分比分布，总样本数为105。由整体可以分析得出，中国制造的滑板车/摩托车/轻便摩托车在肯员工家庭占绝对的优势地位，占整体的近七成（65.71%）；美国制造的滑板车/摩托车/轻便摩托车所占百分比最低，约为0.95%。由此可以分析得出，在员工中中国制造比美国制造的滑板车/摩托车/轻便摩托车更受欢迎。

由图7-5所知，表现了员工家庭拥有移动电话的原产国百分比分布，有效样本数是1020。由整体分析得出，员工家庭拥有移动电话的原产国百分比最高的国家是中国，占整体近九成（87.55%）；其次为肯尼亚为不足一成（8.24%），其他国家依次为美国、日本、印度，百分比均不足一成（不超过5%）。由此可以分析得出，中国生产的移动电话因技术、价格优势，广受当地家庭欢迎，而本地生产的移动电话略高于美国、日本、印度，但整体偏低。

由图7-6可知，在肯尼亚中资企业本地员工家庭拥有冰箱的原产国百分比分布状况，总样本数为280。通过整体分析得出，中国制造的冰箱所占百分比最高占整体近六成（55%）；印度制造的冰箱所占

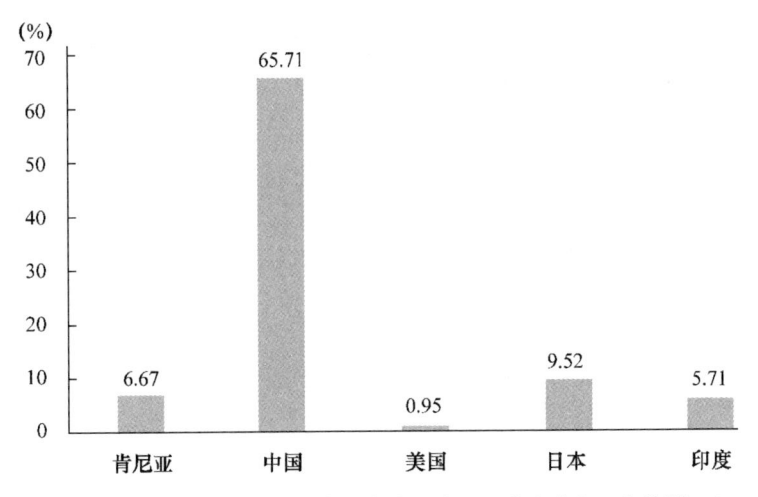

图 7-4　家庭拥有滑板车/摩托车/轻便摩托车的原产国百分比分布（多选题）（$N=105$）

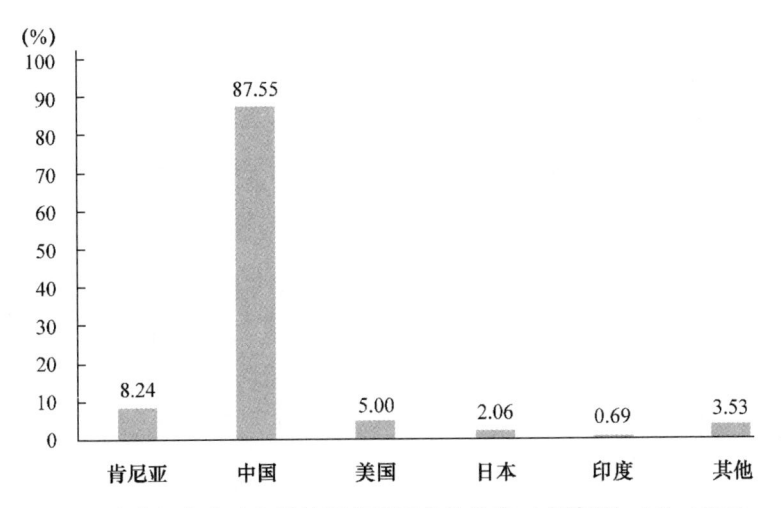

图 7-5　家庭拥有移动电话的原产国百分比分布（多选题）（$N=1020$）

百分比最低，约为 0.36%；日本、美国制造的冰箱位列第二位、第三位，占整体的超过一成（10.71%）和不足一成（8.21%）；而肯尼亚本国制造的冰箱所占比例仅高于印度，不足整体的一成（5.36%）。由此可以分析得出，中国制造的冰箱最受肯尼亚中资企业肯尼亚员工的欢迎，日本和美国制造的冰箱要远落后于中国，肯尼亚本国生产的冰箱较少。从总样本数分析，拥有冰箱的员工数量较少，反映了肯社会较低的消费水平和电力基建水平。

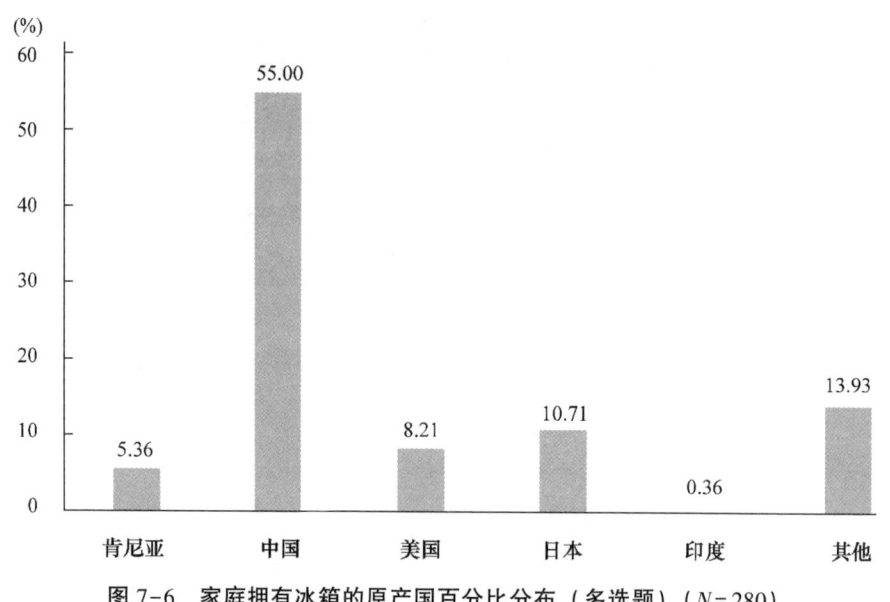

图 7-6 家庭拥有冰箱的原产国百分比分布（多选题）（$N=280$）

肯尼亚 5.36；中国 55.00；美国 8.21；日本 10.71；印度 0.36；其他 13.93

综上所述，除汽车外，在肯有绝对多数的消费者的中国制造耐用消费品很少，但是中国还未在肯尼亚树立起"中国品牌"形象，这也使得肯尼亚对中国商品没有树立起信心和信任度。与早已深入人心的日美品牌相比较，高端商品的市场份额占有率仍有较大的差距。此外，最初进入肯尼亚市场的部分中方企业一度以"质差价廉"的商品打入非洲市场。长远来看，低廉的"中国制造"会导致消费市场的丧失，也逐渐会失去当地民众的信任。此外，由于一些涉华不法商业行为，使得大量假冒伪劣产品通过走私渠道进入肯尼亚市场，再随着网络的普及和反华媒体的渲染，会使得肯尼亚民众对"中国品牌"产生难以抹去的阴影和不良观感。

因此，"中国品牌"和"中国制造"若想在肯尼亚市场扭转乾坤，立足长远，需要针对肯尼亚市场的最新形势和特点，制定有效的应对措施，以"质量"取胜则是关键。概言之，中资企业和中国商品想要在肯尼亚市场树立起消费者欢迎的品牌形象，任重而道远。

第八章

肯尼亚中资企业员工的交往与态度

本章主要涉及的问卷内容包括中资企业肯尼亚员工的社会交往与社会距离、对中资企业的评价两个模块。其中,社会交往与社会距离这一模块中,主要从受访员工与中美印日四国的交往态度及各类别下员工拥有的中国朋友差异,来描述肯尼亚员工与中国人交往的具体情况,同时对肯尼亚员工对待主要外国人员的交往态度进行确切的了解。本章中的第二节为企业评价,该部分主要从族群、宗教、职位存在差异的肯尼亚员工对于中资企业是否尊重了他们当地的风俗习惯和宗教信仰,及是否满意本企业的工作作息时间和晋升制度方面进行评价,通过这些差异的数据分析更直观地了解肯尼亚员工对于中资企业的认同感。

第一节 社会交往与社会距离

社会交往是一个人在社会中立足的一项基本活动,往往反映出人与人之间的影响程度以及不同种族、文化之间的交往情况。在本节中,主要分为"肯尼亚员工与中/美/印/日四国人之间的社会距离"和"肯尼亚员工与中国人交往情况"两个部分。第一部分中,图8-1为问题:员工是否愿意与各国民众成为伴侣/朋友/邻居/同事/点头之交等社会关系,从最亲密的"伴侣"关系开始作答,若产生抗拒情绪将依次往下作答直至最后一个"拒绝其来到我们国家"。第二部分为表8-1至

表8-4，通过性别和职位差异的区分，更直观地展现出不同类别下，肯尼亚员工在企业及个人生活中与中国人社会交往的变化。

一 与外国人的社会距离

从员工与中美印日四国民众的社会距离分布信息来看，大多数受访员工较愿意与美国（55.48%）和中国（42.63%）民众成为亲密的伴侣关系，而日本和印度仅占了三成多。其次，受访员工们与四国成为朋友的意愿排名分别是中国（36.98%）、日本（36.38%）、印度（35.85%）、美国（24.65%）。在其他数据如成为邻居、同事和点头之交中各国的差距较小，中国在社会关系"邻居和点头之交"中居于末位，分别是6.18%和0.79%；而在"成为同事"和"生活在同一城市"的数据中，美国分别为3.45%和1.15%，低于其他国家；而"拒绝其来我们国家"一项中，印度为1.95%，虽各国在该项都不为0，但是印度要高于其他国家，总体来看，印度人在肯尼亚员工中的交往意愿程度较低。

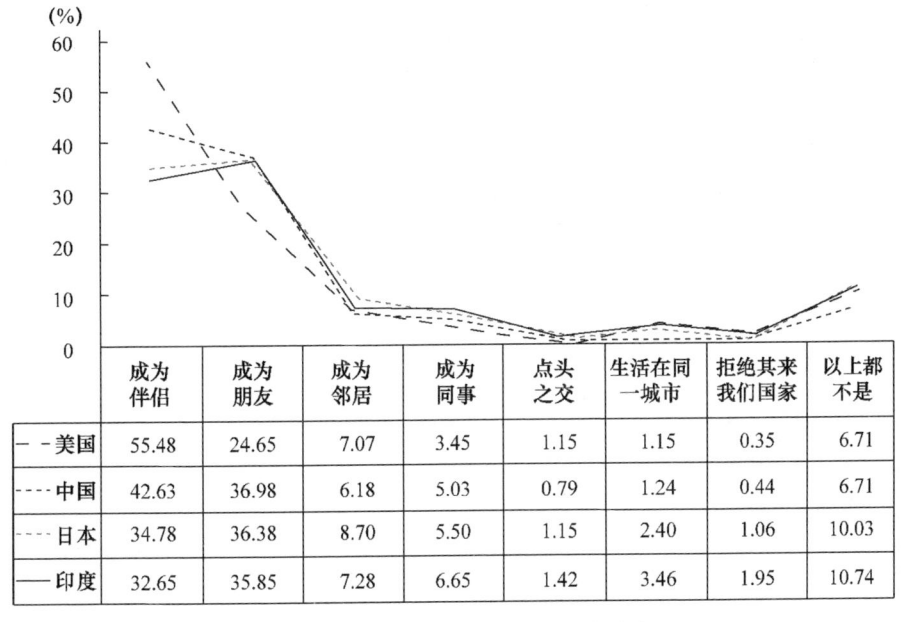

	成为伴侣	成为朋友	成为邻居	成为同事	点头之交	生活在同一城市	拒绝其来我们国家	以上都不是
-·美国	55.48	24.65	7.07	3.45	1.15	1.15	0.35	6.71
····中国	42.63	36.98	6.18	5.03	0.79	1.24	0.44	6.71
---日本	34.78	36.38	8.70	5.50	1.15	2.40	1.06	10.03
—印度	32.65	35.85	7.28	6.65	1.42	3.46	1.95	10.74

图8-1 员工与中美印日四国民众的社会距离分布（$N=1132$）

二 与中国人的交往情况

针对按性别划分的员工在企业中拥有中国朋友的数据,男性样本量是 800 份,女性样本量仅为 321 份,男性样本量是女性的近 2.5 倍。男女受访员工在企业平均拥有 2 个中国朋友,男性样本标准差 (4.59) 高于女性样本差 (3.59),在最小值上男女员工均为 0,但男性员工样本的最大值为 50,接近女性样本量的两倍。

表 8-1　按性别划分的员工在本企业拥有的中国朋友数量差异　（单位：个）

性别	样本量	均值	标准差	最小值	最大值
男	800	2.35	4.59	0	50
女	321	2.11	3.59	0	30

针对管理人员与非管理人员在本企业拥有的中国朋友数据,受访员工中,非管理人员样本量为 998 个,大致为管理人员（122 个）的 8 倍,而他们在本企业拥有中国朋友的差异主要体现在均值和标准差上。管理人员平均拥有 5 个左右的中国朋友,非管理人员则为 2 个左右;管理人员的标准差为 7.40,相对于非管理人员的 3.62 体现了管理人员在企业中能与中国人建立更稳定的朋友关系。此外,双方在拥有中国朋友最大值和最小值中均为 0 和 50,体现了员工个体在交友方面性格上的差异。

表 8-2　管理人员与非管理人员在本企业拥有的中国朋友数量差异　（单位：个）

是否是管理人员	样本量	均值	标准差	最小值	最大值
管理人员	122	5.33	7.40	0	50
非管理人员	998	1.91	3.62	0	50

针对按性别划分的员工在企业外拥有的中国朋友数量差异数据,

男性样本量为804个，女性样本量（322个）不足男性样本量的一半。从均值和标准差上看，双方差异较小，均值上都趋近于1个朋友，而男性员工中国朋友数量的标准差（3.06）略高于女性员工（2.53），其朋友关系较波动于女性员工。男性拥有朋友数量最多高达50个，是女性员工拥有数量的两倍，但双方最小值都为0。

表8-3　按性别划分的员工在企业外拥有的中国朋友数量差异　（单位：个）

性别	样本量	均值	标准差	最小值	最大值
男	804	1.11	3.06	0	50
女	322	0.93	2.53	0	25

针对管理人员与非管理人员在企业外拥有的中国朋友数量差异的数据，受访管理人员样本量为123个，远低于非管理人员样本量的1002个。从均值上看，管理人员在企业中拥有的中国朋友平均为2个左右，高于非管理人员（0.87）约2倍，在标准差上，双方的表现差异较小，管理人员（3.77）较稳定于非管理人员（2.75）。在个体差异上，双方最小值均为0，拥有中国朋友数量最多的管理人员为20个，远远低于非管理人员的50个中国朋友。

表8-4　管理人员与非管理人员在企业外拥有的中国朋友数量差异（单位：个）

是否是管理人员	样本量	均值	标准差	最小值	最大值
管理人员	123	2.54	3.77	0	20
非管理人员	1002	0.87	2.75	0	50

综上所述，从中资企业肯尼亚员工的社会交往与社会距离考察，他们与美国人和中国人的交往意愿较高，但与印度人的交往意愿较低。他们中很多人都与身边的中国人成为了朋友，而男性与管理人员由于性格和职务要求更为开放。这种情况反映了中资企业在肯尼亚较

为深入的社会影响,也为中肯交往合作的进一步发展奠定了基础。

第二节 企业评价

员工对于一个企业的评价包含了员工自身对该企业的认同感和归属感,这对于一个企业的未来发展有着重要作用。第二节的问卷内容主要涉及本地风俗习惯、宗教信仰、作息时间和晋升制度四个方面,问题将从族群、宗教信仰和职位的划分展开,包括各个类别下肯尼亚员工是否认可中资企业对于他们本地风俗和宗教信仰的尊重,及是否满意企业现行的作息时间和晋升制度。

一 是否尊重本地风俗习惯

在肯尼亚众多的族群中,主要的族群为基库尤族、卢希亚族、卡伦金族、卢奥族和坎巴族,从按族群划分的"是否同意'本企业尊重本地风俗习惯'"的数据上看,完全不同意这一观点的员工占各个族群的5.31%、5.99%、8.22%、8.43%、11.93%,其中坎巴族的不满情绪较为突出;持"不同意"态度的员工中,除了基库尤族为8.13%外,其他族群皆超过了10%,其中卢希亚族和卢奥族分别为14.08%和18.07%;持"一般"态度的受访员工中,卢希亚族(46.13%)和卡伦金族(45.21%)占的比例接近五成,基库尤族(35.94%)和坎巴族(35.80%)为三成多,卢奥族持"一般"态度的员工仅为19.28%,低于其他族群;持"基本同意"态度的数据显示,只有基库尤族(30.00%)达到了三成,其他族群在20%—30%之间,总体上差异较小;认为"本企业完全尊重本土风俗习惯"的员工中,基库尤族(20.63%)和坎巴族(19.32%)和卢奥族(26.51%)所占其族群员工比例均接近或高于两成,卡伦金族仅占了10.96%,相较于其他族群少了一倍左右。

此外,除了以上几个主要的族群外,肯尼亚其他少数族群在该问题受访中，29.31%的员工持"一般"态度，20%左右的员工持"完全不同意"或"不同意"的态度，而有超过40%的员工"同意"或"完全同意"。总体上看，在受访的所有员工中，超过40%的员工认为企业尊重了他们当地的风俗习惯，但是仍有近20%的员工认为当地中资企业尚未做到这一点，有36.85%的员工持中立的态度。

表8-5　　按族群划分的是否同意"本企业尊重本地风俗习惯"　　（单位：%）

族群	完全不同意	不同意	一般	基本同意	完全同意
基库尤族	5.31	8.13	35.94	30.00	20.63
卢希亚族	5.99	14.08	46.13	20.77	13.03
卡伦金族	8.22	12.33	45.21	23.29	10.96
卢奥族	8.43	18.07	19.28	27.71	26.51
坎巴族	11.93	10.80	35.80	22.16	19.32
其他	10.34	14.94	29.31	27.01	18.39
总计	7.75	12.16	36.85	25.32	17.93

$N=1110$。

就按宗教信仰划分的是否同意"本企业尊重本地风俗习惯"数据来看，信仰新教的员工中，19.81%持"完全不同意"或"不同意"的态度，而信仰天主教（19.27%）和伊斯兰教（21.21%）也都是两成左右，仅印度教徒在"完全不同意"上达到了100%，由于受访人员中印度教徒的样本量较少，不排除该项数据仅反映个别极端的不满情绪的可能。持"一般"态度的教徒中，除了伊斯兰教仅为18.18%外，信仰新教和天主教的员工均超过了35%，有接近四成的教徒表达了较为中立或保守的态度；持"同意"和"完全同意"态度的员工中，新教徒所占的比例为42.29%，而天主教为42.19%，均超过四成。穆斯林对该议题满意度较高，有60.60%的穆斯林员工持同意态度。除了这几大宗教信众外，数据显示其他宗教信仰者对于该议题的满意度较低，有16.67%持"不同意"态度，持"一般"和"同意"态度的分别各为三成和五成左右；而"没有宗教信仰"的员工也表达了自身对该议题的想法，在无信仰的受访员工中，40%的人持"不同意"态度，持"一般"和"同意"的员工均为三成。

表8-6　按宗教信仰划分的是否同意"本企业尊重本地风俗习惯"（单位：%）

宗教信仰	完全不同意	不同意	一般	基本同意	完全同意
新教	6.60	13.21	37.89	23.74	18.55
天主教	8.59	10.68	38.54	26.56	15.63
伊斯兰教	15.15	6.06	18.18	36.36	24.24
印度教	100.00	0.00	0.00	0.00	0.00
其他	5.00	11.67	30.00	30.00	23.33
不信仰任何宗教	20.00	20.00	30.00	10.00	20.00
总计	7.65	12.10	37.01	25.27	17.97

$N=1124$。

针对按管理人员和非管理人员是否同意"本企业尊重本地风俗习惯"的数据，从总体上看，管理人员的满意度高于非管理人员。持"不同意"观点的管理员工仅占12.10%，非管理人员在该项数据上高出了8个百分点，约为20.74%，在持"一般"态度的员工中，管理人员为25.81%，低于非管理人员的38.38%；最后，从管理人员和非管理人员对于同意该议题占比来看，管理人员高达62.09%，非管理人员为40.88%，管理人员高出了非管理人员约20个百分点，因此管理人员在"本企业尊重本地风俗习惯"上体现了更高的满意度。

表8-7　管理人员与非管理人员是否同意"本企业尊重本地风俗习惯"

（单位：%）

是否是管理人员	完全不同意	不同意	一般	基本同意	完全同意
管理人员	5.65	6.45	25.81	29.03	33.06
非管理人员	7.98	12.76	38.38	24.63	16.25
总计	7.72	12.07	37.00	25.11	18.10

$N=1127$。

二 是否尊重员工宗教信仰

针对按族群划分的是否同意"本企业尊重我的宗教信仰"的数据看,在肯尼亚的主要族群基库尤族、卢希亚族、卡伦金族、卢奥族和坎巴族中,持"完全不同意"和"不同意"态度的受访员工占各族群的20%左右,仅基库尤族的占比较低,约为14.38%;而就持"一般"态度的数据上看,基库尤族(33.13%)、卢希亚族(38.08%)、卡伦金族(39.19%)和坎巴族(29.71%)均接近或超过30%,仅卢奥族为18.07%,体现了此族群在"本企业是否尊重自己的宗教信仰"上的态度较为分化;针对各族群关于该议题的满意度来看,基库尤族(52.51%)、卢奥族(54.22%)和坎巴族(50.29%)持"基本同意"和"完全同意"的员工占比均超过五成,体现了这些族群较满意其所在企业对其宗教信仰的尊重,而卢希亚族和卡伦金族也有达到四成左右的员工表达了较满意的态度。此外,除了肯尼亚这五大族群外,针对其他族群的数据看,其"不同意""一般""同意"占比分别为27.01%、25.86%、47.13%,不同意的比例相对较高。(见表8-8)

表8-8　按族群划分的是否同意"本企业尊重我的宗教信仰"　　(单位:%)

族群	完全不同意	不同意	一般	基本同意	完全同意
基库尤族	5.00	9.38	33.13	28.13	24.38
卢希亚族	7.83	14.95	38.08	24.91	14.23
卡伦金族	6.76	14.86	39.19	22.97	16.22
卢奥族	9.64	18.07	18.07	25.30	28.92
坎巴族	10.29	9.71	29.71	26.86	23.43
其他	10.92	16.09	25.86	29.89	17.24
总计	7.95	12.92	31.98	26.83	20.33

$N=1107$。

针对按宗教信仰划分的是否同意"本企业尊重我的宗教信仰"数据上看，无论是信仰主要的宗教或是"其他宗教"的教徒，其表达的"不满"态度均接近20%左右，仅信仰印度教的"完全不同意"占比达到了100%；而持不太确定或中立态度的各个教徒占比均接近30%左右，持较为明确的"基本同意"和"完全同意"的各个教徒占比分别为新教（46.93%）、天主教（46.33%）、伊斯兰（51.51%）和其他宗教（55.00%），由此可见各宗教教派的差异较小，接近或超过半数的比例较满意企业对于其宗教信仰的尊重。（见表8-9）

表8-9　按宗教信仰划分的是否同意"本企业尊重我的宗教信仰"（单位：%）

宗教信仰	完全不同意	不同意	一般	基本同意	完全同意
新教	6.93	13.23	32.91	25.83	21.10
天主教	8.12	12.04	33.51	28.01	18.32
伊斯兰教	18.18	6.06	24.24	24.24	27.27
印度教	100.00	0.00	0.00	0.00	0.00
其他	5.00	18.33	21.67	33.33	21.67
不信仰任何宗教	11.11	33.33	33.33	22.22	0.00
总计	7.68	13.04	32.23	26.88	20.18

$N=1120$。

针对管理人员和非管理人员是否同意"本企业尊重我的宗教信仰"数据上看，管理人员对该议题的态度相比于非管理人员较为分化，持不确定态度的占比在管理人员中为20.49%，有12.30%的员工"不同意"或"完全不同意"企业做到了尊重自己的宗教信仰，但有高达67.22%的管理人员较满意企业对于其宗教信仰的尊重，可见管理人员在该议题上展现了比非管理人员（44.55%）更高的满意度。（见表8-10）

表 8-10　管理人员与非管理人员是否同意"本企业尊重我的宗教信仰"（单位：%）

是否是管理人员	完全不同意	不同意	一般	基本同意	完全同意
管理人员	8.20	4.10	20.49	31.97	35.25
非管理人员	7.79	13.99	33.67	26.07	18.48
总计	7.84	12.91	32.24	26.71	20.30

$N=1123$。

三　对企业工作时间的态度

针对按族群划分的是否同意"喜欢本企业工作时间作息"的数据看，各族群持不确定或一般态度的比例均浮动在20%—30%，值得关注的是，卢希亚族在该项数据的占比高达41.40%，可见卢希亚族在该问题上较保守或比较中立，而卢奥族则仅有21.43%的员工持"一般"态度。总体上看，在受访的所有族群中，18.50%的受访者较不满意其企业的工作时间作息，33.51%的受访者没有表达较明确的态度，而有47.99%的受访者基本对现工作时间作息较为满意；在所有族群中，满意度最高的族群为卢奥族，高达61.90%，其他族群均浮动在50%左右。（见表8-11）

表 8-11　按族群划分的是否同意"喜欢本企业工作时间作息"（单位：%）

族群	完全不同意	不同意	一般	基本同意	完全同意
基库尤族	4.36	6.23	33.64	34.89	20.87
卢希亚族	5.26	15.44	41.40	24.56	13.33
卡伦金族	3.90	15.58	36.36	29.87	14.29
卢奥族	5.95	10.71	21.43	32.14	29.76
坎巴族	11.36	10.23	31.82	26.70	19.89
其他	9.66	17.05	26.70	28.41	18.18
总计	6.61	11.89	33.51	29.40	18.59

$N=1119$。

从按宗教信仰划分是否同意"喜欢本企业工作时间作息"的数据占比看,"完全同意"的印度教徒占了100%,体现了绝对的满意度;除了印度教外,信仰新教、天主教、伊斯兰教和其他宗教的员工们,对于该议题持较满意态度的占比均超过了45%,其中信仰伊斯兰教(58.82%)和其他宗教(58.33%)的员工满意度稍稍高于其他宗教。而就持"完全不同意"及"不同意"的数据上看,肯尼亚拥有教徒最多的三大宗教新教、天主教和伊斯兰教都浮动在20%,而信仰其他宗教的员工的不满情绪占比较低,约为13.33%,可见传统宗教教徒与其他信仰教徒在工作作息上的要求存在着一些差异;此外,"无信仰"的员工则有40%持"完全不满意"的态度,而对现工作作息较满意的占比仅为20%,有40%的员工未明确表达自己的偏好,较为保守。(见表8-12)

表8-12 按宗教信仰划分的是否同意"喜欢本企业工作时间作息"(单位:%)

宗教信仰	完全不同意	不同意	一般	基本同意	完全同意
新教	5.14	12.93	35.51	28.19	18.22
天主教	7.53	11.43	32.99	31.17	16.88
伊斯兰教	14.71	5.88	20.59	32.35	26.47
印度教	0.00	0.00	0.00	0.00	100.00
其他	5.00	8.33	28.33	30.00	28.33
不信仰任何宗教	40.00	0.00	40.00	10.00	10.00
总计	6.54	11.84	33.83	29.24	18.55

$N=1132$。

从管理人员与非管理人员是否同意"喜欢本企业工作时间作息"的占比看,持"完全不同意"或"不同意"观点的管理人员及非管理人员占比均在18%左右,差异较小;持"一般"即不明确表态的管理人员占比为25%,低于非管理人员(34.88%)将近10个百分点,体现了管理人员在该问题上的态度较分化和明确;而从工作作息时间的满意度看,"基本同意"或"完全同意"该议题的管理人员约为

58.87%，高于非管理人员的46.64%约12个百分点，因此，管理人员对于企业工作时间作息的满意度稍稍高于非管理人员。（见表8-13）

表8-13　管理人员与非管理人员是否同意"喜欢本企业工作时间作息"（单位：%）

是否是管理人员	完全不同意	不同意	一般	基本同意	完全同意
管理人员	3.23	12.90	25.00	33.06	25.81
非管理人员	6.82	11.66	34.88	28.85	17.79
总计	6.43	11.80	33.80	29.31	18.66

$N=1136$。

四　对企业晋升制度的态度

从族群划分的是否同意"中外员工晋升制度一致"的占比上看，在受访的主要肯尼亚族群中，卢奥族对晋升制度的不满情绪较高，有55.27%的族人持"完全不同意"或"不同意"的态度，而基库尤族（41.69%）、卢希亚族（46.21%）、卡伦金族（39.43%）和坎巴族（44.31%）选择该项的占比也都超过或接近四成；从持"一般"即不明确态度的占比数据上看，卢奥族有一成的员工并没有明确表达自己的观点，而其他族群有接近两成的比例持较为保守的态度。（见表8-14）

表8-14　按族群划分的是否同意"中外员工晋升制度一致"（单位：%）

族群	完全不同意	不同意	一般	基本同意	完全同意
基库尤族	17.26	24.43	31.27	16.29	10.75
卢希亚族	11.55	34.66	31.05	14.80	7.94
卡伦金族	14.08	25.35	40.85	12.68	7.04
卢奥族	19.74	35.53	14.47	14.47	15.79
坎巴族	16.17	28.14	26.35	17.96	11.38
其他	21.47	36.20	19.02	14.72	8.59
总计	16.21	30.35	27.99	15.55	9.90

$N=1061$。

从宗教信仰划分的是否同意"中外员工晋升制度一致"的占比上看,信仰印度教的员工与不信仰(宗教)员工的态度最为分化,印度教的满意度达到了100%,而不信仰宗教的员工有77.77%的人选择"不同意"或"完全不同意";总体上看,各宗教信仰员工的"不同意"或"完全不同意"均浮动在40%左右,而同意的占比中,印度教和无信仰的数据除外,其他宗教均有20%—30%的比例持同意态度。(见表8-15)

表8-15　按宗教信仰划分的是否同意"中外员工晋升制度一致"　(单位:%)

宗教信仰	完全不同意	不同意	一般	基本同意	完全同意
新教	14.08	31.59	29.30	14.73	10.31
天主教	19.67	29.23	27.32	16.12	7.65
伊斯兰教	13.33	33.33	23.33	20.00	10.00
印度教	0.00	0.00	0.00	100.00	0.00
其他	14.55	23.64	27.27	18.18	16.36
不信仰任何宗教	44.44	33.33	22.22	0.00	0.00
总计	16.23	30.41	28.26	15.49	9.61

$N=1072$。

从管理人员与非管理人员是否同意"中外员工晋升制度一致"的占比看,管理人员与非管理人员持"不同意"态度的员工占比分别为48.27%和46.36%,差距仅为近2个百分点。因此,从族群、宗教和职位划分来看,肯尼亚中资企业员工就"中外员工晋升制度是否一致"的问题上,大部分员工均表达了较不满的情绪。此外,持"一般"态度的非管理员工占了29.17%,比管理员工多出近10个百分点。而持"同意"态度的员工中,管理人员(31.04%)和非管理人员(24.48%)的占比较为接近,管理人员稍高于非管理人员。

由以上对中资企业尊重当地风俗习惯、尊重宗教信仰及对企业工作时间和晋升制度的调查分析来看,肯员工的评价会因族群、信仰、职务不同而有差别，但总的看来，满意度差强人意。尽管有些企业，尤其是国企在这方面有具体规定和要求，但有的私企或个人对此重视不够，有待进一步加强学习、管理，统一认识。

表8-16　管理人员与非管理人员是否同意"中外员工晋升制度一致"（单位：%）

是否是管理人员	完全不同意	不同意	一般	基本同意	完全同意
管理人员	17.24	31.03	20.69	14.66	16.38
非管理人员	15.94	30.42	29.17	15.52	8.96
总计	16.08	30.48	28.25	15.43	9.76

$N=1076$。

第九章

媒体与文化消费

媒体与文化消费在员工生活中扮演着重要角色，对于员工在媒体与文化消费方面的调研与统计有助于深入了解当地员工的生活及关注领域，为建立积极有效的文化沟通渠道提供重要参考。本章关注媒体与文化消费，着重调研性别、年龄、受教育程度和月收入水平等因素对员工了解中国信息渠道分布的影响，与此同时关注肯尼亚员工获取中国相关内容的渠道和状况。

第一节 互联网和新媒体

随着现代科技文化的发展，互联网越来越多地运用于人们的生产生活。本节将分析互联网背景下的新媒体跨文化传播效果。具体从当地员工获取中国相关信息的渠道以及主要关注的内容进行比较分析，并通过区分不同性别、年龄、收入及受教育背景等，具体分析在互联网时代当地员工获取中国相关信息的具体情况。从而明确互联网背景下新媒体跨文化传播效果以及对社会及居民发展的正向促进与推动作用。新媒体指新的技术支撑体系下出现的媒体环境，如各种数字化的报纸、杂志、广播和电视电影、手机短信、移动电视、桌面视窗、触摸媒体等。

一 信息渠道基本情况

由调查可知,肯尼亚当地员工获得中国相关信息的途径多种多样,信息渠道包括国内新媒体与传统媒介,例如电视、网络、纸质媒体等,同时也包括中国的相关媒体。

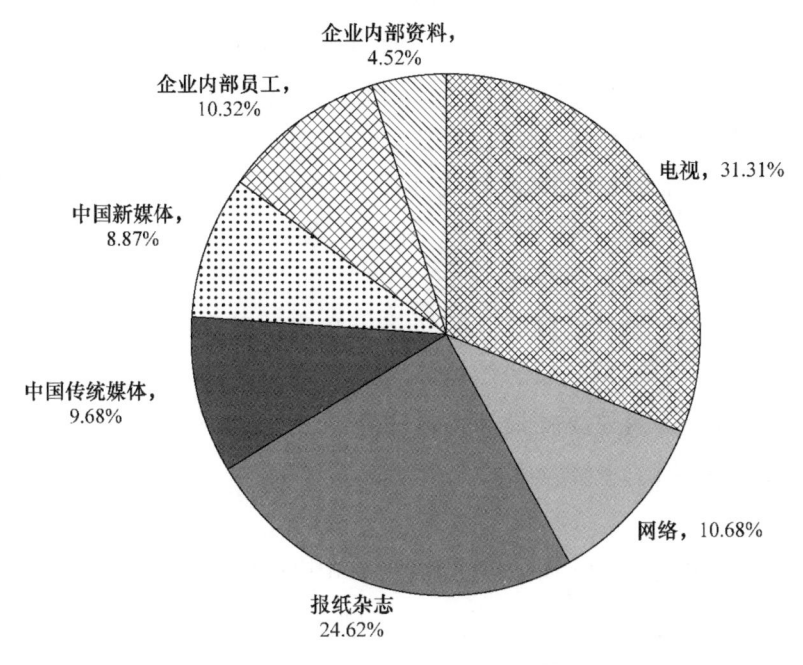

图 9-1 近一年内员工了解中国信息的渠道分布 ($N=1105$)

从图 9-1 可知,受访员工近一年了解中国相关信息的途径,主要还是以国内的新媒体以及传统媒介为主,其中本国报纸杂志占 24.62%、本国电视占 31.31%、本国网络占 10.68%。这三种信息渠道是肯尼亚本地员工获取中国相关信息的主要途径,占比总和达 66.61%。中资企业内部的宣传和普及也是当地员工了解中国相关信息的重要途径,包括企业内部资料的阅读(4.52%),以及与企业内部员工交流(10.32%)。中国的新媒体与传统媒介也在部分当地员工了解中国的信息渠道中扮演着重要角色,总占比为 18.55%,但是通过对比还是可以清晰地感受到与肯尼亚本国媒体传播力的悬殊性。为了积极树立中国形象，两国人民的全方位了解，以及实现真正的文化互通，我们应该充分发挥互联网和新媒体的力量，增强中国媒体力的影响力。

二 从肯尼亚媒体获取中国相关新闻的情况

根据近一年内员工是否从肯尼亚媒体收看中国相关新闻的状况调查结果可以发现，绝大多数人都熟知中国援助肯尼亚修建道路、桥梁、医院和学校的相关新闻，在受访员工中占比达80.53%。对于肯尼亚学生前往中国留学的新闻关注度也颇高，达71.90%，中国艺术演出的新闻则有62.68%的关注，中国大使馆对于肯尼亚的捐赠新闻也在受访员工中有着超半数（55.13%）的关注度。从上述一系列统计数据来看，中国对于肯尼亚的经济、文化援助在肯尼亚国内有着一定的关注度，是较为成功的传播体现。其中对肯基础设施建设以及教育援助的相关新闻关注度最高，肯中友谊之桥的搭建有着较为显著的成果。（表9-1）

表9-1　近一年内员工是否从肯尼亚媒体收看中国相关新闻的状况

（单位：个、%）

有关中国的新闻	样本量	是	否
中国大使馆对本国的捐赠新闻	1112	55.13	44.87
中国援助本国修建道路、桥梁、医院和学校的新闻	1125	80.53	19.47
本国学生前往中国留学的新闻	1121	71.90	28.10
中国艺术演出的新闻	1120	62.68	37.32

三 不同因素对信息渠道分布的影响

性别因素对信息渠道分布的影响：根据按性别划分的一年内员工了解中国信息的渠道分布统计结果来看，在了解中国信息的渠道方面，不同性别在不同信息渠道的选择上差异不大，其中从电视、网络、中国传统媒体、中国新媒体获取信息的男性比例略高于女性,而通过报纸杂志和企业内部资料获取中国相关信息的女性比重略高于男性。通过企业内部员工获取中国相关信息的女性比例要远高于男性,达两倍之余。(见图 9-2)

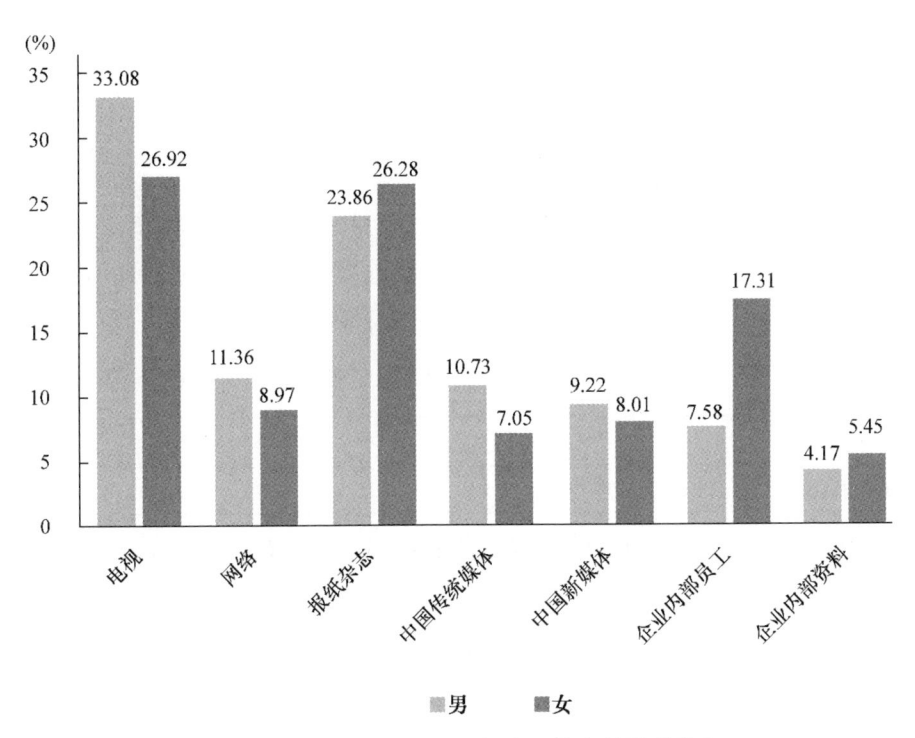

图 9-2 按性别划分的近一年内员工了解中国信息的渠道分布 ($N=1104$)

年龄因素对信息渠道分布的影响:对近一年内员工了解中国信息的渠道分布按照年龄划分,可以发现,无论哪个年龄段,电视和报纸杂志等传统媒体依然是他们了解中国信息的重要渠道,通过网络渠道获取中国相关信息在不同的年龄段有着相似的占比,分别为 10.14%、10.80%、10.98%。(见图 9-3)其他途径,诸如企业内部员工和资料,以及中国传统媒体和新媒体,在不同年龄段也有着相差不大的占比。在传统媒体方面,18—25 岁年龄段的统计结果中,通过电视获

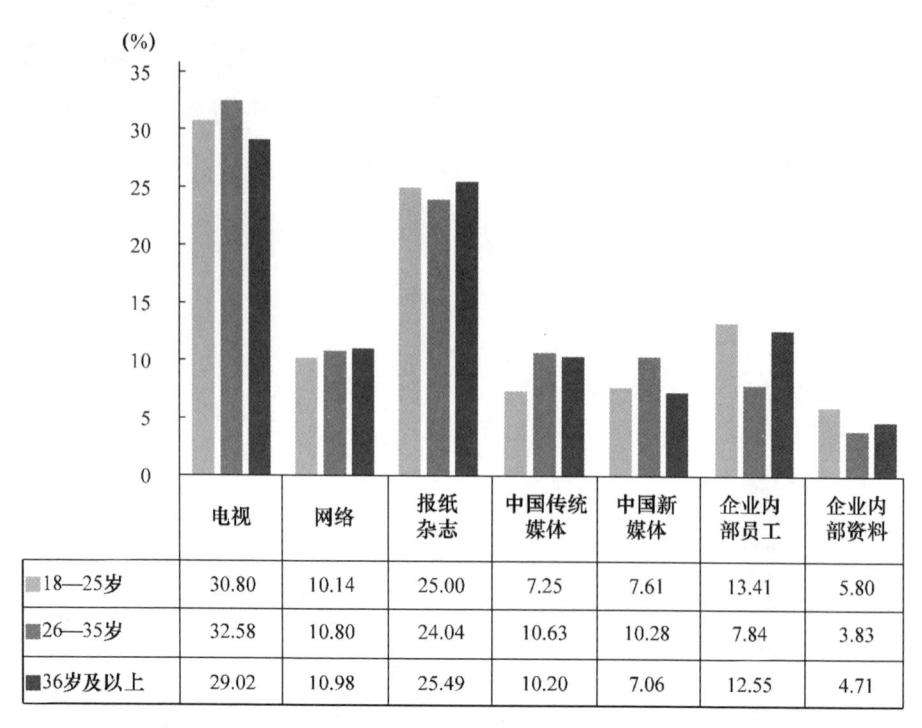

	电视	网络	报纸杂志	中国传统媒体	中国新媒体	企业内部员工	企业内部资料
18—25岁	30.80	10.14	25.00	7.25	7.61	13.41	5.80
26—35岁	32.58	10.80	24.04	10.63	10.28	7.84	3.83
36岁及以上	29.02	10.98	25.49	10.20	7.06	12.55	4.71

图 9-3 按年龄组划分的近一年内员工了解中国信息的渠道分布（$N=1105$）

取中国相关信息的比例为 30.80%，通过报纸杂志的比例则为 25.00%，总和达 55.80%。26—35 岁年龄段中，将电视作为获取中国相关信息途径的比例为 32.58%，报纸杂志的比例为 24.04%，总和达 56.62%。36 岁及以上年龄段的电视获取比例为 29.02%，通过报纸杂志获取的比例为 25.49%，总和达 54.51%。传统的信息获取渠道占比在不同年龄阶段都有着超半数的占比，这主要与肯尼亚科技文化发展水平及习惯相关，同时启示我们应该加大在这些途径的投入力度，丰富在传统平台的宣传内容，在肯尼亚人民心目中树立起全方位可感的中国形象。根据网络信息渠道不同年龄段分布相差不大的结果来看，肯尼亚的网络建设还不完善，电脑或智能手机普及率还不够高，在公众生活中还不能成为主要的信息获取途径。通过和企业内部员工交流获取中国相关信息也有一定比例，在不同年龄段依次为

13.41%、7.84%、12.55%，由此可见与中资企业内部的员工交流也是他们获取中国相关信息的一个重要途径。此外，通过阅读企业内部资料了解中国信息的员工占比相对较少，在不同年龄段的分布都不足一成。调查显示，中国的相关媒体并不被作为肯员工了解中国相关信息的主要渠道，需要我们在这方面多加努力予以完善。

受教育程度因素对信息渠道分布的影响：从按受教育程度划分的近一年内员工了解中国信息的渠道分布结果来看，未接受过教育的员工，网络不作为他们获取中国信息的渠道，报纸杂志是他们最主要的信息来源渠道，占比高达37.50%。其次是电视，占比25.00%。中国的传统媒体和新媒体也作为他们重要的信息渠道，总占比为31.25%。（见图9-4）在接受过小学教育的员工中，电视和报纸杂志也是他们了解中国信息的重要渠道，但总占比（55.91%）相对于未受过教育的有所减少，网络途径开始被其中一部分人作为日常了解中国信息的渠道，占总调研对象的10.00%。其余的信息途径，诸如中国传统媒体和新媒体，以及企业内部员工交流和企业内部资料的阅读也被作为部分调研对象了解中国信息的途径。在中学和专科学历的员工中，电视是他们了解中国信息的主要途径，占比33.95%，报纸杂志同样是他们的第二大信息来源渠道，占比21.26%。值得注意的是，在按照学历区分信息来源的调查结果中，中学和专科学历组的员工是将网络作为信息来源途径占比最大的组别，为11.84%，而在本科及以上学历的组别中，报纸杂志是他们了解中国信息的主要途径，占比34.52%。中国的新媒体也开始在这个组别的信息渠道里占一定的比例（14.88%）。电视依然是了解中国信息的重要途径，比例为23.81%，其余渠道占比有限。

从按学历划分的调查结果来看，随着学历的提升，信息来源渠道就会变得多样化，学历与信息来源渠道多样性呈现正相关的趋势。但总体而言，电视和报纸杂志是肯尼亚员工了解中国信息的主要途径，企业内部员工交流和企业内部资料阅读是一种重要的补充性信息来源渠道，中国传统媒体和新媒体无论在哪种教育背景的当地员工中，在

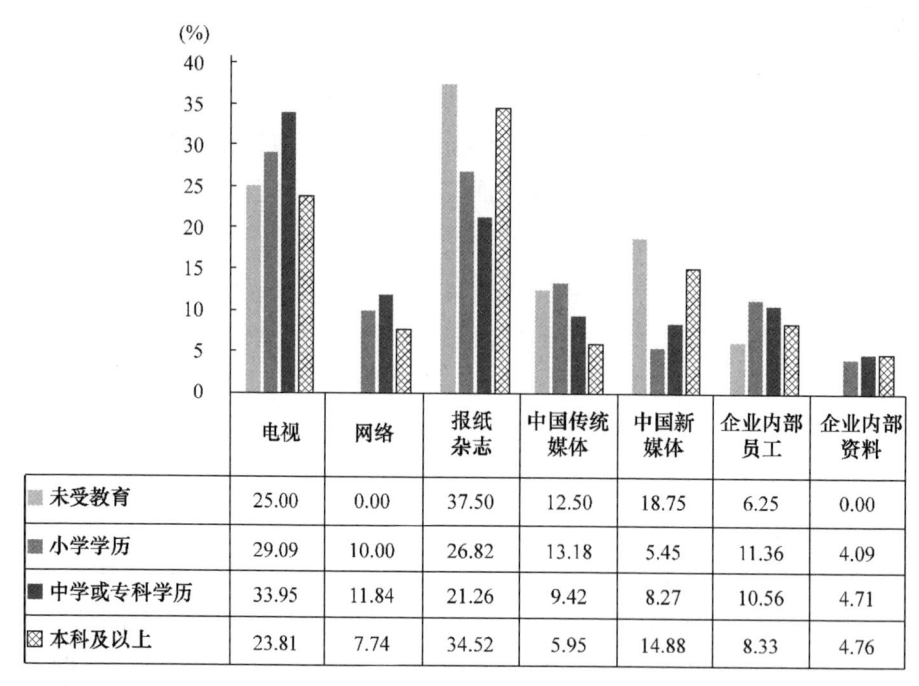

	电视	网络	报纸杂志	中国传统媒体	中国新媒体	企业内部员工	企业内部资料
未受教育	25.00	0.00	37.50	12.50	18.75	6.25	0.00
小学学历	29.09	10.00	26.82	13.18	5.45	11.36	4.09
中学或专科学历	33.95	11.84	21.26	9.42	8.27	10.56	4.71
本科及以上	23.81	7.74	34.52	5.95	14.88	8.33	4.76

图 9-4 按受教育程度划分的近一年内员工了解中国信息的渠道分布 ($N=1105$)

了解中国信息方面的作用都是相对有限的。

月收入水平对消息渠道分布的影响：按月收入划分的近一年内员工了解中国信息的渠道分布结果显示（见图9-5），月收入9600—14840肯先令的群体中，电视是他们了解中国信息的主要渠道，占比为28.92%。从调查结果整体来看，随着收入的增加，把电视作为了解中国信息主要渠道的比例呈现出上升趋势，在月收入为23601—30000肯先令的组别达到了高峰，可以看出随着收入增加进而拉动家庭电视的购买能力，但是到了月收入30001肯先令及以上的组别，出现了例外，这个组别的信息来源渠道分布相对较均衡。其次报纸杂志也是各个组别了解中国信息的主要渠道，随着收入的增加，整体呈现微弱的递减趋势，依次为24.70%、24.07%、23.35%、25.39%、23.67%，但整体变化不大，说明报纸杂志在各个收入等级的肯尼亚

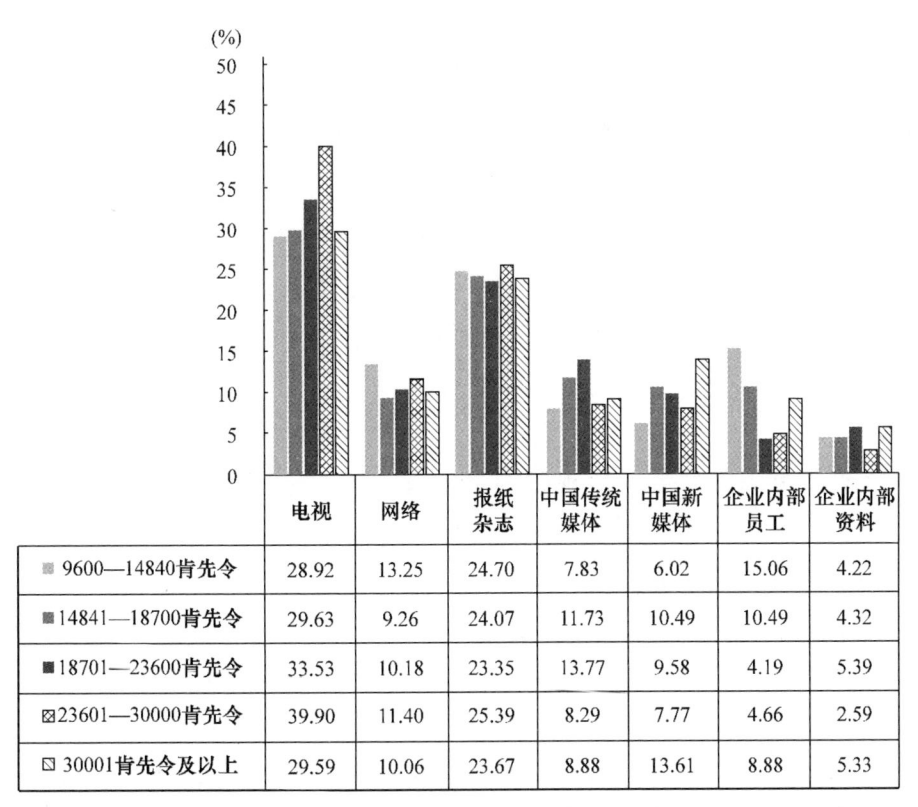

	电视	网络	报纸杂志	中国传统媒体	中国新媒体	企业内部员工	企业内部资料
9600—14840肯先令	28.92	13.25	24.70	7.83	6.02	15.06	4.22
14841—18700肯先令	29.63	9.26	24.07	11.73	10.49	10.49	4.32
18701—23600肯先令	33.53	10.18	23.35	13.77	9.58	4.19	5.39
23601—30000肯先令	39.90	11.40	25.39	8.29	7.77	4.66	2.59
30001肯先令及以上	29.59	10.06	23.67	8.88	13.61	8.88	5.33

图 9-5　按月收入划分的近一年内员工了解中国信息的渠道分布（$N=857$）

人的生活中一直都是作为重要信息渠道而存在的。将网络作为中国信息的获取渠道在各个收入阶层的占比都在一成左右，从收入的变化波动不大，可以推测肯尼亚的整体网络发展水平不高，或中国信息在网络渠道的分享和传播度不高。将中国的新媒体和传统媒体作为获取中国信息渠道的比例在各个收入阶层的变化也不明显，占比和网络途径相当。而在企业内部员工交流方面，随着收入增加呈现出递减趋势，但是在月收入 30001 肯先令组别又有了小幅度的升高，但整体波动不大。总体而言，无论何种收入水平群体，电视和报纸杂志都是他们获取中国信息的主要渠道，网络和中国新媒体作为新生传播力量也在不断发挥作用，企业内部员工交流和内部资料的阅读在中国信息传播方面作用不大。

第二节　文化消费

文化消费涉及内容广泛，边界不易界定，同时又和人们的生活息息相关。本节通过对当地员工对于国外大众文化产品，诸如影视和音乐的喜好程度与消费习惯调研，了解员工对于不同文化背景的文化产品的整体态度。

一　员工观看各国影视的频率分布

从员工观看不同国家的电影/电视剧的频率分布来看，有时会收看华语影视的受访者占 32.89%、经常收看华语影视剧的有 14.16%，很频繁的有 7.04%，总占比过半。但是从不收看或者很少收看华语影视的员工总占比也达到了 45.91%，证明华语影视剧在肯尼亚有一定的受众群体，但也有将近半数对此并不感兴趣。（见表 9-2）与此形成对比的是我们可以从调查结果中发现美国影视有着较高的受欢迎程度，从不收看美国影视剧的受访者（19.26%）不足两成，有时收看的为 28.23%，经常收看的有 22.87%，很频繁收看的为 21.99%，总占比达 72.19%。拥有好莱坞的美国在文化产品的传播程度上确实远远领先于其他国家。从调查结果看，在肯尼亚文化产品受众最少的国家当数韩国，有过半数的受访者（51.24%）从未收看过韩国相关影视剧，只有三成的受访者曾经接触过韩国影视剧。印度和日本的影视剧在当地的受欢迎程度也很一般，过半数的受访者从未看过或很少看印度和日本的影视剧，收看或经常收看印度影视剧的为 47.67%，高于日本影视剧的 38.07%。总体可以看出，超过七成的受访者收看或经常收看美国电影和电视剧，美国的文化产品在肯尼亚的受欢迎程度最高。

表9-2　　　员工观看不同国家的电影/电视剧的频率分布　　　（单位：%）

频率	华语电影/电视剧	日本电影/电视剧	韩国电影/电视剧	印度电影/电视剧	美国电影/电视剧
从不	31.31	45.55	51.24	38.17	19.26
很少	14.60	16.39	16.61	14.16	7.65
有时	32.89	25.20	22.17	31.22	28.23
经常	14.16	8.99	6.71	11.17	22.87
很频繁	7.04	3.88	3.27	5.28	21.99

$N=1,137$

二　员工对各国音乐的喜爱程度

根据员工对不同国家音乐喜爱程度的频率分布结果来看（见表9-3），最受欢迎的还是美国音乐，非常喜欢和喜欢的比例之和为54.16%，其次是华语音乐，比例之和为23.04%，再次是印度音乐，比例之和为15.77%，排在最后的为日韩音乐，非常喜欢和喜欢的比例之和依次为9.24%、8.44%。在各个音乐类型里选择持一般态度的受访员工，在各个国家的音乐对比中区别不明显，都在三成左右，依次为32.81%、30.88%、29.38%、30.01%、25.53%。在不喜欢和非常不喜欢的选项里，大多数员工选择了日韩音乐，其次为印度音乐和华语音乐，最后是美国音乐。总体来看，美国音乐在肯尼亚最受欢迎，日韩音乐几乎没有受众，华语音乐在当地的影响力也非常有限。

表9-3　　　员工对不同国家音乐喜爱程度的频率分布　　　（单位：%）

喜欢程度	华语音乐 $N=1085$	日本音乐 $N=1072$	韩国音乐 $N=1079$	印度音乐 $N=1103$	美国音乐 $N=1132$
非常喜欢	11.24	3.64	2.97	4.44	29.51
喜欢	11.80	5.60	5.47	11.33	24.65
一般	32.81	30.88	29.38	30.01	25.53
不喜欢	31.24	42.82	44.11	37.99	12.54
非常不喜欢	12.90	17.07	18.07	16.23	7.77

小　　结

　　调研结果表明，肯尼亚当地员工获取中国相关信息的主要途径有三种，分别为本国电视、报纸杂志和本国网络，这三种信息渠道总占比超过六成，从员工收看中国相关新闻的状况结果分析可以看出，超过半数的受访者都关注到了与中国相关的新闻，其中，中国援建肯尼亚道路、桥梁、医院和学校的新闻关注度最高，有超过八成的受访者都收看过相关信息，其次就是肯尼亚学生前往中国留学的相关新闻，关注者在受访员工中超过七成，结果显示中国对肯尼亚的基建援助和教育优惠还是得到了肯尼亚国内的较高关注度和肯定。

　　通过区分性别、年龄、受教育程度和月收入水平来探究其对员工了解中国信息渠道分布的影响，结果显示这些因素对肯尼亚员工获取中国信息的渠道选择影响不大，总体来讲无论何种群体，都是将电视和报纸杂志作为获取中国信息的主要途径。受教育程度会影响到他们将网络作为获取中国信息的渠道，从未受过教育的人，网络使用率为零。随着收入水平的提高将电视作为获取中国信息渠道的比例会增加。

　　调查显示，在肯尼亚的当地员工在外国影视的文化消费偏好中，超过七成的员工表达了对美国影视的喜好，收看和频繁收看的比例超过七成，华语影视在受访员工中也有着过半的受众，相比之下日韩影视在肯尼亚的受众较少，印度的影视受欢迎程度也较为一般。

　　员工在对各国音乐的喜爱程度和收听频率调研中，大部分表现出了对美国音乐的喜爱，不喜欢美国音乐的占比总和仅两成，日韩音乐和印度音乐在肯尼亚比较不受欢迎，不喜欢和非常不喜欢的占比都超过了半数，华语音乐在当地的受欢迎程度一般，有一成多的受访者选择了非常不喜欢。

第十章

国内议题与大国影响力

本章根据肯尼亚中资企业员工调查问卷所涉及的问题，包括中国品牌形象、企业社会责任和大国影响力三个板块，根据肯尼亚受访员工回答制成图表进行分析。中国品牌部分主要分析受访员工对中国品牌的了解，进而了解当地员工对中国品牌认知度情况；企业社会责任板块主要涉及受访员工所在的肯尼亚中资企业开展援助的类别情况，从而建议企业有针对性地履行当地社会所需的社会援助，提升企业形象；大国影响力板块主要访问当地员工认为目前以及未来十年在非洲最具影响力的国家，并对中美两国影响力进行正负面评价，从而了解当地员工如何看待中国作为世界大国在地区性事务影响力增加这一问题。

第一节 中国品牌

中国品牌关乎中国企业在当地的形象。肯尼亚当地员工对中国品牌的了解和认知度以及喜爱程度是中国形象在国际上的无形资产。了解当地员工对中国品牌的认知程度有助于为中国品牌形象在肯尼亚将来的发展提供参考。

一 肯尼亚员工对中国品牌的认知

在肯尼亚员工调查中，超过一半的男性和女性对本企业外的中国产品品牌的认知不足。男性比女性的认知度更低，达到64.15%。女性在对本企业外的中国产品品牌的认知度比男性占比稍高，大概有四成（41.07%）的女性了解本企业外的中国产品品牌。说明中国品牌在肯尼亚的大众认知度不太理想。

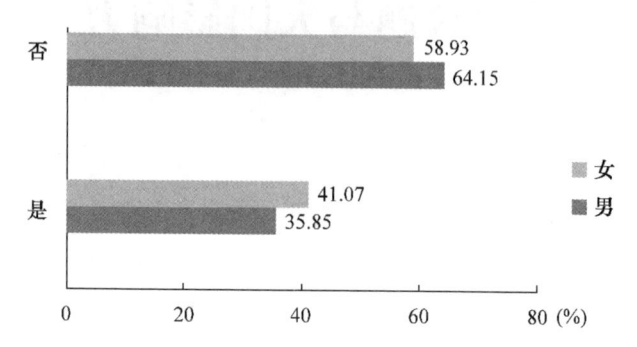

图10-1　按性别划分的员工对本企业外的中国产品品牌的认知状况（$N=1114$）

从图10-2中可以发现，在肯尼亚员工调查中，未接受教育、小学学历和中学或专科学历的员工都有超过半数的人不了解本企业外的中国产品品牌。对中国品牌认知度最高的为学历在本科及以上的员工，有超过六成（62.65%）了解本企业外的中国产品品牌，说明学历越高，了解本企业外的中国产品品牌的认知度越高。未接受教育的员工知道本企业之外的中国品牌比例居第二，占比为46.67%，说明中国品牌在一定程度上已扩散到低知识层次的员工中。由此，中资企业应再加大其品牌在大众中的宣传力度，努力使其深入人心，树立良好的品牌形象。

从图10-3中可知，在肯尼亚员工调查中，大约有六成（65.49%）的非管理人员对本企业外的中国产品品牌不太了解。相反，大约有六成（60.66%）的管理人员对本企业外的中国产品品牌有较多的认知。由此可以看出，管理人员较非管理人员对本企业外的中国产品品牌有更多的了解。这种状况与员工职务和职责的要求有关，但也反映了中资企业在产品宣传上的短板。肯尼亚中资企业应该进一步采取有效措施提高中国品牌在普通员工中的认知度。

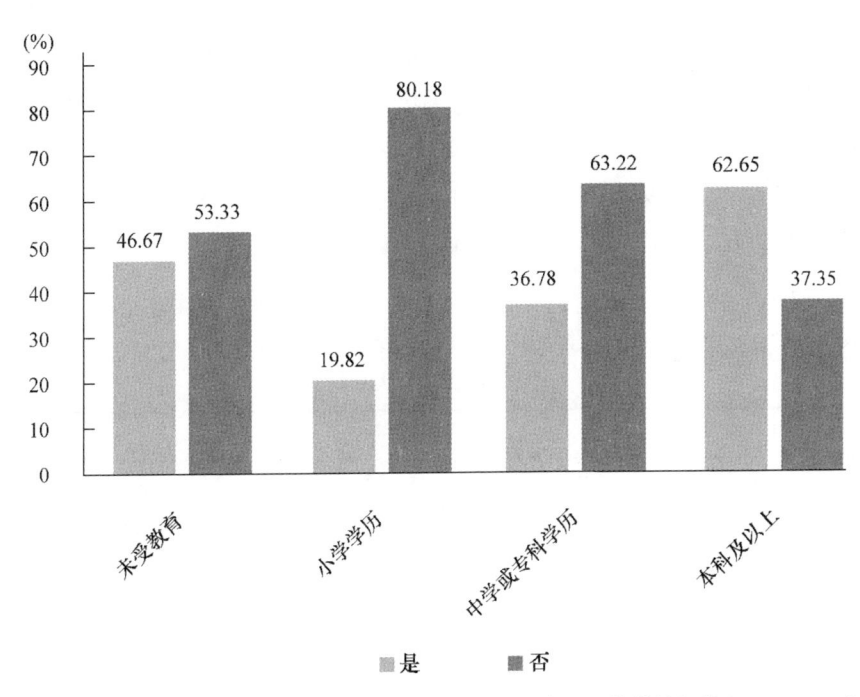

图 10-2 按受教育程度划分的员工对本企业外的中国产品品牌的认知状况（$N=1115$）

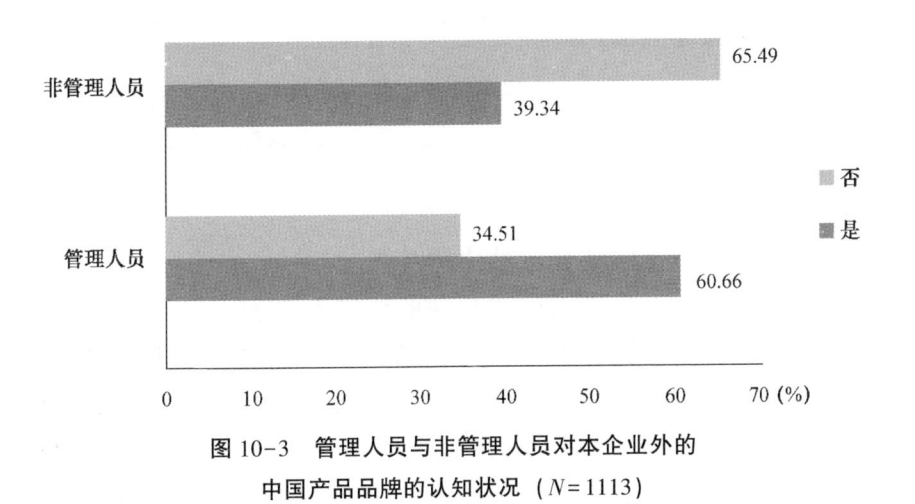

图 10-3 管理人员与非管理人员对本企业外的中国产品品牌的认知状况（$N=1113$）

上网频率在一定程度上可以反映出员工通过互联网接触外界信息的情况。从表10-1中可以发现，在肯尼亚员工调查中，接近62.71%的人对本企业外的中国产品品牌完全不了解，说明中国品牌在肯尼亚人中的认知宣传度不高。其中，每天上网频率在一天几个小时和一天半小时到一小时的员工对本企业外的中国产品品牌认知度的占比分别为43.05%和44.44%，由此可见，上网频率越高，员工对本企业外的中国产品品牌认知度越高。

表10-1　　　　　按上网频率划分的员工对本企业外的
中国产品品牌的认知状况　　　　（单位：%）

上网频率	是	否
一天几个小时	43.05	56.95
一天半小时到一小时	44.44	55.56
一天至少一次	35.63	64.37
一周至少一次	21.05	78.95
一个月至少一次	25.00	75.00
一年几次	14.29	85.71
几乎不	21.95	78.05
从不	25.61	74.39
总计	37.29	62.71

$N=1113$。

二　肯尼亚员工印象最深的中国品牌

在各个层面了解员工对中国品牌的认知度之后，进一步深入了解肯尼亚员工具体对中国哪些产品和品牌的认知度更高。从图10-4中可以发现，在肯尼亚男性员工调查中，印象最深的中国企业由高到低依次是华为、传音、OPPO和联想，占比分别是11.45%、4.19%、1.72%和0.62%。由此可以看出肯尼亚男性员工对中国华为品牌的认知度最高，也表明华为在肯尼亚的业务发展和产品宣传较好。此外，

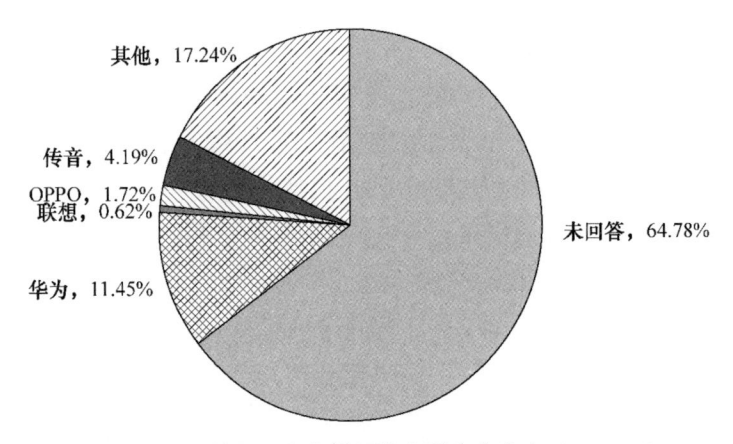

图 10-4　男性员工印象最深的中国企业分布（$N=812$）

高于六成（64.78%）的男性员工未回答他们印象最深的中国企业，说明中国品牌在肯尼亚男性中的认知度有待提高，很多品牌在肯尼亚的发展仍有很大的拓展空间。

从图 10-5 中可以发现，在肯尼亚女性员工调查中，印象最深的中国企业由高到低依次是华为、传音、OPPO，依次占比为 12.58%、7.36%、1.84%。由此可以看出在肯尼亚女性视角中，华为也占据着主要的中国品牌认知地位。此外，在女性员工的调查中也有着近六成（59.82%）的人不清楚中国品牌。

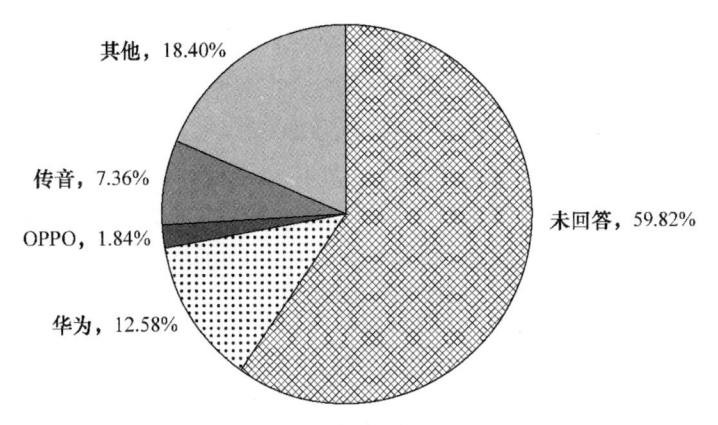

图 10-5　女性员工印象最深的中国企业分布（$N=326$）

从表 10-2 中可以发现，在肯尼亚员工调查中，接近 63.41% 的人对印象最深的中国品牌完全不了解，说明中国品牌在肯尼亚当地员工中的认知宣传度不高。其中，每天上网频率在一天几个小时和一天半小时到一小时的员工印象最深的中国企业依然是华为、传音、OPPO 和联想，可以看出上网频率越高对印象最深的中国品牌认知度也越高。

表 10-2　　按上网频率划分的员工印象最深的中国企业分布　　（单位：%）

上网频率	未回答	华为	联想	OPPO	传音	其他
一天几个小时	57.86	14.91	0.65	2.92	4.54	19.12
一天半小时到一小时	57.65	14.12	0.00	1.18	3.53	23.53
一天至少一次	64.41	9.04	0.56	0.56	6.21	19.21
一周至少一次	78.95	3.51	0.00	0.00	3.51	14.04
一个月至少一次	76.92	15.38	0.00	0.00	0.00	7.69
一年几次	86.36	0.00	0.00	0.00	0.00	13.64
几乎不	78.05	6.10	0.00	0.00	6.10	9.76
从不	75.00	5.95	0.00	0.00	10.71	8.33
总计	63.41	11.79	0.44	1.76	5.10	17.50

$N=1137$。

借由以上表格分析可以看出，在肯尼亚调查关于中国品牌的印象和认知中，华为、传音占据着当地员工最深的印象。华为之所以能在肯尼亚当地人心中留下深刻的中国品牌印象，缺少不了华为在肯尼亚市场的灵活销售策略。华为在海外市场一直能够根据当地市场的需求灵活地改变策略。据报道，华为的肯尼亚市场经理德里克·杜（Derek Du）表示，华为将推出 200 美元以下的智能手机来抢占市场。目前在肯尼亚的手机市场，功能型手机已经逐渐在淘汰，消费者转向了可以快捷使用移动互联网服务和应用程序的智能手机。尤其是 Whatsapp 以及跟金融相关、提供打车服务等应用。德里克·杜认为，肯尼亚的用户对价格极其敏感，因此推出低于 200 美元的产品可以迅速让华为提升市场份额。① 这样灵活的销售策略也成为华为打入当地市场的重要原因之一。

另外，传音公司不仅在肯尼亚拥有较大的市场认知度，该公司在整个非洲也有着巨大的市场，约占有非洲 40% 的市场份额。传音取得成就在于传音解决了非洲人民自拍的难题和音乐功能输出，善于发现非洲人的喜爱并运用到市场开发。虽然华为和传音在肯尼亚的认知度较高，但是对于其他中国企业品牌认知度依然不太乐观，想要更好地打开肯尼亚市场，中国品牌的认知宣传度需得到更大提升。

第二节　企业社会责任

企业社会责任不仅已经成为社会和市场评价企业的重要标准，也成为提升企业形象的有效途径。经常参与社会责任事业的企业更具有一定的知名度，更容易获得当地人民的好感。此外，树立良好的企业形象也是提高企业在当地竞争力的重要因素之一。

一　肯尼亚员工最希望中资企业开展的援助

从图 10-6 的数据中可以发现，在肯尼亚员工调查中，本地员工最希望本企业在本地开展的援助类型为卫生援助，达到 24.32%，其次为 15.27% 的基础设施建设和 12.74% 的实物捐赠。之后占比较高的依次为水利设施、现金捐赠和社会服务设施，占比分别为 12.45%、9.44%、8.66%。由此可以看出，当地人希望得到的援助集中于关系民生的生活基本需求，这与肯尼亚的实际需求和社会建设程度相符。

---

① 《华为改变在肯尼亚销售策略　用低价手机抢占市场》，http://tech.huanqiu.com/original/2017-09/11252328.html?agt=15435。

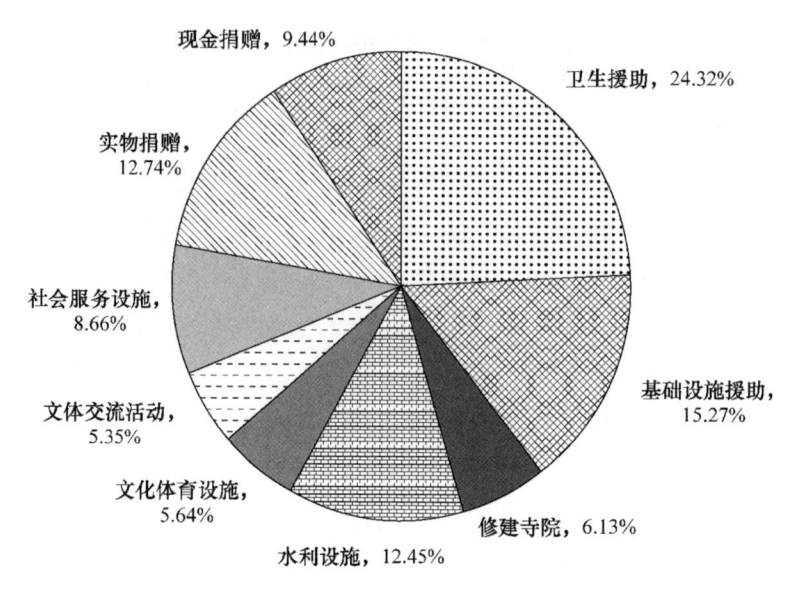

图 10-6　员工最希望本企业在本地开展的援助类型分布（$N=1028$）

饼图数据：
- 卫生援助，24.32%
- 基础设施援助，15.27%
- 修建寺院，6.13%
- 水利设施，12.45%
- 文化体育设施，5.64%
- 文体交流活动，5.35%
- 社会服务设施，8.66%
- 实物捐赠，12.74%
- 现金捐赠，9.44%

二　肯尼亚员工对中资企业履行社会责任情况的认知

从表 10-3 中的数据可以发现，在 1137 位肯尼亚员工调查中，有四成到五成的员工知道本企业在本地开展援助。其中超过五成的员工知道本企业在基础设施上的援助，为 53.30%，其次被当地员工熟知的企业援助依次为教育援助，为 49.08%，培训项目，为 48.15%。对当地员工来说，他们对于本企业修建宗教设施的援助认知最少，达到 33.92%。此外，对于文化体育设施、文体交流活动和电力设施的援助是认知较低的领域，说明企业在文化与体育援助部分做得较少或宣传较少。

表 10-3　员工对企业在本地开展援助项目类型的认知状况　（单位：%）

援助项目类别	有	没有	不清楚	总计
教育援助	49.08	37.64	13.28	100.00
培训项目	48.15	37.85	14.00	100.00

续表

援助项目类别	有	没有	不清楚	总计
卫生援助	44.50	40.81	14.69	100.00
基础设施援助	53.30	32.01	14.69	100.00
修建寺院	33.92	50.18	15.91	100.00
水利设施	47.45	37.61	14.94	100.00
电力设施	43.94	39.89	16.17	100.00
文化体育设施	39.10	44.20	16.70	100.00
文体交流活动	40.60	43.23	16.17	100.00
社会服务设施	39.72	43.85	16.43	100.00
以钱或实物形式进行公益慈善捐赠	44.29	39.98	15.73	100.00

$N=1137$。

综合以上信息，中企肯尼亚员工最希望中企在当地开展卫生援助和水利设施援助，以缓解当地不足。从员工对中企在本地开展援助的认知情况看，在中企开展的一众援助项目中，基本有超过一半以上员工对此不太清楚或认为企业没有开展。为了企业的长远发展及中肯合作进一步推进，中企要切实履行社会责任，回馈社会，尤其加强对当地迫切需要的关注，同时注重宣传，加强民众认同。

第三节 大国影响力评价

中国在非洲大力推进软实力建设始于2000年成立中非合作论坛。2018年的峰会于9月在北京举行。这次论坛为打造共商、共建、共享的最广泛的中非利益共同体做出积极探索、努力。如今，中国积极与非洲的公民社会、专业团体和私营企业接触，旨在进一步深入、在不同层面推进中非关系。2016年"非洲晴雨表"在36个非洲国家的调查发现，63%的受访者认为中国的经济和政治影响是正面的。①

一　大国在非洲地区的影响力

中国正积极在非洲推进中非命运共同体建设，推进中非关系发展。据新华社报道，截止到2017年底，中国对非各类投资存量超过了1000亿美元，几乎遍布非洲每一个国家。2017年中国对非直接投资流量31亿美元，是2003年的近40倍。与此对照，据《香港经济日报》网站报道，2011年至2017年间，美国对非洲的投资下降了12%，为570亿美元。② 此外，2015年《中国日报》报道，中国与非洲的贸易额，从2000年的约100亿美元上升到2014年的220亿美元，并在2015年接近3000亿美元。这引来了西方国家对中国在非洲日益重要的地位的批评。包括指责中国只是想攫取非洲的自然资源，在项目中主要雇佣中国人而不是当地的劳动力等。然而，对非洲人来说，在影响力和其发展模式的受欢迎程度方面，中国与美国势均力敌。即使现在许多西方媒体针对中国在非洲获利和运营方面的批评，中国仍持续在基础设施建设上进行投资和推进发展，提供低成本的产品，赢得非洲各国好评，有利于打造中国在非洲地区的正面形象。③

随着全球化和信息技术的发展，软实力在国家对外关系中的作用日益突出。中国对非软实力外交对于维护中国的国家利益和扩大中国在非洲的影响力方面发挥了重要作用。然而，中国对非软实力外交在诸多领域取得一定成就的同时，由于内部和外在因素的制约，仍面临

---

① 《中国在非洲影响力愈益彰显　6成非洲人持正面评价》，http://news.sina.com.cn/c/2018-09-01/doc-ihinpmnr0793900.shtml。
② 《美国试图"阻截"中国影响力在这里遭遇重大挫折》，https://news.sina.com.cn/c/2019-07-24/doc-ihytcitm4145512.shtml。
③ "非洲晴雨表"课题组：《中国在非洲影响力持续加强　赢得广泛积极评价》，《经济导刊》2017年第1期。

诸多挑战。① 本部分内容主要涉及大国在非洲地区影响力的调查分析。

从表10-4中的数据可以发现,在肯尼亚员工调查中,男性和女性有七成多(76.70%)的人认为中国在非洲的影响力最大。其中有78.00%的男性认为中国在非洲的影响力最大,其次是美国(17.63%)、日本(2.25%)、英国(1.75%)。女性员工认为在非洲影响力最大的国家排序分别为中国、美国、英国、日本、法国、欧盟,其占比分别为73.44%、22.50%、2.81%、0.94%、0.31%、0。由此可见,在肯尼亚员工的视角中,均认为中国在非洲的影响力最大,远远超过居于第二位的美国。相反,根据数据显示,欧盟对于肯尼亚的影响力较为有限,特别是在女性视角下,欧盟在肯尼亚是最没有影响力的组织。

表10-4　按性别划分的员工认为哪个国家在非洲的影响力最大　（单位：%）

性别	中国	日本	美国	法国	英国	欧盟
男	78.00	2.25	17.63	0.13	1.75	0.25
女	73.44	0.94	22.50	0.31	2.81	0.00
总计	76.70	1.88	19.02	0.18	2.05	0.18

$N=1120$。

从表10-5的数据可以发现,在肯尼亚员工调查中,三大年龄层次的肯尼亚员工有76.72%占比认为中国在非洲影响力最大。尤其是在18—25岁年龄段的员工,有77.58%的人认为中国相较于其他国家在非洲有更强的影响力,其余影响力调查排前三的依次为美国、英国和日本,占比分别是16.01%、3.56%以及2.49%。由此可见,不管哪一个年龄段的员工都认为中国在非洲的影响力最大。此外,越是年轻的员工越认为中国在非洲影响力最大,欧盟则在各个年龄段都不被

---

① 袁武:《中国对非洲软实力外交初探》,《西亚非洲》2013年第5期,第147—160页。

认为具有较强的影响力。

表 10-5　按年龄组划分的员工认为哪个国家在非洲的影响力最大　（单位：%）

年龄组	中国	日本	美国	法国	英国	欧盟
18—25 岁	77.58	2.49	16.01	0.36	3.56	0.00
26—35 岁	76.72	1.72	19.48	0.00	1.72	0.34
36 岁以上	75.77	1.54	21.15	0.38	1.15	0.00
总计	76.72	1.87	19.00	0.18	2.05	0.18

$N=1121$。

从表 10-6 中的数据可以发现，在肯尼亚员工调查中，四个不同受教育程度的员工均认为中国（76.72%）在非洲具有的影响力最大，其余前三依次是美国、英国、日本，占比分别为 19.00%、2.05%、1.87%。值得注意的是，未受过教育和小学学历的员工认为法国、英国和欧盟在肯尼亚的影响几乎为 0。此外，由表 10-6 可以明显发现，随着受教育程度越高，相信中国在非洲具有最大影响力的认可度逐渐下降。反观美国则随着受教育程度越高，相信美国在非洲的影响力最大的人数逐渐升高。

表 10-6　按受教育程度划分的员工认为哪个国家在非洲的影响力最大　（单位：%）

受教育程度	中国	日本	美国	法国	英国	欧盟
未受过教育	80.00	6.67	13.33	0.00	0.00	0.00
小学学历	76.96	2.61	20.00	0.43	0.00	0.00
中学或专科学历	77.75	1.97	18.31	0.14	1.83	0.00
本科及以上	71.69	0.00	21.08	0.00	6.02	1.20
总计	76.72	1.87	19.00	0.18	2.05	0.18

$N=1121$。

从表 10-7 中员工数据可以发现，在肯尼亚员工调查中，有七成多（76.61%）的各族群员工认为中国在非洲具有的影响力最大。其中坎巴族相信中国在非洲具有的影响力最大的占比最高，达到 80.35%。此外，卡伦金族和卢奥族分别有 40.26% 和 27.38% 的员工相信美国在非洲有着强大的影响力，说明美国在这个族群中的影响力较为得到认可。值得注意的是，不管是哪一族群，都不认为欧盟在非洲具有一定的影响力。

表 10-7　按族群划分的员工认为哪个国家在非洲的影响力最大　（单位：%）

族群	中国	日本	美国	法国	英国	欧盟
基库尤族	77.67	1.26	18.24	0.00	2.52	0.31
卢希亚族	78.65	2.49	18.15	0.00	0.71	0.00
卡伦金族	55.84	1.30	40.26	1.30	1.30	0.00
卢奥族	69.05	0.00	27.38	0.00	3.57	0.00
坎巴族	80.35	2.89	15.03	0.58	1.16	0.00
其他	80.59	2.35	12.35	0.00	4.12	0.59
总计	76.61	1.90	19.04	0.18	2.09	0.18

$N=1103$。

从表 10-8 中的数据可以发现，在肯尼亚员工调查中，总体有七成多（76.62%）的人相信中国在非洲具有的影响力最大。特别是在受访企业工作六年的员工最为认可中国在非洲具有最大的影响力，占比达到 82.22%；认为美国在非洲具有最大影响力的是在受访企业工作时长达六年以上的员工占比最高，为 29.85%。认为英国在非洲具有最大影响力的是在受访企业工作时长在两年的员工占比最高，达到 4.49%。

表 10-8　　按在本企业工作时长划分的员工认为
哪个国家在非洲的影响力最大　　（单位：%）

工作时长	中国	日本	美国	法国	英国	欧盟
少于一年	81.54	2.56	14.87	0.00	1.03	0.00
一年	75.87	1.90	20.00	0.00	1.90	0.32
两年	78.85	1.92	14.74	0.00	4.49	0.00
三年	77.34	3.13	16.41	0.00	2.34	0.78
四年	72.15	2.53	20.25	2.53	2.53	0.00
五年	76.67	1.67	20.00	0.00	1.67	0.00
六年	82.22	0.00	17.78	0.00	0.00	0.00
六年以上	68.66	0.00	29.85	0.00	1.49	0.00
总计	76.62	1.89	19.06	0.18	2.07	0.18

$N=1112$。

从图 10-7 中的数据可以发现，在肯尼亚员工调查中，总体有超过七成（76.72%）使用电脑的员工相信中国在非洲具有的影响力最大，其次前三依次是美国（19.00%）、英国（2.05%）以及日本（1.87%）。特别是在未使用电脑的员工中，有 79.97% 的相信中国在非洲具有的影响力最大；美国在使用电脑的员工中，有 21.58% 的认为美国在非洲具有的影响力最大；英国在使用电脑的员工中有 4.15% 的认为英国在非洲具有的影响力最大，欧盟则几乎被认为没有较大的影响力。

从表 10-9 中的数据可以发现，按去过其他国家外资企业工作划分的员工来看，去过印度企业、美国企业和韩国企业工作的员工认为中国在非洲具有的影响力最大，占比分别是 87.69%、75.86% 和 60.00%。去过日本企业和欧盟企业工作过的员工则认为美国在非洲的影响力最大，占比均是 50.00%。不过这两类比例较为相近，可能是样本量较少导致的。

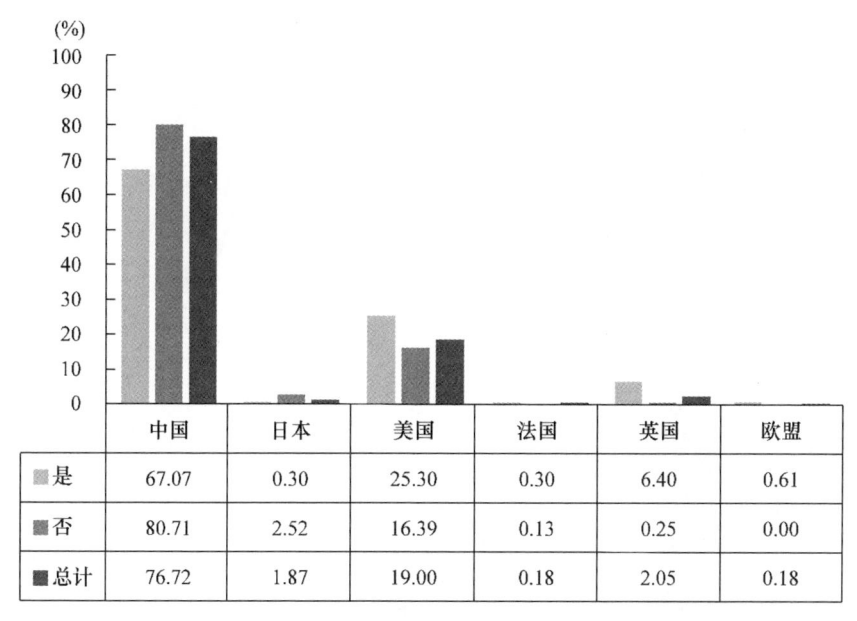

	中国	日本	美国	法国	英国	欧盟
是	67.07	0.30	25.30	0.30	6.40	0.61
否	80.71	2.52	16.39	0.13	0.25	0.00
总计	76.72	1.87	19.00	0.18	2.05	0.18

图 10-7　按工作中是否使用电脑划分的员工认为哪个
国家在非洲的影响力最大（$N=1121$）

表 10-9　　　按去过其他国家外资企业工作划分的员工认为
哪个国家在非洲的影响力最大　　　　　（单位：%）

地区	中国	日本	美国	英国	欧盟
美国企业	75.86	0.00	20.69	3.45	0.00
印度企业	87.69	0.00	10.77	1.54	0.00
日本企业	50.00	0.00	50.00	0.00	0.00
韩国企业	60.00	0.00	40.00	0.00	0.00
欧盟企业	50.00	0.00	50.00	0.00	0.00
其他国家企业	47.06	2.94	41.18	2.94	5.88
总计	70.86	0.66	25.17	1.99	1.32

$N=151$。

从图 10-8 中的数据可以发现，在肯尼亚 1121 位员工调查中，按照家庭是否联网，共有 76.72% 的员工相信中国在非洲具有的影响力最大，其他依次为美国（19.00%）、英国（2.05%）、日本（1.87%）、欧盟（0.18%）和法国（0.18%）。中国在家庭联网与不联网的员工中的影响力几乎相当。其中，家庭未联网的员工选择美国的比例相对较低，为17.06%，说明家庭未联网的员工在没有通过互联网接收网络信息的情况下，美国影响力相对较低。

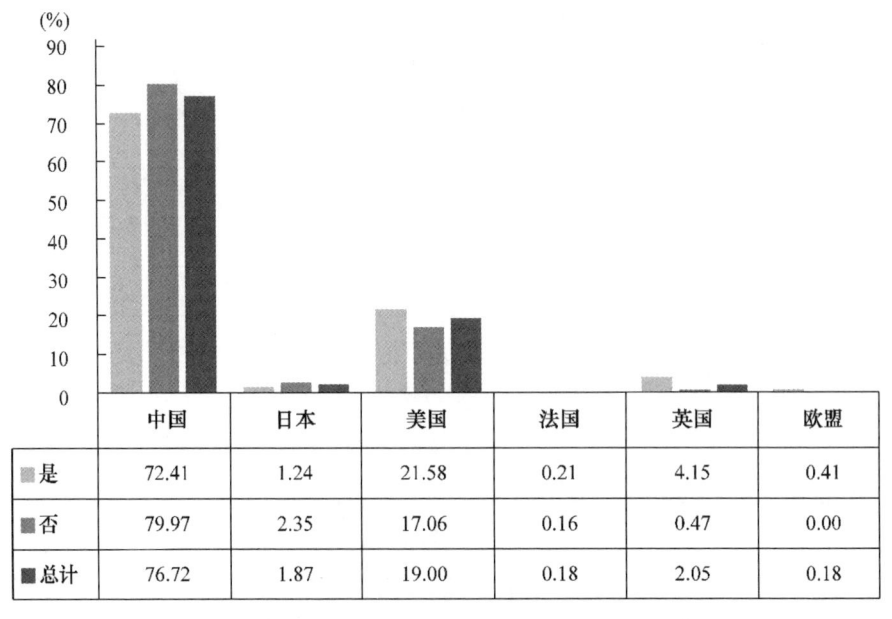

	中国	日本	美国	法国	英国	欧盟
是	72.41	1.24	21.58	0.21	4.15	0.41
否	79.97	2.35	17.06	0.16	0.47	0.00
总计	76.72	1.87	19.00	0.18	2.05	0.18

图10-8　按家庭是否联网划分的员工认为哪个国家在非洲的影响力最（$N=1121$）

从图10-9中的数据可以发现，在肯尼亚1121位员工调查中，总体而言，不管手机是否联网的情况下，有76.72%认为中国在非洲具有的影响力最大，说明中国在手机是否联网划分下的影响力差距不大。除此之外，美国则在没有手机的员工中占比相对较大，为19.75%。欧盟则在此划分中被认为具有很小的影响力。

从表10-10中的数据可以发现，在肯尼亚员工调查中，认为美国和中国在本地区都具有正面影响的员工都占有五成的人数，分别占比为59.62%和55.81%，其中美国稍微以3.81%的占比略

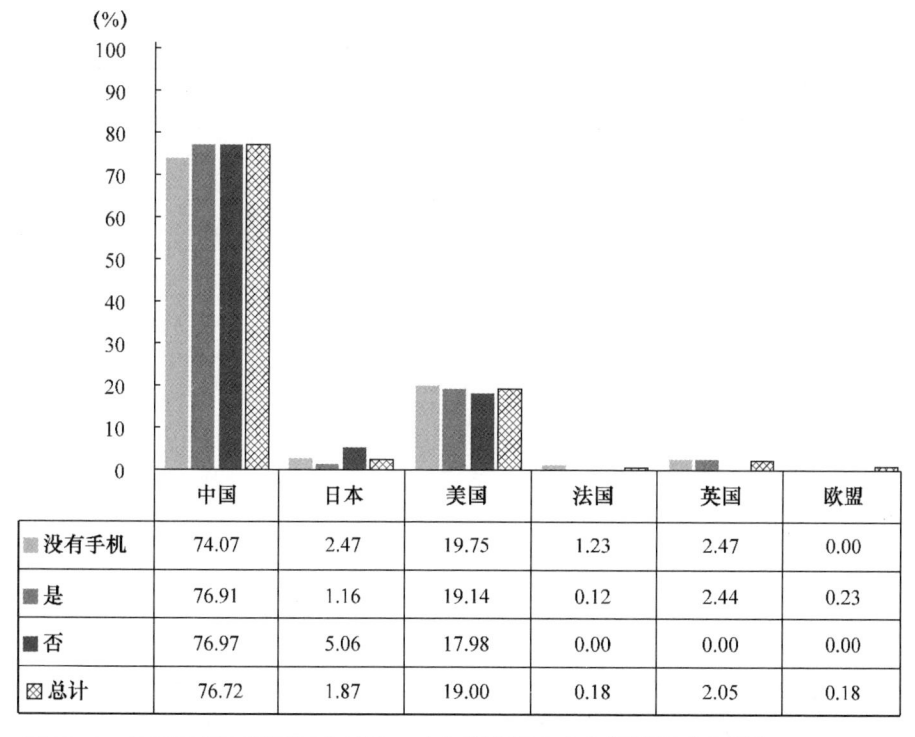

	中国	日本	美国	法国	英国	欧盟
没有手机	74.07	2.47	19.75	1.23	2.47	0.00
是	76.91	1.16	19.14	0.12	2.44	0.23
否	76.97	5.06	17.98	0.00	0.00	0.00
总计	76.72	1.87	19.00	0.18	2.05	0.18

图 10-9　按手机是否联网划分的员工认为哪个国家在非洲的影响力最大（$N=1121$）

比中国的正面影响力高。此外，认为美国和中国在本地区的影响正面多于负面的员工占比都略小，依次为 16.68% 和 23.85%。由此可以看出，肯尼亚员工更加倾向于认为美国在本地区的正面影响力更高。

表 10-10　　　员工对中美在本地区的影响力评价的差异　　　（单位：%）

国家	负面远多于正面	负面为主	正面为主	正面远多于负面
中国 $N=1111$	6.39	13.95	55.81	23.85
美国 $N=1097$	6.20	17.50	59.62	16.68

二　肯尼亚未来发展需要借鉴的国家

从图 10-10 中的数据可以发现，在肯尼亚员工调查中，约有七成

（70.46%）的肯尼亚员工认为肯尼亚未来的发展需要借鉴中国的经验。其余依次为美国的18.86%、日本的6.85%和印度的1.25%。显而易见，中国的发展模式更加受到肯尼亚员工的青睐。

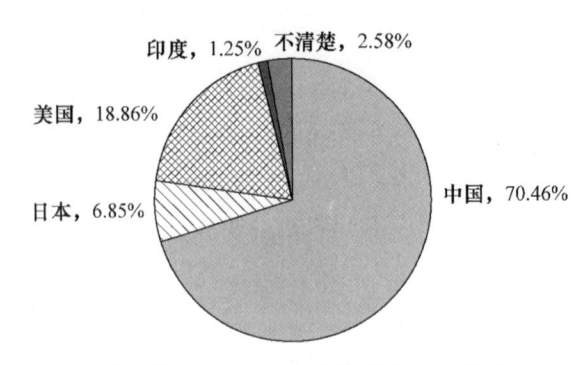

图10-10　员工认为肯尼亚未来发展需要借鉴的国家分布（$N=1124$）

三　外援

从表10-11中的数据可以发现，在肯尼亚员工调查中，按受教育程度划分，总体上同意中国是为肯尼亚提供外援最多的国家的占比达到69.60%，其余依次是26.70%的美国和1.32%的日本。此外，未接受过教育的员工认为中国是为肯尼亚提供外援最多的国家，达到75.00%，值得注意的是，未受过教育的员工认为日本（0）和印度（0）几乎没有对肯尼亚提供援助。此外，在每一个受教育层次员工中都有相当一部分的比例认可美国在肯尼亚所提供的援助，总体占26.70%，但程度上仍然远不及中国。

表10-11　　按受教育程度划分的员工认为的为肯尼亚提供外援最多的国家分布　　（单位：%）

最高学历	中国	美国	日本	印度	不清楚
未受过教育	75.00	18.75	0.00	0.00	6.25
小学学历	67.67	30.17	1.72	0.43	0.00

续表

最高学历	中国	美国	日本	印度	不清楚
中学或专科学历	69.82	26.43	1.25	0.14	2.36
本科及以上	70.83	23.81	1.19	0.00	4.17
总计	69.60	26.70	1.32	0.18	2.20

$N=1135$。

从图 10-11 中的数据可以发现，在肯尼亚员工调查中，按管理人员与非管理人员分类，总计有约 69.55% 的员工认为中国是为肯尼亚提供最多援助的国家，其中管理人员和非管理人员的员工占比浮动不大，都在七成左右，分别为 71.54% 和 69.31%。此外，认为美国为向肯提供外援最多的国家总计占比 26.74%，其中非管理人员较管理人员高出近三个百分点。有极少数员工以为日本人和印度是向肯提供外援最多的国家。

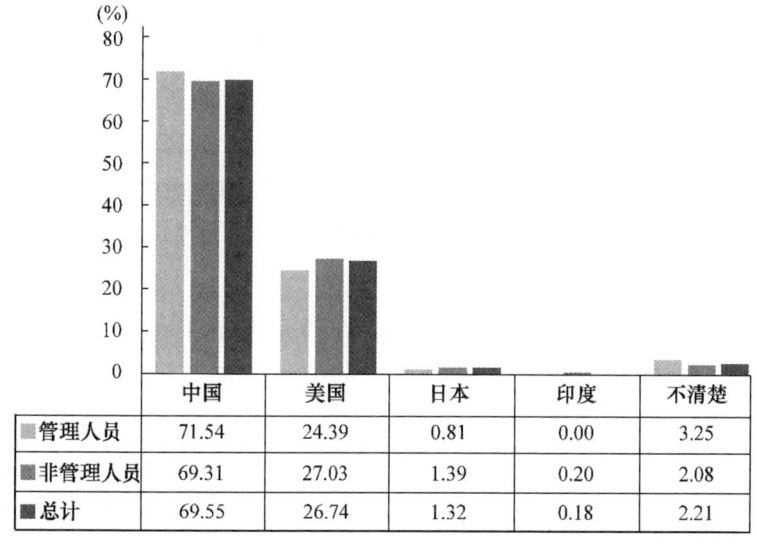

	中国	美国	日本	印度	不清楚
管理人员	71.54	24.39	0.81	0.00	3.25
非管理人员	69.31	27.03	1.39	0.20	2.08
总计	69.55	26.74	1.32	0.18	2.21

图 10-11　管理人员与非管理人员认为的为肯尼亚提供外援最多的国家分布（$N=1133$）

从图10-12中的数据可以发现，在肯尼亚1135名员工调查中，按工作是否使用电脑划分，总计有69.60%的员工认为中国是向肯尼亚提供外援最多的国家，其中未使用电脑的员工（70.15%）要比使用电脑的员工（68.28%）占比略高。美国则不管在是否使用电脑的员工中所占比例相当，分别为26.89%和26.62%，有接近三成的员工认为美国为肯尼亚提供的援助最多。

	中国	美国	日本	印度	不清楚
是	68.28	26.89	1.51	0.00	3.32
否	70.15	26.62	1.24	0.25	1.74
总计	69.60	26.70	1.32	0.18	2.20

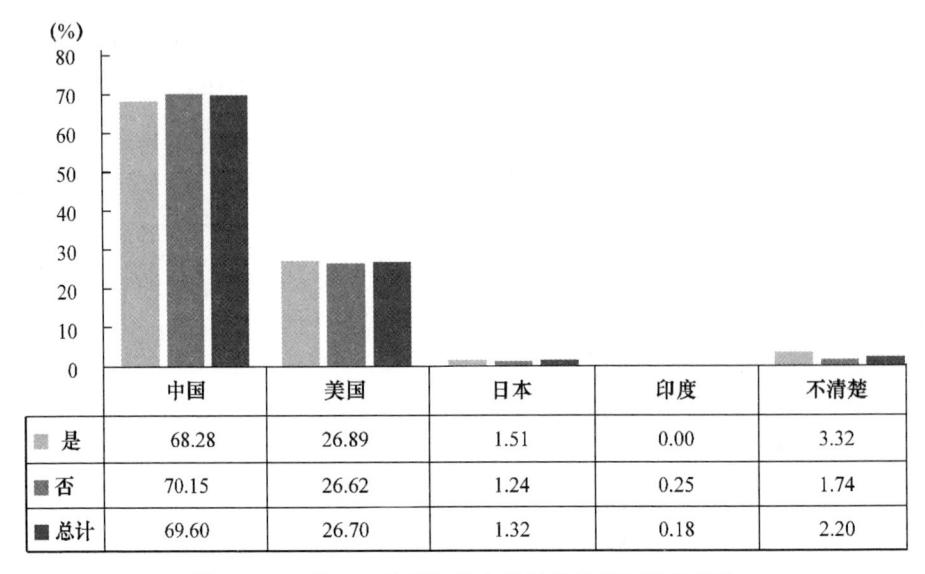

图10-12　按工作是否使用电脑划分的员工认为的为肯尼亚提供外援最多的国家分布（$N=1135$）

从表10-12中的数据可以发现，在肯尼亚员工调查中，绝大多数人认为中国是为肯尼亚提供外援最多的国家，而去过印度企业工作的员工持此观点的比例最高，达到86.57%；而在美国企业工作过的员工则有四成（41.38%）认为美国是向肯尼亚提供外援最多的国家；在日本企业工作过的员工有16.67%相信日本是向肯尼亚提供外援最多的国家。此外，在美国、印度、欧盟和韩国企业工作过的员工则认为日本几乎没有为肯尼亚提供过援助。

表 10-12　按去过哪个国家外资企业工作划分的员工认为的为
肯尼亚提供外援最多的国家分布　　　　（单位：%）

去过的其他外资企业	中国	美国	日本	不清楚
美国企业	58.62	41.38	0.00	0.00
印度企业	86.57	13.43	0.00	0.00
日本企业	50.00	33.33	16.67	0.00
韩国企业	60.00	40.00	0.00	0.00
欧盟企业	66.67	25.00	0.00	8.33
其他企业	70.59	26.47	2.94	0.00
总计	73.86	24.18	1.31	0.65

$N=153$。

从图 10-13 中可以发现，在肯尼亚的员工调查中，总体来看，有 69.60% 员工认为中国是为肯尼亚提供外援最多的国家，这个比例远远高于美国的 26.70%、日本的 1.32%、印度的 0.18%。家庭联网或未联网对肯尼亚员工对于中国援助的看法几乎没有影响，分别为 69.53% 和 69.66%，说明无论家庭是否联网，员工对中国为肯尼亚提供外援印象深刻。美国则排第二、日本排第三，不过所占比例较小。

从图 10-14 中可以发现，在肯尼亚的员工调查中，总体有 69.60% 的占比人数认为中国是为肯尼亚提供外援最多的国家，其余依次是美国（26.70%）、日本（1.32%）和印度（0.18%）。其中，有手机的员工更加广泛地认为中国是为肯尼亚提供外援最多的国家，占比达 70.88%。主张美国为肯提供援助最多的员工有不足三成（25.27%），占比排第二。由此可以看出，美国在不少肯尼亚员工心中有较大的影响力。

当前中非关系无疑处于历史上的最好时期，双方在政治上紧密合作，在经贸关系上持续发展。2015 年习近平主席同南非总统祖马共同主持召开中非合作论坛约翰内斯堡峰会取得圆满成功；2016 年 7 月 29 日，中非合作论坛约翰内斯堡峰会成果落实协调人会议在北京

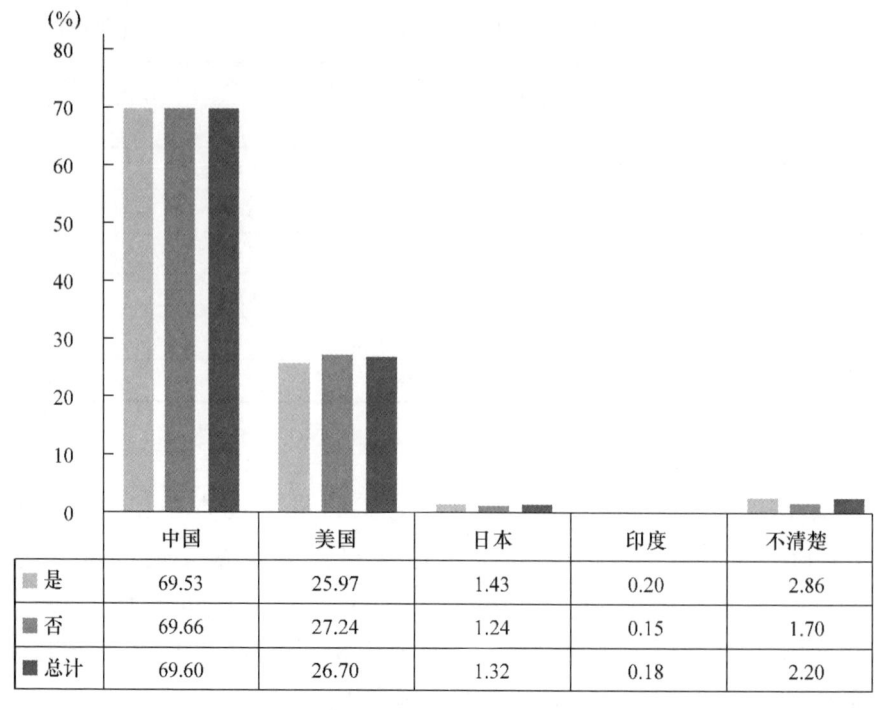

	中国	美国	日本	印度	不清楚
是	69.53	25.97	1.43	0.20	2.86
否	69.66	27.24	1.24	0.15	1.70
总计	69.60	26.70	1.32	0.18	2.20

图 10-13　按家庭是否联网划分的员工认为的为
肯尼亚提供外援最多的国家分布（$N=1135$）

开幕。这次会议既是中非双方推动落实中非领导人共识和论坛峰会成果所采取的一次重要行动，也是助力中非合作发展的一项重大举措；2018 年 9 月 3 日，中非合作论坛北京峰会开幕。新一届的中非合作论坛推动非洲资源、人口红利、市场潜力优势同中国资金、设备、技术优势有效结合起来，推动中非合作从政府主导向市场运作转型、从商品贸易向产能合作升级、从工程承包向投资运营迈进，实现更好更快发展。①

---

①　参见 https：//baike. baidu. com/item/2018%E5%B9%B4%E4%B8%AD%E9%9D%9E%E5%90%88%E4%BD%9C%E8%AE%BA%E5%9D%9B%E5%8C%97%E4%BA%AC%E5%B3%B0%E4%BC%9A/22802751。

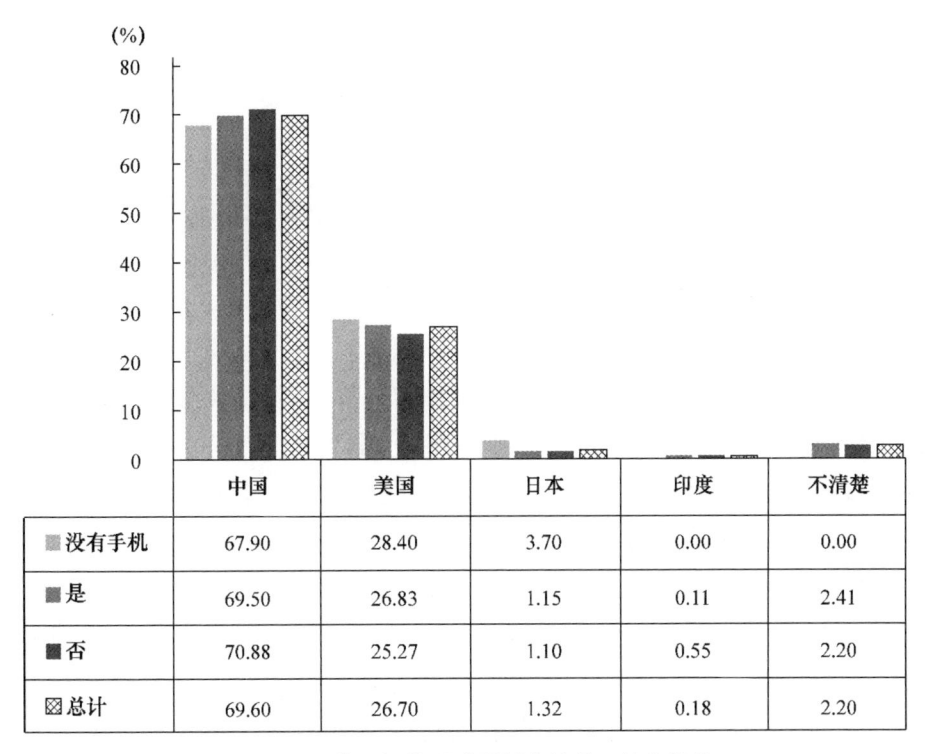

	中国	美国	日本	印度	不清楚
没有手机	67.90	28.40	3.70	0.00	0.00
是	69.50	26.83	1.15	0.11	2.41
否	70.88	25.27	1.10	0.55	2.20
总计	69.60	26.70	1.32	0.18	2.20

图 10-14　按手机是否联网划分的员工认为的为肯尼亚提供外援最多的国家分布（$N=1135$）

然而，中非经贸关系的迅速升温及非洲形势的变化，使中非关系在获得肯尼亚民众认可的同时也存在疑虑，同时也使得西方所谓的"中国威胁论"在非洲有一定的市场。部分西方人士从本国利益出发，肆意夸大甚至恶意炒作中非间的经贸摩擦或价值观念分歧，以干扰中非友好合作。因此，如何应对这些挑战、提升中国在非洲的软实力，是中国对非外交面临的一项重要课题。[①]

---

① 罗建波：《中国对非洲外交视野中的国家形象塑造》，《现代国际关系》2007年第7期，第48—54页。

第十一章　总结与讨论

2017年10月18日，习近平总书记在党的十九大报告中明确指出，中国政府"积极促进'一带一路'国际合作，努力实现政策沟通、设施联通、贸易畅通、资金融通、民心相通，打造国际合作新平台，增添共同发展新动力"。

肯尼亚是"一带一路"建设关键的战略支点国家以及中非产能合作"先行先试"示范国，进入21世纪以来，赴肯经营的中资企业呈逐年增长的态势，在2001—2005年间注册的企业约占赴肯经营的中资企业的14.28%，在此期间开始运营的企业数少一些，占总样本量的10.20%；而在2006—2010年间注册的约占总样本量的22.45%，此期间开始运营的企业则达到了总量的接近四分之一（24.49%）；2011—2015年注册运营的企业数量最多，占总量的36.74%；2016年以来的三年间注册运营的企业也为数不少，超过20%的样本企业是在此期间来到肯尼亚的，企业的注册运营时间数据一定程度上反映了中肯两国经贸合作关系呈现愈加紧密的态势。

2017年5月，中肯关系升级为全面战略合作伙伴关系。随着两国关系的不断发展，中肯双边贸易进入历史最好时期。两国经贸关系深度融合，中国成为肯尼亚的第一大贸易伙伴、第一大工程承包商来源国、第一大投资来源国以及增长最快的海外游客来源国。肯尼亚也连续数年成为吸引中国投资最多的非洲国家。但中资企业在肯尼亚还面临诸多风险，其投资也存在一些问题，如何趋利避害，值得认真研究，并采取有效措施加以应对。

一 受访肯尼亚中资企业整体情况

随着中国企业对肯尼亚投资的不断扩大,在肯尼亚的中资企业数量不断增加,关于受访中资企业,有42.86%为工业型企业,57.14%为服务业型企业;46.94%属于大型企业,中小型企业各占28.57%、24.49%;有51.16%的企业在中国商务部备案;有95.74%的中资企业未位于经济开发区。有近三成(31.25%)的企业基于自身利益和企业规模的考虑而未加入中国商会;基于企业的规模、性质和肯尼亚员工的流动性等因素,有近九成(89.80)的企业没有建立自身工会。肯尼亚中资企业类型呈多元化态势,企业为国有控股占比近四成(38.78%)。另外,受访企业中在中国有母公司的占比为六成左右(61.22%),其类型既有国有企业,也有私营企业和多元混合制企业。2000年之前注册和运营的企业占比相对较少,仅占4.08%;2000年至今,在肯尼亚注册和运营的企业数量呈现出急剧和稳步增长的态势。这一变化客观上与中国实行"走出去"战略和"一带一路"倡议的推进以及肯尼亚对外经济政策和两国关系密切相关,相信在未来,还会有越来越多的中国企业赴肯尼亚投资。

大部分在肯尼亚投资的中资企业基本上都是由中方股东控股。在肯注册时间超过五年的中资公司中,有96.43%由中方控股,注册时间少于五年的公司有95.24%由中方控股,可见不管是早期赴肯投资的中资公司还是新近进入肯尼亚的中资公司,股权结构都主要以中方股东控股为主,仅有很小部分在肯中资公司中方股东没有控股。

肯尼亚也像中国一样设立了一些经济开发区,主要集中在内罗毕和蒙巴萨地区。国有背景的企业大多选择在肯尼亚的经开区投资,而不在经开区投资的企业则包括各种类型。

中资企业在肯尼亚的总体营业状况较好。中资企业每周营业时间分布的中位数为41小时到50小时,平均每个工作日在8小时到10小时之间,这是比较正常的营业时间长度,占比最高,达到了38.78%。高于这个营业时间长度的企业较多,其中营业时间每周80

小时以上的达到了 14.29%。可见，中国企业在肯尼亚基本处于正常经营的状态，并且营业时间相对较长的企业比较多。这说明企业有充分的市场需求，有充分的工作需求。

中国在肯的投资企业以满足本地市场需求为主的特征十分明显。按注册类型，注册超过五年和注册低于五年的企业分别有 67.86% 和 80.95% 的销售市场为本地市场；其次是肯尼亚国内市场，分别占 25.00% 和 14.29%；出口的比例很少，分别占 7.14% 和 4.76%。这反映了中国企业在肯尼亚的投资主要是基于肯尼亚的市场需求和发展需求，尤其是基本消费和服务的需求，以及基础设施建设。虽然肯尼亚是东非经济中心，但是以肯尼亚为基地辐射周边市场的市场格局还未形成，因此大多数企业缺少外向的条件和动力，向国际市场的出口明显低于预估。此外，由于中国世界制造业中心的地位，外向在肯投资的企业业务在国内均趋向成熟、饱和，从肯尼亚向中国出口的可能性较小，肯尼亚目前的产业发展水平尚不足以和中国形成产业内分工，融入中国企业主导的价值链。但随着肯尼亚经济发展及能力的提升，可以预见其出口能力会不断增强，和中国产业合作的深度和广度也能得到进一步扩展。

不管什么类型的企业，在肯尼亚都面临着越来越激烈的竞争压力，而且工业领域的竞争比服务业领域的竞争更为激烈。有占比 70% 以上的工业企业，以及三分之二以上的服务业企业均认为，近五年来在肯尼亚面临的竞争更为激烈。从竞争的方式看，中国企业感受到的日益激烈的竞争，主要表现为价格竞争以及产品质量的竞争。其中，对于工业企业而言，主要是质量的竞争更加激烈（占比 50%），其次是价格竞争。主要原因是行业内外资同行的增加和肯尼亚本土企业的成长。产品质量的竞争居主要地位，反映了肯尼亚产品市场日趋成熟，反过来吸引着越来越多的企业投资肯尼亚。

大多数中资企业在肯尼亚生产经营的自主性都能够得到保障，企业在产品生产、雇佣、新增投资、技术开发方面能够做到 100% 自主，或者 90%—99% 自主的企业占大多数。而数据呈现出两端比重大、中间小的特点,即自主性较强和自主性较弱的企业比重高于中间的区间分布,这可能和生产经营的类型有关,主要存在不受限制的生产经营类型和受限制的生产经营类型,部分受限制的类型较少。

肯尼亚政府为了吸引外国投资推出了包括税收、土地等一系列引进外资的优惠政策,这些政策是否得到落实反映了肯尼亚吸引海外投资的政策环境和风险。"履约程度较好,提前履约""履约程度尚可,不用催促准时履约"两种相对肯定的评价,合计占15%;"履约程度较差,经常毁约""履约程度不太好,经常需要催促,不一定能履约"两种相对较差的印象评价,合计占比35%;除此之外,表示肯政府"履约程度一般,需要3—5次催促才能正常完成合作",这种情况占50%。总体来看,中资企业对肯政府履约情况态度不一致,多数持基本肯定意见,但风险依然存在。

关于中资企业产品在肯尼亚的销售情况,无论是何种类型的企业都倾向于使用传统渠道销售产品。按行业划分,有87.50%的工业企业使用传统销售渠道,服务业企业则100%使用传统渠道,仅有12.50%的工业企业使用互联网销售渠道。这种情况反映了肯尼亚现代化网络、物流等基础设施的建设条件还不成熟,现代化网络销售模式和意识还比较滞后。

中国企业在肯尼亚投资的资金来源主要是来自国内。中国企业在肯尼亚生产经营的最重要的资金来源渠道是中国母公司的贷款,这样的企业占到样本量的45.83%。这也符合一般海外投资的基本情况,通常一个公司要进行海外投资,必须自己具备一定的资金、产品和技术能力,即所有权优势。特别是对于资金需求量大的基础设施建设类企业,肯尼亚作为资本稀缺的国家不可能提供大规模的融资,必须依靠国内母公司的资金。

工业企业中有57.14%发生过断水,90.48%发生过断电,71.43%发生过断网;服务业企业中有32.14%发生过断水,64.29%发生过断电,46.43%发生过断网。从行业比较看情况更不容乐观,工业企业遇到断水、断电、断网情况比服务业企业多,而工业企业恰恰是对基础设施持续服务要求最高的行业，其中90%以上的工业企业遇到断电情况更是会对企业的生产经营产生严重影响，实际上一些企业还自备有发电设备。可见肯尼亚保障基础设施服务的能力还有很大提升空间。对于位于经开区以外区域的企业，供水和供电存在非正规支付的情况，说明在开发区外存在基础设施服务的分配问题，需要通过非正规支付来获得额外的分配。

肯尼亚税务机关走访企业的情况较多，并且不管是工业还是服务业企业均有三分之二对税务机关有非正规支付。不在经开区的企业中有52.27%提交过进口许可申请，在提交过进口许可申请的企业中，56.52%支付过非正规支付。位于肯尼亚经开区和其他区域的企业均未提交过进口许可申请。可见，肯尼亚在经开区确实对企业进口的管制较少，有利于企业构建跨国产业产品关联。而不在经开区的企业则有一半以上申请过进口许可，表明肯尼亚在非经开区存在一定的进口管制，并存在腐败问题。

中国企业已经日益重视维护和当地社区和民众的关系，通过积极承担社会责任，提升企业在当地的形象。总体看来，在肯尼亚中资企业履行其在肯尼亚的社会责任的主要方向更加侧重于直接捐款、公益慈善两方面，并积极开展教育援助和基础设施和社会服务设施等项目，修建宗教、文体设施等工程项目做得较少。

中国企业虽然积极履行当地社会责任，但进行过海外宣传的比例不高，这方面中企还需要提高国际宣传意识，积极树立良好的国际形象。随着中国产业的成长，中国产品的技术水平和质量不断提高，产品形象已经摆脱了过去价廉质差的形象，产品形象得到肯尼亚民众的高度认可。但我们也要注意到中国产品形象的最小值为4分，说明也有部分产品未受到认可，而这些产品会影响到中国产品的整体形象。

二 受访肯尼亚员工整体情况

关于肯尼亚员工的基本人口统计特征，从年龄分布来看，主要以青壮年劳动力为主，整体上来看，员工样本中，26—35岁的青壮年劳动力是中资企业本地员工的主要雇员群体,男性雇员和女性雇员在总样本量中的占比均超过了50%。

从受教育程度来看,超过60%的肯尼亚中资企业本地员工拥有中学/专科学历,本科及以上的学历者也能占到总样本量的20%。从员工族群分布来看,来自基库尤族和卢希亚族两大民族的员工在整体的中资企业本地雇员中占据主要部分,基库尤族约占员工总样本量的28.78%,卢希亚族约占总量的25.47%,位居第三位的是坎巴族,样本企业约有15.64%的本地雇员属于该民族,其次还有卢奥族、卡伦金族两个民族的本地员工的占比也超过了5%;在这主要的五个民族之外,还有约15.73%的样本员工来自肯尼亚的其他民族。从员工宗教信仰分布来看,绝大多数的肯尼亚民众都拥有宗教信仰,在这其中有超过一半(56.80%)的肯尼亚民众信仰新教,大概有34.01%的民众信仰天主教,也有很少一部分的肯尼亚人信仰伊斯兰教、印度教以及其他一些本地宗教。从员工婚姻状况来看,处于结婚状态的肯尼亚本地员工约占总样本量的59.61%,处于单身状态的本地员工则有36.95%。从员工出生地来看,出生于农村的约占总量的60.41%,出生于城市的约占总量的39.59%;如果进一步地分性别来看,在男性员工中,农村出生的员工比例(63.33%)要远高于城市出生的员工(36.67%),这一巨大差距在女性员工群体中则很难见到,出生于农村的女性员工比例(53.09%)仅略高于城市出生的女性员工比例(46.91%)约6个百分点。

关于受访中资企业的员工构成,肯尼亚员工占比均值为76.69%,中国员工占比均值为23.31%,可见,中国企业在肯尼亚更倾向于雇佣本地员工,这是由于雇佣肯尼亚当地员工的成本远低于雇佣中国员工,企业只是很难在肯尼亚雇佣到相关专业技术人员和管理人员的情况下,才会从中国雇佣相关技术管理人员。此外,中国企业在肯尼亚雇佣的员工中,女性员工的占比明显较低,一方面是因为当前中企在肯尼亚从事基础设施建设的企业比重较大,雇工偏向于男性。另一方面是因为肯尼亚女性的受教育和培训不如男性。在肯尼亚中资企业中，企业一线员工或生产员工绝大多数为肯尼亚人。一线员工或生产员工学历和教育水平要求不高，充分适应了肯尼亚整体教育水平不高的特点，促进了当地的就业，在一定程度上缓解了肯尼亚政府的就业压力。中高层管理人员中，肯尼亚员工占比均值为22.98%，中国员工占比均值为74.24%，可见，整体上，在肯尼亚中资企业高层管理员工中，中国员工占大多数，肯尼亚员工占比较小。这与中高层管理员工学历和专业技术职能及教育水平要求较高有关，也与企业的规模、经营时间、需求、企业本地化重视程度有关。中资企业适当增加中高层管理人员肯尼亚员工占比，有利于中资企业的本地化管理和本地化运营水平的提升。

肯尼亚当地员工的流动性明显较高，这是由于肯尼亚员工中大多数从事简单重复性工作，对工作岗位的依赖性不强，此外，一部分肯尼亚员工并没有长期工作的打算。在肯尼亚中资企业的调查中，员工招聘中，最大的问题是缺乏所需的技能，其次是期望薪酬过高，再次是对工作条件不满和交流困难，不存在求职者过少的情况。

随着中国企业"走出去"战略的深入发展，及越来越多企业赴肯尼亚投资，中资企业在肯尼亚与当地员工因劳动合同、工资福利待遇以及环境和资源保护力度不足等问题引发的纠纷时有发生。但据肯尼亚中资企业调查数据，超过七成的中资企业没有发生过劳动争议，涉及争议人数不足10人和超过10人的劳动争议各占到一成多。可见，肯尼亚中资企业与肯当地员工发生劳动争议的事件相对较少，但也还存在参与人员众多的较大劳动纠纷事件。当发生劳动争议时，倾向于采取与行业工会谈判解决、当地警察协助解决、采取法律途径解决等有效途径。

从员工进入企业来看，通过亲戚朋友（39.81%）和直接来企业应聘（38.14%）是肯尼亚中资企业本地员工获取工作的最主要途径。在中资企业中的人员大多每周工作6天，工作7天的状况非管理人员要高于管理人员，工作5天的状况管理人员要高于非管理人员。关于入职后的培训内容，从培训内容上分析，都集中在安全生产、技术性技能和计算机技能，培训内容单一，今后企业培训员工应重视培训多元化，如中文读写技能，这样才能促进员工与企业之间更好地沟通和交流。

从员工与中美印日四国民众的社会距离分布信息来看，大多数受访员工较愿意与美国（55.48%）和中国（42.63%）成为亲密的伴侣关系，其次，受访员工们与四国成为朋友的意愿排名分别是中国（36.98%）、日本（36.38%）、印度（32.85%）、美国（24.65%）。中资企业尊重当地风俗习惯，对企业融入当地风俗习惯的政策和做法表示认同。对于中资企业是否尊重员工的宗教信仰问题，接近或超过半数的比例较满意企业对于其宗教信仰的尊重。从肯尼亚员工对中资企业的工作时间评价来看，多数表示肯定。对中外员工晋升制度一致的看法，从族群、宗教和职位划分来看，肯尼亚中资企业员工就"中外员工晋升制度是否一致"的问题上，大部分员工均表达了较不满的情绪。

关于肯尼亚员工个人和家庭收入及家庭地位和耐用消费品使用情况，手机和电视是员工家庭消费品拥有率的主力，而冰箱则成为家庭收入达到一定程度后的需求热点，随着全球信息化的发展，肯尼亚民众能够紧跟潮流的步伐，对移动电话的需求率和使用率也大大提高。在此次的调研活动中，肯尼亚的4G网络令人印象深刻。关于中国产品和品牌，在肯尼亚员工调查中，超过一半的男性和女性对本企业外的中国产品品牌的认知不足，男性比女性的认知度更低，仅35.85%，对中国品牌认知度最高的为学历在本科及以上的员工，有超过六成（62.65%）了解本企业外的中国产品品牌，说明学历越高，对本企业外的中国产品品牌认知度越高。从肯尼亚员工具体对中国具体产品和品牌的认知来看，华为、传音占据着当地员工最深的印象。华为之所以能在肯尼亚当地人心中留下深刻的中国品牌印象，缺少不了华为在肯尼亚市场的精耕细作和灵活的销售策略；传音公司不仅在肯尼亚拥有较大的市场认知度，该公司在整个非洲也有着巨大的市场，约占有非洲40%的市场份额。

对于受访肯尼亚员工对各国文化产品的消费情况，美国视听音乐产品是最受其欢迎的文化产品，有时收看的为28.23%，经常收看的有22.87%，很频繁收看的为21.99%，总占比达72.19%。在音乐产品的消费方面，最受欢迎的还是美国音乐，非常喜欢和喜欢的比例之和为54.16%，其次是华语音乐，比例之和为23.04%。

对于当前非洲最有影响力国家，三大年龄阶层有76.72%占比认为中国在非洲影响力最大。就中美两国对非洲的正负面影响效应的评价而言，员工对中美在非洲地区的影响力是普遍认可和接受的，并不排斥中美等国在非洲地区的影响力。员工认为未来需要借鉴的国家中，选择中国的比例最高，问卷中涉及了对肯尼亚提供援助的问题，员工均认为中国对肯尼亚提供的援助最多。关于肯尼亚员工获取中国信息的主要渠道还是电视和报纸杂志等传统媒体，网络和中国新媒体作为新生传播力量也在不断发挥作用，企业内部员工交流和内部资料的阅读在中国信息传播方面作用不大。

三 肯尼亚中资企业面临的主要风险

总体来看，近几年来，肯尼亚政治相对稳定，社会民主、投资政策环境不断改善。中国和肯尼亚双方在政治上紧密合作，在经贸关系上持续发展，围绕着"一带一路"合作，不断向深入拓展。但肯尼亚仍然处在从农业国走向工业国的过渡期，存在诸多不确定性和风险，值得认真对待。

第一，政策风险。肯尼亚扩大吸引投资范围和相关政策以来，不断完善投资法律法规，朝着优化投资环境、完善投资配套服务的方向发展。但仍旧存在多方面的政治政策风险，需要中资企业密切关注。首先，政策调整频率较高，政策环境还不够稳定。肯尼亚作为民选国家，每一届新政府都会根据选举情况制定、变更原来的政策。其缺乏持续性的政策安排也让中资企业对投资心怀不安。其次，政策法规缺乏透明度，执行力不高。且其法律法规在执行方面弹性较大，政策透明度低，一些优惠政策也存在不能及时兑现或肆意解释的情况。最后，政府行政效率不高，部分公务员存在腐败现象。肯尼亚存在较为明显的腐败问题，并影响到企业的生产经营，特别是在开发区之外的企业受到非常明显的影响；一些政府主管部门的行政审批程序久拖不决，税务和税收手续繁杂，非正规支付影响企业正常运营。

第二，市场风险。首先，肯尼亚市场规模相对有限，经营风险较大。肯尼亚市场规模较小，工业产业配套缺失，这导致即使企业在肯尼亚生产，其上游零部件还得从中国进口，企业生产成本增加，中资企业的投资风险增大。其次，企业市场竞争激烈。从调查来看，在肯尼亚中资企业中，不论是工业企业还是服务业企业，大多认为未来一年最主要的经营风险来自市场竞争上升（71.43%）、政策限制加强（71.43%）和中资企业增多（42.86%）；尤其是在劳动密集型行业上，中资企业在这些行业的投资将面临中资企业增多、与其他外国企业和当地企业的竞争等问题。最后，肯尼亚本地基础设施建设仍相对滞后，造成成本不可控，影响企业正常运转。

第三，社会风险。首先，肯尼亚的社会治安还存在比较大的问题，在肯尼亚中资企业中工业企业有76.19%的企业发生过偷盗损失，服务业企业中有57.14%的企业发生过偷盗损失。其次，肯尼亚当地失业率较高，中资企业工人长期工作后，仅只20%左右能进入上升通道，影响员工的稳定性。最后，肯尼亚当地教育尤其是职业教育不发达，缺乏有一定技能的技术工人，而且工人流动性比较大，培训成本不断上升。

第四，文化风险。由于中肯两国的文化差异、语言差异，肯尼亚员工劳动效率较低且较缺乏稳定性，这些会给中资企业带来意料之外的风险。

四 规避投资肯尼亚风险的一些思考

针对以上风险，结合中资企业投资肯尼亚的经验和教训，对中资企业投资肯尼亚的风险规避提出以下建议：

一要熟悉并遵守肯尼亚法律法规，把握政策动向，利用好优惠政策。对一些与投资相关的土地、环保、进出口、金融、税收的政策走向一定要足够关注。同时，企业要注意维护国家的整体形象，自觉遵守肯尼亚的法律法规，重合同，守信用，严格履行有关项目合同与融资合同，依法合规经营，按时还本付息付酬，对内对外都要树立诚实守信的良好形象。

二要选择好项目，认真做好前期市场考察和项目调查。中资企业要优选有市场潜力、效益好、见效快且符合肯尼亚产业鼓励导向的行业作为重点投资领域，既充分利用当地资源，又有利于发挥中资企业在设备和技术上的比较优势。同时，要事先进行科学深入的项目可行性分析和论证，包括市场可行性分析、技术可行性分析、财务可行性分析以及投资硬环境和软环境的论证等。

三要加强投资风险防范，选择好合作伙伴。要未雨绸缪，采取积极稳妥的举措，有效应对肯尼亚产业链不完整、生产成本不断上升及其频繁调整进出口政策的局面。应充分考虑项目所在地的具体情况，选择那些经济实力较强、在当地有一定影响力、与政府关系良好而有信誉的企业开展合作。在合作中，还应注意充分发挥合作伙伴的作用。

四要合法经营，规范操作，把好投资各个环节。中资企业要搞好生产经营管理，树立以质取胜的经营理念，也要不断拓宽销售渠道，延伸上下游产业链。企业与肯方商谈合同时应严谨，对条款要认真推敲，仔细审核，避免漏洞。

五要认真核算成本，并充分利用中国出口信用保险公司（中信保）和中国进出口银行等提供的投保产品。中资企业在肯投资的战略及实施中，应认真做好成本核算，选择好把哪些生产环节放在肯尼亚，既能发挥国内的优势，又能利用好肯尼亚的资源，以实现利润最大化。

六要与国内外相关机构保持联络沟通，做好应急预案。为能掌握肯尼亚各项信息，中资企业一方面需要与国内驻肯尼亚相关机构多联络，如中国驻肯尼亚大使馆商务参赞处、总领事馆经商参室、中国商会及各地分会、中资企业各行业协会等,依法及时向商务部报备注册,随时关注中国使领馆和中国商会发布的各类信息;另一方面也应与肯尼亚机构沟通合作。要有针对性地建立内部紧急情况预警机制,制定应对风险预案。在发生重大事故或遇重大问题时,应在第一时间向使领馆报告并做好协调,也应及时与当地政府有关机构进行联系,取得支持。

五 深化中资企业本土化发展的若干思考

在"走出去"的过程中,中资企业很难将国内的成功经验不加删减地直接复制到肯尼亚,这使得"走出去"的中资企业想要获得与国内一样的政策支持几乎不可能,甚至还会遭遇投资对象国"朝令夕改"的情况。因此,对于中资企业而言,了解和严格执行肯尼亚的法律、政策和方针等是必需的,但完全依赖当地政府则是不现实的,而且作为外国企业,在肯尼亚当地盲目进行所谓的政府公关在很多情况下甚至是危险的。有鉴于此,中资企业在肯尼亚能否做大做强,变"游牧式投资"为"落地生根"式投资,实现对肯投资项目"走得出、站得稳、扩得大、延得长、回得来"这一可持续发展目标,就需要在如何融入肯尼亚经济社会方面认真谋划、切实执行。

第一,实施肯尼亚本土化战略,尽量雇佣当地人才。中资企业融入肯尼亚社会的一个重要目的就是在管理、产品和技术的营销上尽快实现本土化。只有实现了经营管理中的本土化,才能真正贴近当地市场,因地制宜地制定适合与当地同行竞争的战略。企业要充分信任和使用肯尼亚员工,从而体现出对当地市场的信任和依赖,也表现出对当地民众的尊重,这有助于中资企业在肯尼亚民众和政府以及社会眼中树立良好的企业形象,并在激励员工方面发挥较大的作用,使得整个肯尼亚员工队伍更加稳定。因此,中资企业实施本土化战略的优势是显而易见的:一是为中肯两种文化搭建桥梁,减少因文化差异而造成的损失。二是更熟悉当地的经济法律制度,能及时做出正确且重要的决定。三是有助于降低人力资源使用成本,改善企业形象,也使本土员工队伍更加稳定。

第二,主动承担社会责任,热心公益事业,协助项目所在地的经济和社会发展。中资企业能否融入肯尼亚社会,其重要标志之一就是企业是否具有强烈社会责任感和积极回报当地社会。中资企业只有具备高度的社会责任意识,才能获得广泛的当地社会认可,实现持续长远稳定的发展。在调研过程中,也有很多中资企业表明在某些领域积极参与针对项目所在地的公益事业。今后,中资企业应更加积极地参与肯尼亚当地的各种社会公益事业,如环境保护、社区建设、扶贫助残,资助当地教育事业等。中资企业要注重可持续发展,保护当地生态环境,始终关注并及时解决由于自身业务发展所带来的资源、环境、安全以及社会治理等问题。中资企业在实现自身发展的同时,也要力所能及地积极协助建设当地社区,兴建道路、桥梁、公园等基础设施,进行环境整治和美化。唯如此,才能不断培养和提升当地社区和民众对于中资企业的信任和情感。

第三,尊重当地文化传统和风俗习惯,密切与当地的关系,增强社会公德意识。中资企业要保持与肯尼亚政府和当地社区及居民的密切联系,适时拜会当地政府官员,邀请当地官员和社区代表参观企业和出席重大活动等,妥善处理与执法部门、工会和媒体的关系,重视企业形象宣传和公关工作,同时也要积极传播中国优秀传统文化。企业特别要重视企业形象的推广,可通过新闻公关、网络公关、举办企业庆典及参与社会公益活动等有效的传播方式来进行形象推广,让更多人认识与了解企业及其产品。

参考文献

一 中文文献

(一) 著作

高晋元:《肯尼亚》,社会科学文献出版社2004年版。

国网能源研究院有限公司主编:《世界能源清洁发展与互联互通评估报告(2020)》,社会科学文献出版社2020年版。

李新烽、邓延庭、张梦颖:《中国与肯尼亚友好合作》,中国社会科学出版社2018年版。

刘青建、赵晨光、王聪悦:《中国对非洲关系的国际环境研究》,社会科学文献出版社2019年版。

张宏明:《大国经略非洲研究(上、下册)》,社会科学文献出版社2019年版。

张宏明、王洪一主编:《非洲发展报告(2017—2018)》,社会科学文献出版社2018年版。

张宏明主编:《非洲发展报告No. 21 (2018—2019)》,社会科学文献出版社2019年版。

周倩:《当代肯尼亚国家发展进程》,世界知识出版社2012年版。

(二) 期刊

毕淑娟:《蒙内铁路开启境外合作新模式》,《中国联合商报》2017年第6期。

陈莹莹:《中肯经贸合作彰显互利共赢共同发展》,《国际商报》2014年5月19日。

崔戈：《从推行多党民主制到合作反恐：后冷战时期美国对肯尼亚政（1990—2005）》，《国际论论坛》2015 年第 1 期。

邓延庭：《"一带一路"倡议引领下东非现代化铁路互联互通建设》，《西亚非洲》2019 年第 2 期。

邓延庭：《蒙内铁路：东非地区跨境铁路建设新模式》，《国际经济合作》2017 年第 9 期。

"非洲晴雨表"课题组、宜楷：《中国在非洲影响力持续加强赢得广泛积极评价》，《经济导刊》2017 第 1 期。

高晋元：《肯尼亚多党制和三次大选初析》，《西亚非洲》2004 年第 2 期。

贺文萍：《中非命运共同体：历史基础、现实条件和发展方向》，《统一战线学研究》2018 年第 5 期。

胡欣：《"一带一路"倡议与肯尼亚港口建设的对接》，《当代世界》2018 年第 4 期。

胡志意：《从蒙内铁路看"中国标准"助力"一带一路"的启示》，《世界知识》2017 年第 14 期。

李安山、贾丁：《从坦赞铁路到蒙内铁路：中非合作中的技术转移》，《国际社会科学杂志》（中文版）2016 年第 4 期。

李靖堃：《"全球英国"理念下英国对非洲政策的调整》，《西亚非洲》2019 年第 2 期。

李新烽：《中非关系与"一带一路"建设》，《求是》2019 年第 8 期。

刘鸿武：《命运共同体视域下中非共享知识体系的建构》，《西亚非洲》2018 年第 5 期。

刘乃亚：《中国对非洲投资格局的形成——中国对非洲投资 50 年回顾》，《商洛学院学报》2008 年第 12 期。

刘青建：《中非合作发展的先导作用与"一带一路"倡议》，《当代世界》2018 年第 6 期。

刘英：《"一带一路"并非"债务陷阱"》，《中国金融》2019 年第 6 期。

吕耀东：《从〈内罗毕宣言〉看日本在非洲利益的深化和战略意图》，《西亚非洲》2016年第6期。

罗建波：《中非携手共建命运共同体》，《中国投资》2018第16期。

罗建波：《中国对非洲外交视野中的国家形象塑造》，《现代国际关系》2007年第7期。

释启鹏：《多重因果视野下的非洲选举冲突》，《亚非研究》2017年第2期。

宋微：《美国特朗普政府的非洲战略及其影响》，《现代国际关系》2019年第3期。

田丰：《肯尼亚投资展望》，《中国外资》2017年第23期。

田丰、曾省存：《"一带一路"背景下中肯经贸合作现状与前景》，《财经智库》2018年第4期。

王晓玲：《中国企业在非洲的社会责任研究——以蒙内铁路为例》，《经济论坛》2016年第12期。

王毅：《共筑中非命运共同体，开启团结合作新征程——写在2018年中非合作论坛北京峰会召开之际》，《智慧中国》2018第9期。

姚桂梅：《"一带一路"建设下的中非产能合作》，《当代世界》2017年第7期。

姚桂梅、许蔓：《中非合作与"一带一路"建设战略对接：现状与前景》，《国际经济合作》2019年第3期。

袁武：《中国对非洲软实力外交初探》，《西亚非洲》2013年第5期。

曾爱平：《肯尼亚政党政治演变及特点》，《当代世界》2018年第4期。

张春：《涉非三方合作：中国何以作为》，《西亚非洲》2017第3期。

张春侠：《"一带一路"：全球治理的中国方案》，《中国报道》2018年第7期。

张佳梅、罗建波：《"一带一路"与中国国际话语权建设》，《中国领导科学》2020年第4期。

张永蓬、曹雪梅：《肯尼亚政党的地方民族主义背景》，《西亚非洲》

2002年第2期。

周倩、刘鸿武:《肯尼亚的外国投资与投资环境评析》,《西亚非洲》2006年第5期。

[肯尼亚]维克多·昂严戈:(肯尼亚《民族日报》记者):《肯尼亚:一带一路合作的非洲典范——专访肯尼亚驻华大使萨拉·塞雷姆》,周佳译,《中国投资》2019年第18期。

[肯尼亚]维克多·昂严戈:《肯尼亚可以从中国学习什么》,周佳译,《中国投资》2019年第12期。

[以色列]姆塔马金:《肯尼亚政治稳定的根源》,高晋元译,《西亚非洲》1980年第3期。

(三)报纸

习近平:《携手推进"一带一路"建设》,《人民日报》2017年5月15日第3版。

蒋安全:《蒙内铁路,讲述一路中肯友好故事》,《人民日报》2016年5月30日。

李志伟:《中国成为肯尼亚最大外商直接投资来源国,两国经贸合作不断深化》,《人民日报》2018年1月9日。

二 外文文献

Ajulu and Rok, "Politicised Ethnicity, Competitive Politics and Conflict in Kenya: A Historical Perspective", *African Studies*, No. 2, 2002.

Bratton, Michael, and Mwangi S. Kimenyi, "Voting in Kenya: Putting Ethnicity in Context", *Journal of Eastern African Studies*, Vol. 2, No. 2, 2008.

Burgess, Robin, Remi Jedwab, Edward Miguel, Ameet Morjaria, and Gerard Padró i. Miquel, "The Value of Democracy: Evidence from Road Building in Kenya", *American Economic Review*, Vol. 105, No. 6, 2015.

Economist Intelligence Unit, "Country Report: Kenya", United Kingdom,

May 5th 2019.

Government of Kenya, "Kenya Vision 2030", Nairobi: Ministry of Planning and National Development, Retrieved from http://www.vision2030.go.ke/.

"IMF Annual Report 2019", https://www.imf.org/external/pubs/ft/ar/2019/eng/index.htm.

International Monetary Fund, "IMF Country Report", No. 18/295, KENYA, 2018 http://www.imf.org.

Kanyinga, Karuti, James D. Long, and David Ndii, "Was It Rigged? A ForensicAnalysis of Vote Returns in Kenya's 2007 Elections", Karuti Kanyinga and Duncan Okello, eds., In *Tensions and Reversals in Democratic Transitions*, Nairobi: Society for International Development, 2010.

后　　记

当提起笔，要为调研画上句号的时候，已经渐渐模糊的记忆，又鲜活起来。那天我们踩着夕阳，穿过黑暗，进入异国的晨光，开始……工作。

"'一带一路'沿线国家综合数据调查"，是云南大学服务国家战略，服务人才培养的自设"双一流"项目，通过对"一带一路"沿线国家中资企业的调查，建立企业和当地员工的第一手数据库，以了解一个员工，了解一个企业，了解一个地区，了解一个社会，了解一个国家，了解"一带一路"。数据的价值常常都被低估吧！

在经过严格的培训后，我们组前往肯尼亚，在以内罗毕和蒙巴萨为中心，半径不超过三四小时车程的区域内，顺利完成对49个企业，1134名肯尼亚员工的数据采集和调查工作。

感谢我的团队！我们有来之不易的默契，共享艰辛与快乐。

感谢学校和课题组默默的付出，以及无微不至的关心、服务！

感谢给予我们巨大帮助的驻肯尼亚使馆经商处郭策参赞、肯中经贸协会张红秘书、李晨秘书、罗自成总经理！没有你们的统筹和居中协调联系，就没有这些珍贵的数据！

感谢所有帮助过我们，接受我们调查的商会、企业！

感谢云南同乡们的深情厚谊！在内罗毕的好几个瞬间，我竟误以为在温暖的家乡。

还有那些萍水相逢，却相见恨晚的朋友们！

本书的完成归功于我们整个团队。周筠松、袁帆、程实、孙利珍、朱立轲、李岩、梁珍情、徐炳旭、刘国强，分别参与了第二章、第三章、第四章、第五章、第六章、第七章、第八章、第九章、第十章初稿的撰写，袁帆老师还参与了修改工作。这是我们共同的成果。

最后，希望这些珍贵的数据都能实现它们的价值！

张佳梅
2022 年 6 月